大学生就业法律指导

主　编　罗平超　杨文德　张立勇
副主编　毕晓妮　武月刚　孙赞兰
参　编　王文艳　李佳馨　高璐璐

东南大学出版社
SOUTHEAST UNIVERSITY PRESS
·南京·

图书在版编目(CIP)数据

大学生就业法律指导 / 罗平超，杨文德，张立勇主编. —南京：东南大学出版社，2023.8
　ISBN　978-7-5766-0848-9

　Ⅰ.①大…　Ⅱ.①罗…　②杨…　③张…　Ⅲ.①大学生－劳动就业－劳动法－中国－高等学校－教材　Ⅳ.①D922.5

　中国国家版本馆 CIP 数据核字(2023)第 158220 号

责任编辑:马　伟　　责任校对:子雪莲　　封面设计:顾晓阳　　责任印制:周荣虎

大学生就业法律指导

Daxuesheng Jiuye Falü Zhidao

主　　编	罗平超　杨文德　张立勇
出版发行	东南大学出版社
出 版 人	白云飞
社　　址	南京市四牌楼 2 号(邮编:210096　电话:025-83793330)
网　　址	http://www.seupress.com
电子邮箱	press@seupress.com
经　　销	全国各地新华书店
印　　刷	苏州市古得堡数码印刷有限公司
开　　本	787mm×1092mm　1/16
印　　张	14.25
字　　数	249 千字
版　　次	2023 年 8 月第 1 版
印　　次	2023 年 8 月第 1 次印刷
书　　号	ISBN　978-7-5766-0848-9
定　　价	39.80 元

本社图书若有印装质量问题,请直接与营销部联系,电话:025-83791830。

　　坚持以习近平新时代中国特色社会主义思想为指导,认真学习宣传贯彻党的二十大精神,深入学习贯彻习近平法治思想,坚持用习近平法治思想全方位占领法学教育阵地,教育引导广大高职大学生深入落实《中华人民共和国职业教育法》、中共中央办公厅 国务院办公厅印发的《关于推动现代职业教育高质量发展的意见》等文件精神,做习近平法治思想的坚定信仰者、积极传播者、模范实践者。

　　为进一步深化教师、教材、教法"三教"改革,针对高职院校大学生就业创业的实际需要,本教材编写组积极参与了德州职业技术学院 2022 年度新型活页式、工作手册式新形式教材立项工作并成功立项。为使"三教"改革落到实处,在教材的编写过程中,坚持立德树人、德法兼修,努力培养造就更多具有坚定理想信念、强烈家国情怀、扎实法学根底的高素质的社会主义建设人才;坚持把马克思主义法治理论同中国具体实际相结合、同中华优秀传统法律文化相结合的工作原则。

　　本教材的编写主要改革思路与创新特色有:

　　首先,本教材的编写改革以够用适用为度、以专业为指向,重组课程结构,更新教学内容,建立就业创业型的职业型课程体系,增强学生社会适应性。作为职业院校的教材,在讲好理论课的同时,更要注重与青年学生的互动。其中"大学生就业经历汇编"模块主要讲述大学生成功求职、风险防范、法律维权、就业法律援助等,贴近大学生实际,突出实效性,提高青年学生对于现实问题的关注度和洞察力,增强课程的说服力和吸引力,扭转课堂学习脱离社会现实的状况。

其次,本教材的编写坚持理论联系实际、学以致用的原则,注重学生综合素质、职业能力的培养,构建现代经济社会需要的、符合法律教学规律的、体现法律教学特色的科学人才观、质量观、效益观,推动大学生将课堂所学法律知识运用到社会问题的观察、思考中,使法律知识转化为广大学生的认知能力和价值观念,增强自我保护意识,切实维护好自身合法权益。

最后,作为思想政治理论课就业方向的普法教材,本教材明确定位使用对象是高职学生,突出针对性、实效性,分模块学习,深入分析生动案例,教材内容做到深入浅出,从法律视角探讨解决问题的途径,切实做到为"维护大学生就业合法权益"而服务。

本教材由罗平超、杨文德、张立勇担任主编,负责教材的整体设计与审编工作,教材的编写任务分工如下:

模块一	大学生就业政策法规导航	罗平超	王文艳
模块二	大学生就业风险与法律防范	武月刚	高璐璐
模块三	大学生劳动合同签订及效力	毕晓妮	孙赞兰
模块四	大学生就业权益法律保护	张立勇	杨文德
模块五	大学生就业经历汇编	张立勇	李佳馨

在编写过程中,我们参考了大量的书籍、网络资源和相关资料,汲取和借鉴了最新研究成果和最新法规法条,并标明了参考、引文的出处,但仍有可能漏注,在此向相关作者表示感谢和歉意。编写团队虽较认真编写了本教材,但由于时间和水平有限,可能存在不少不足和错误,恳请各位专家、学者批评指正。

编写组

2023 年 2 月

/目 录/

模块一　大学生就业政策法规导航

> ## 青春寄语
>
> 大学生就业，今年面临一些困难，疫情的影响。但是党和政府还是全力以赴，把它作为今年经济工作的重中之重，解决民生问题的重中之重，争取使我们的大学生都能找到工作。我们大学生的择业观也要摆正。找到自己的定位，投入到踏踏实实的工作中，实现自己的人生理想。
>
> ——习近平

　　青年大学生是祖国的未来和希望，大学生就业是最大的民生。为应对全球金融危机为高校大学生带来的就业压力，国务院办公厅发出通知，要求各地区、各有关部门采取切实有效措施，拓宽就业门路，促进高校毕业生就业，并相继出台了一系列促进高校毕业生就业的政策措施。如鼓励高校毕业生到城乡基层、中西部地区和中小企业就业，鼓励骨干企业和科研单位吸纳高校毕业生就业等。维护大学生就业过程中的法律法规也日趋完善。大学生应当了解自身合法的就业权益，认真学习国家就业政策及其相关法律法规，加强就业风险防范，充分认识和了解求职过程中常见的侵权违法行为，并且学会用法律的武器保护自己的合法权益。

第一节　大学生就业权益

【案例展示】

习近平关心高校毕业生就业

2020年7月23日下午，习近平总书记来到中国一汽集团研发总院实验室，了解集团新技术研发情况。听说现场有几位是今年刚毕业的大学生，习近平关切地询问他们是哪所学校毕业的？收入怎么样？来这里工作满意吗？企业负责人介绍，今年一汽集团共招聘了1 115名应届高校毕业生，习近平听了十分高兴。他说，受疫情影响，今年高校毕业生、农民工等群体面临就业困难。各级党委和政府十分关心，将其作为重大民生工作任务，积极创造条件确保高校毕业生就业。广大高校毕业生也要改变择业观、就业观，找到自己的定位，投入到踏踏实实的工作中去，实现自己的人生理想。

【案例点评】

党和政府高度重视大学生就业工作。当代大学生要志存高远、脚踏实地，转变择业观念，坚持从实际出发，勇于到基层一线和艰苦地方去，把人生的路一步步走稳走实，善于在平凡岗位上创造不平凡的业绩。

近年来，高校毕业生由于就业法律知识匮乏、维权意识淡薄，加上青年大学生社会经验不足，在求职就业中权益被侵犯的事件屡屡发生，高校加强对大学生就业法律常识教育迫在眉睫。

一、大学生就业权益

权益是一种法定的利益。大学生的就业权益，在狭义上仅指大学生毕业求职阶段，即签订劳动合同之前所享有的合法权益。广义的大学生就业权益则包括两个阶段的权益，每个阶段所拥有的权益也是不同的。第一是大学生在毕业求职阶段，拥有获取就业信息权、接受就业指导权、公平录用权等权利；第二是大学生在劳动合同签订阶段，有获得劳动报酬、享有社会保险、解除劳动合同等权利。我们采用广义的就业权益范畴进行研究。

（一）大学生在毕业求职阶段的就业权益

1. 获取就业信息权

（1）信息内容应当准确、全面、公开、透明化。即所有的就业招聘相关的信息都要向全体大学毕业生公开，学校与其他相关单位、个人都不得隐瞒、截留或虚假更改信息。

（2）信息传递要及时、有效。即传递给大学毕业生的所有信息都要及时、有效，不得是过期的无效信息。

2. 接受就业指导权

接受就业指导是大学毕业生必须享有的权利，各类学校应当安排专门的人员或机构对毕业生的择业、就业方面的技巧与法规、政策进行解读，指导大学毕业生根据国家政策、地方法规、社会需求及个人情况，准确定位，正确择业。

3. 被推荐权

高等教育机构的一项重要职责就是向用人单位推荐本校毕业生，学校要做到公平公正、实事求是地择优推荐，避免随意推荐。

4. 自主选择权

大学毕业生只要符合相关就业方针与政策，就可以自主选择就业单位。其他单位与个人均不得干涉，不得变相强加。

5. 公平录用权

公平录用权是大学毕业生最需要得到维护的权益。根据《中华人民共和国劳动法》（以下简称《劳动法》）第十二条规定：劳动者就业，不因民族、种族、性别、宗教信仰不同而受歧视。用人单位要在录用大学毕业生时做到公平、公正，一视同仁。

6. 违约求偿权

毕业生、用人单位、学校三方签订就业协议后，任何一方不得擅自违约。如果用人单位擅自违约，大学毕业生有权要求对方严格履行就业协议，否则毕业生有权要求用人单位承担责任，赔偿违约金或主张损害赔偿。

（二）大学生在劳动合同签订阶段的就业权益

1. 要求用人单位履行就业协议接收大学毕业生（劳动者）的权利

就业协议一经签订，就具有法律效力，因此，就业单位必须依照就业协议接受大学毕业生（劳动者），并为其安排工作岗位，保证大学毕业生（劳动者）正常工作。

2. 签订正式劳动合同的权利

根据《劳动法》第十六条规定：劳动合同是劳动者与用人单位确立劳动关系、明确双方权利和义务的协议。建立劳动关系应当订立劳动合同。大学毕业生（劳动者）享有签订劳动合同的权利。

3. 享有劳动保护的权利

用人单位应当为大学毕业生（劳动者）提供必要的劳动防护用品和劳动保护设施，防止事故，减少其危害。《劳动法》第五十八条规定：国家对女职工和未成年工实行特殊劳动保护。《劳动法》第九十二条规定：用人单位的劳动安全设施和劳动卫生条件不符合国家规定或者未向劳动者提供必要的劳动防护用品和劳动保护设施的，由劳动行政部门或者有关部门责令改正，可以处以罚款；情节严重的，提请县级以上人民政府决定责令停产整顿；对事故隐患不采取措施，致使发生重大事故，造成劳动者生命和财产损失的，对责任人员依照刑法有关规定追究刑事责任。

4. 获得劳动报酬和社会保险的权利

大学毕业生（劳动者）付出劳动，依照合同及国家有关法律取得劳动报酬，是劳动者的权利，而及时足额地向劳动者支付工资是用人单位的法定义务。用人单位违反义务，劳动者可以依法要求有关部门追究其责任。获取劳动报酬是劳动者持续地行使劳动权必不可少的物质保证。劳动者在试用期间，与其他劳动合同制员工一样，用人单位都应当依法为其办理社会保险手续，为其缴纳社会保险费。"五险一金"是指用人单位给予劳动者的几种保障性待遇的合称，"五险"包括养老保险、医疗保险、失业保险、工伤保险和生育保险，"一金"指的是住房公积金。

5. 解除劳动合同的权利

在试用期间，大学毕业生（劳动者）可以随时通知用人单位解除劳动合同，不需要任何附加条件。用人单位不得要求劳动者支付职业技能培训费用，还应按劳动者的实际工作天数为劳动者支付工资。用人单位需要与试用期的劳动者解除劳动合同时，必须有证据证明劳动者不符合录用条件时，才能辞退。法律依据为《劳动法》第三十二条规定：有下列情形之一的，劳动者可以随时通知用人单位解除劳动合同：（一）在试用期内的；（二）用人单位以暴力、威胁或者非法限制人身自由的手段强迫劳动的；（三）用人单位未按照劳动合同约定支付劳动报酬或者提供劳动条件的。

6. 合法权益受到侵害后主张赔偿的权利

《劳动法》第九十一条规定：用人单位有下列侵害劳动者合法权益情形之一的，由劳动行政部门责令支付劳动者的工资报酬、经济补偿，并可以责令支付赔偿金：（一）克扣或者无故拖欠劳动者工资的；（二）拒不支付劳动者延长工作时间工资报酬的；（三）低于当地最低工资标准支付劳动者工资的；（四）解除劳动合同后，未依照本法规定给予劳动者经济补偿的。

二、大学生就业权益遭受侵犯的常见情形

在当前的大学生就业市场中，由于就业法律法规不健全、用人单位的观念、就业权益救济渠道不畅等原因，大学生就业权益遭受侵犯的情形屡见不鲜。具体说来，有以下三种表现：

1. 大学生就业中的歧视现象

这种现象比较普遍，主要有户籍歧视、性别歧视，例如，有些地方公务员招考中排除外地生源报考，女大学生在就业过程中受到的性别歧视，有关调查显示：55.8%的女生认为自己找工作时遭遇了性别歧视，63.7%的女生和47.6%的男生认为当前用人单位在录用大学生时存在着歧视或比较歧视女生的现象。另外，还有身高歧视、健康状况歧视、婚姻状况歧视、血型歧视等。

2. 大学生就业中遭遇合同陷阱现象

有些单位违反《劳动法》的相关规定，无条件地延长试用期到六个月以上，收取各种名目的押金、培训费等，更有一些毫无资质的单位，招聘大学生参加传销组织或限制大学生人身自由，从事非法活动。

3. 用人单位随意违约或不兑现劳动协议书的条款

由于用人单位处于强势地位，导致随意更改就业协议内容，不实际履行就业协议条款，甚至随意解除就业协议。个别单位对大学毕业生承诺了很多优惠待遇，但当大学毕业生上岗后，这些待遇不兑现或不完全兑现，损害了大学毕业生的权益。更有甚者，部分用人单位以提高工作待遇为诱饵，违反国家《劳动法》的规定与大学毕业生约定不缴纳社会保险，使得大学毕业生的劳动权益得不到保障。

三、切实维护大学生的合法就业权益

由于大学生初次就业，社会经验不足，与招聘单位相比，大学生是弱势群体，理应得到社会的关注。在就业过程中，一些用人单位肆意处理与大学毕业生之间的问题纠纷，加上不少大学毕业生缺乏必要的法律知识，其合法权益被用人单位侵害的现象时有发生。高校要加强大学生就业求职的法律指导工作，通过法律手段帮助毕业生进行维权，切实维护毕业生的合法权益，维护大学生就业权益，小则关系到大学生个体职业生涯发展的轨迹，大则关系到大学生所在家庭或社会发展稳定。

1. 在课程开设方面，开设就业法律指导课程，发挥课堂教育主渠道作用

目前，多数大学毕业生法律知识欠缺，认识肤浅，难以适应"险恶"的就业市场。造成这种情况的主要原因是，法律知识在众多专业课教学计划中所占比例较少，学生得到法律知识的渠道非常有限。对于绝大多数学生来说，仅仅是《思想道德与法治》一门课，而《思想道德与法治》涉及法律方面的知识，包括社会主义法律知识、以宪法为核心的中国特色社会主义法律体系、中国特色社会主义法治体系以及中国特色社会主义法治道路知识等，课时有限，要想在这么短的时间内大幅度地提高大学生的法律知识水平比较困难。

2. 在就业维权机构方面，完善高校就业机构工作职能势在必行

拓展完善高校就业机构工作职能和就业指导工作内容刻不容缓，高等学校就业

指导服务部门应当主动作为，通过开展就业法律指导工作帮助广大毕业生了解就业相关法律常识，增强自我保护意识，以求在就业求职过程中少走弯路，切实维护好自身合法权益。

目前，我国高校就业工作队伍在数量上已达到一定规模，但由于种种原因在人员素质上存在一些欠缺，难以适应新时期高校就业指导工作的需要。目前，从事就业指导工作人员的教育背景不一，专业化、职业化的目标有待实现。从人员自身来讲，要通过人员培训、进修、补充专业工作人员、专兼职结合等加强队伍建设。从上级主管部门、学校来讲，要从有利于队伍的相对稳定、有利于就业工作的开展和提高，从有利于学校自身发展的角度出发，对就业人员科学定位。

3. 在维权实务方面，探索大学生维权的有效途径势在必行

大学生就业合法权益遭到侵犯的主要原因在于防范意识不够，因此，大学生就业法律指导工作应当提前介入、重在预防，涵盖大学生就业求职全过程。在指导过程中要注重实效，力争能够解决大学生就业求职过程中甚至包括就业派遣后一段时间内的有关法律问题。对于刚刚就业的大学生，只了解法律上的实体权利是不够的，因为劳动争议的解决更侧重于程序。许多大学生由于不能掌握程序的规则，使原本正当的权利得不到法律的保护。在具体工作中，可以通过就业指导课、就业讲座、咨询、个别辅导、法律援助、毕业生跟踪等多种形式开展，强调注重实效。

第二节　大学生就业政策

案 例 分 析

【案例展示】

自主择业能力差

某社区一名刚大学毕业的居民小高学习成绩和其他方面条件都一般，某日，小高的父母到社区打听就业相关的情况。过了很久，小高才被父母叫到社区，并在父母的陪同下与社区工作人员交谈。交谈中，得知小高在一开始对于就业还是信心十

足的，在父母的陪同下，找了好几家用人单位面试，但是结果都失败了，于是产生了挫折感，在后来的择业中表现得越来越不尽如人意，陷入了恶性循环，而在与社区工作人员进行交谈的过程中小高也显得十分沮丧，发言时间还没有他父母多。

【案例点评】

小高的问题一方面在于其在择业过程中过分依赖父母，不了解国家和地区的就业政策，而过分依赖父母是不可能找到一份自己满意的工作的。现在的大学毕业生中，独生子女越来越多，他们的生活一帆风顺，没有经历过挫折，再加上父母的过分呵护，客观上也滋生了他们的依赖心理。另一方面是小高在失败后的挫折感作怪，连续受挫后信心大跌。丢失了原本应有的自信心，在之后的择业上越来越被动，无法正确"推销"自己。这种心理严重妨碍了这部分毕业生正常的就业，使得那些原本在一些方面非常出色的毕业生最后陷入"不战自败"的境地。

知识导航

一、国家就业政策

"十四五"时期是我国全面建成小康社会实现第一个百年奋斗目标之后乘势而上开启全面建设社会主义现代化国家新征程、向第二个百年奋斗目标进军的第一个五年。当前和今后一段时期，我国发展仍然处于重要战略机遇期，中共中央、国务院高度重视就业问题，实施就业优先战略，为实现更加充分更高质量就业提供了根本保证；我国已转向高质量发展阶段，以国内大循环为主体，国内国际双循环相互促进的新发展格局加快构建，经济稳中向好、长期向好，为就业长期稳定创造了良好条件；新一轮科技革命和产业变革深入发展，新兴就业创业机会日益增多；新型城镇化、乡村振兴孕育巨大发展潜力，新的就业增长点不断涌现；劳动力市场协同性增强，劳动力整体受教育程度上升，社会性流动更加顺畅，为促进就业夯实了人力资源支撑。

但也要看到，"十四五"时期就业领域也出现了许多新变化、新趋势。人口结构与经济结构深度调整，劳动力供求两侧均出现较大变化，产业转型升级、技术进步对劳动者技能素质提出了更高要求，人才培养培训不适应市场需求的现象进一步加剧，"就业难"与"招工难"并存，结构性就业矛盾更加突出，将成为就业领域主要矛盾。

总之，就业形势仍较严峻。必须深刻认识就业领域主要矛盾的变化，深入分析面临的挑战和风险，坚持问题导向，采取务实举措，抓住机遇，调动各种积极因素，不断开创就业工作新局面，努力实现更加充分更高质量就业。

（一）高校毕业生扎根基层就业政策

基层是创新创造的前沿阵地，是改善民生的最终环节，也是高校毕业生历练成长的广阔舞台。引导高校毕业生面向基层就业，是解决毕业生就业结构性矛盾的有效途径，也是加快创新型国家建设的重要支撑。

2022年，民政部、教育部、财政部、人力资源社会保障部近日联合印发《关于做好2022年普通高校毕业生到城乡社区就业工作的通知》（以下简称《通知》），明确健全社区工作者职业体系，营造拴心留人的良好环境，引导高校毕业生扎根基层。原则上2022年所有新招聘岗位全部向高校毕业生开放，鼓励拿出较多数量岗位专门招聘有志热心服务群众的高校毕业生。鼓励具备条件的行政村积极吸纳高校毕业生到村担任村务工作者。就业是最大的民生工程、民心工程、根基工程，2022届高校毕业生超过1 000万人，做好高校毕业生就业工作事关经济发展、疫情防控、社会稳定和民生福祉。《通知》明确，多渠道吸纳高校毕业生到城乡社区就业创业，为提高城乡社区治理和服务精准化精细化水平、推进基层治理体系和治理能力现代化建设提供人才支撑。

教育部高校学生司、教育部学生服务与素质发展中心出台《普通高校毕业生基层就业政策公告》，内容如下：

1. 对高校毕业生到中西部地区和艰苦边远地区基层单位就业、履行一定服务期限的，按规定给予学费补偿和国家助学贷款代偿。

2. 结合政府购买服务工作的推进，在基层特别是街道（乡镇）、社区（村）购买一批公共管理和社会服务岗位，优先用于吸纳高校毕业生就业。

3. 艰苦边远地区基层机关招录高校毕业生可适当放宽学历、专业等条件，降低开考比例，可设置一定数量的职位面向具有本市、县户籍或在本市、县长期生活的高校毕业生。

4. 艰苦边远地区县乡事业单位公开招聘高校毕业生可适当放宽年龄、学历、专业等条件，可以拿出一定数量岗位面向本县、本市或者周边县市户籍人员（或者生源）招聘；乡镇事业单位招聘本科以上高校毕业生、县级事业单位招聘硕士以上高校毕业生，以及招聘行业、岗位、脱贫攻坚急需紧缺专业高校毕业生，可以结合实际情况，采取面试、直接考察的方式公开招聘；可以根据应聘人员报名、专业分布等情况适当降低开考比例，或不设开考比例，划定成绩合格线。

5. 对到中西部地区、艰苦边远地区基层单位就业的中央部门所属高校应届毕业生实行学费补偿或国家助学贷款代偿，本专科生每人每年最高不超过 12 000 元，研究生每人每年最高不超过 16 000 元。本科、高职（专科）、研究生和第二学士学位毕业生补偿学费或代偿国家助学贷款的年限，分别按照国家规定的相应学制计算。每年补偿学费或代偿国家助学贷款总额的三分之一，三年代偿完毕。

6. 各省（自治区、直辖市）制定吸引和鼓励本地所属高校毕业生面向艰苦边远地区基层单位就业的学费补偿和国家助学贷款代偿办法。

7. 落实省会及以下城市放开对高校毕业生落户限制的规定，高校毕业生在基层就业可根据需要自愿迁移户口。人事档案按规定转至就业地县级人力资源社会保障部门所属公共就业和人才服务机构，或有关单位的组织人事部门。

8. 近年来，中央有关部门组织实施的引导高校毕业生基层就业项目，主要包括："大学生志愿服务西部计划"、"三支一扶"计划、"农村义务教育阶段学校教师特设岗位计划"。

9. 公务员招录优惠：每年拿出公务员考录计划的一定比例，专门用于定向招录服务期满且考核称职（合格）的服务基层项目人员。服务基层项目人员也可报考其他职位。

10. 事业单位招聘优惠：各省（区、市）县乡基层事业单位公开招聘时，应根据本地区实际拿出一定数量或比例的岗位，对"三支一扶"等服务期满且考核合格的人员进行专项招聘，并增加工作实绩在考察中的权重，聘用后可以不再约定试用期；省市事业单位公开招聘时，对"三支一扶"等服务期满且考核合格的人员同等条件下优先聘用。

11. 考学升学优惠：服务期满后三年内报考硕士研究生初试总分加 10 分，同等条件下优先录取；高职（专科）学生可免试入读成人本科。

12. 国家补偿学费和代偿助学贷款政策：参加中央基层就业项目的毕业生，符合规定条件的，可享受相应的学费补偿和助学贷款代偿政策。

13. 服务期满自主创业的，可享受税收优惠、行政事业性收费减免、创业担保贷款和贴息等有关政策。

14. 参加基层服务项目前无工作经历的人员，服务期满且考核合格后 2 年内，在参加机关事业单位考录（招聘）、各类企业吸纳就业、自主创业、落户、升学等方面可同等享受应届高校毕业生的相关政策。

15. 各基层就业项目服务年限计算工龄。服务期满到企业就业的，按照规定转接社会保险关系。

到基层去，是高校毕业生放飞梦想、增长才干的一种务实选择。大学生只有深入基层，在基层积累经验，在基层创新创造，才能更好地增长知识、增长才干，实现人生价值。如何才能快乐地工作生活且富有成效地度过一生？青年马克思的回答是，在选择职业时，我们应该遵循的主要方针是人类的幸福和我们自身的完美。一代人有一代人的使命，作为求职的大学生，需认清形势，对自身定位、职业目标、职业机会、发展区域等有清醒认识与理性判断。青年学生把自己的命运与国家的命运紧密联系在一起，用中国梦激扬青春梦，将青春梦融入中国梦，不负韶华，不辱使命，做新时代的奋斗者。

（二）引导高校毕业生到中小企业的就业政策

为深入贯彻落实党中央、国务院决策部署，进一步促进市场化社会化就业，教育部会同相关部门协同发力，聚焦政策引领、岗位挖掘和精准对接三个工作重点，支持和鼓励民营企业稳岗拓岗，引导高校毕业生到中小企业就业。

2022 年 5 月，国务院办公厅印发《关于进一步做好高校毕业生等青年就业创业工作的通知》，明确支持中小微企业更多吸纳高校毕业生就业，按规定给予社会保险补贴、扩岗补贴、创业担保贷款及贴息、税费减免等扶持政策。教育部指导省级教育部门用好教育工作领导小组协调机制，主动会同本地相关部门抓好政策细化落实。

针对招聘单位与求职者信息不对称、渠道不畅通的现实问题，教育部推动各地教育部门和各高校充分发挥校园招聘主渠道作用，创新供需对接模式，推动中小微企业与高校精准对接，打通求职招聘"最后一公里"。发挥教育系统 10 万名专职就业工作人员和毕业班辅导员的作用，引导毕业生到民营企业建功立业。举办以"拓宽就业渠道""转变就业观念"等为主题的 42 场"互联网＋就业指导"公益直播课，收看人次超 1.2 亿人次。落实国务院联防联控机制相关政策要求，启动实施"万企进校园"行动，各地各高校主动创造条件，邀请企业进校举行线下招聘会。2022 年就业促进周期间，云南省教育厅组织"就在民企，职向未来"民营企业线下专场招聘会，总计提供岗位超过 2.5 万个。发挥线上平台促就业的优势，2022 年教育部升级上线"国家大学生就业服务平台"，截至 2022 年 7 月 24 日，平台已汇集各类岗位资源 1 208 万个。推出"供需对接就业育人"项目，发动民营企业广泛参与，2022 年已有 291 家用人单位和 1 271 所高校申报的 6 381 个项目完成首批立项，下半年将启动第二批项目征集和发布工作。

为支持提供社区服务的机构发展和吸纳就业，对提供社区服务的机构中的小微企业，吸纳离校 2 年内未就业高校毕业生就业，与之签订 1 年以上劳动合同并为其缴纳社会保险费，按规定落实社会保险补贴政策；对招用毕业年度高校毕业生并签订 1 年以上劳动合同的中小微企业，给予一次性吸纳就业补贴，政策实施期限截至 2022 年 12 月 31 日。

(三) 面向高校毕业生考录国家公职人员政策

我国面向高校毕业生考录国家公职人员的政策，是在借鉴西方国家成熟做法基础上进行的社会主义国家政府机关和行政事业性单位用人机制的重大变革，这一政策对大学生群体和整个社会都起到了良好的影响作用，既提高了政府科学执政的水平，优化了政府和事业单位的办事效率，又解决了一部分大学生的就业、生活和人生事业发展问题，可以一举多得。

习近平总书记在统筹推进新冠肺炎疫情防控和经济社会发展工作部署会议上强调，"要注重高校毕业生就业工作，统筹做好毕业、招聘、考录等相关工作，让他们顺利毕业、尽早就业"。2020 年 3 月，为切实贯彻落实习近平总书记的重要讲话精神，中共中央组织部办公厅、人力资源社会保障部办公厅发布《关于应对新冠肺炎疫情影响做好事业单位公开招聘高校毕业生工作的通知》，全文如下：

1. 各地各部门要落实分区分级精准防控要求，在切实做好疫情防控工作的同时，安全有序开展事业单位公开招聘工作。要创新招聘方式，尽量采用电话、视频、网络等形式组织线上报名、笔试、面试。对疫情低风险地区，可在落实卫生防疫要求、控制规模、确保安全的前提下，开展现场笔试、面试等工作。对疫情高、中风险地区高校毕业生报名参加招聘的，暂不组织现场笔试、面试，以适当方式开展线上笔试、面试。

2. 要加大事业单位面向高校毕业生的公开招聘力度，今明两年事业单位空缺岗位主要用于专项招聘高校毕业生（含择业期内未落实工作单位的高校毕业生）。其中，湖北省事业单位可以面向湖北省高校的毕业生或湖北籍高校毕业生开展专项招聘。

3. 要组织指导事业单位及早发布招聘公告，公布岗位数量和岗位条件，及时为高校毕业生应聘提供岗位信息，增加就业机会。招聘公告须在事业单位人事综合管理部门公开招聘服务平台、主管部门网站上发布；有条件的地区，可在省级事业单位人事综合管理部门公开招聘服务平台上集中发布；要有针对性地通过报纸、电视、广播、网络等媒介广泛推介招聘信息，扩大信息发布范围和社会知晓度。

4. 要积极鼓励和引导高校毕业生到艰苦边远地区基层事业单位工作，在打赢脱贫攻坚战、决胜全面建成小康社会中建功立业。艰苦边远地区乡镇事业单位招聘本科以上高校毕业生、县级事业单位招聘硕士以上高校毕业生，以及招聘行业、岗位、脱贫攻坚急需紧缺专业高校毕业生，可以结合实际情况，采取面试、直接考察的方式公开招聘；可以根据应聘人员报名、专业分布等情况适当降低开考比例，或不设开考比例，划定成绩合格线。

5. 要积极鼓励和引导高校毕业生参加"三支一扶"基层服务项目计划。对高校毕业生参加"三支一扶"计划服务期满且考核合格的，可以按照有关规定进行专项招聘，并增加工作实绩在组织考察中的权重。对今明两年经省级人力资源社会保障部门统一组织招募参加"三支一扶"计划，服务期满且考核合格的人员，所在基层事业单位有岗位空缺的可以直接聘用，并不再约定试用期。

6. 各地各部门要根据疫情防控要求，制定事业单位公开招聘活动防疫指南，落实落细各项防疫措施。事业单位人事综合管理部门、主管部门和事业单位要统筹毕业和招聘工作的衔接，优化做好高校毕业生特别是疫情严重地区高校毕业生公开招聘报名、考试、考察、体检、聘用报到等工作，保障疫情高风险地区高校毕业生公平参加招聘的权益，切实把党中央、国务院对高校毕业生的关心关爱落实到位。

（四）推动高校毕业生参与企业和科研单位重大项目政策

教育部发布的《教育部关于做好 2013 年全国普通高等学校毕业生就业工作的通知 》和《教育部关于做好 2014 年全国普通高等学校毕业生就业工作的通知》进一步指出，要探索联合培养模式，积极推进"校企联合、校产联合、校地联合"的新型大学生培育机制，以大学生为骨干，建立大学科技园、产业集群和产业园区，共建实习基地，将大学生的培育过程和就业效果与企业的生产经营和科研单位的项目研究实现全方位的对接。

1. 国家和地方重大科研项目包括哪些？

按照《科技部、教育部、财政部、人力资源社会保障部、国家自然科学基金委员会关于鼓励科研项目单位吸纳和稳定高校毕业生就业的若干意见》（国科发财〔2009〕97 号）规定，由高校、科研机构和企业所承担的民口科技重大专项、973 计划、863 计划、科技支撑计划项目以及国家自然科学基金会的重大重点项目等，可以聘用高校毕业生作为研究助理或辅助人员参与研究工作。此外的其他项目，承担研究的单位也可聘用高校毕业生。

2. 哪些高校毕业生可以被吸纳为研究助理或辅助人员？

吸纳对象主要以优秀的应届毕业生为主，包括高校以及有学位授予权的科研机构培养的博士研究生、硕士研究生和本科生。

3. 科研项目吸纳的高校毕业生是否为在编职工？

不是项目承担单位的正式在编职工，被吸纳的高校毕业生需与项目承担单位签订服务协议，明确双方的权利、责任和义务。

4. 科研项目承担单位与被吸纳的高校毕业生签订的服务协议应包含哪些内容？

（1）项目承担单位的名称和地址；

（2）研究助理的姓名、居民身份证号码和住址；

（3）服务协议期限；

（4）工作内容；

（5）劳务性费用数额及支付方式；

（6）社会保险；

（7）双方协商约定的其他内容。

服务协议不得约定由毕业生承担违约金。

5. 服务协议的期限如何约定？

根据《人力资源社会保障部办公厅关于重大科研项目单位吸纳高校毕业生参与研究工作签订服务协议有关问题的通知》（人社厅发〔2009〕47号）等文件规定，服务协议期限最多可签订三年，三年以下的服务协议期限已满而项目执行期未满的，根据工作需要可以协商续签至三年。

6. 服务协议履行期间可以解除协议吗？

服务协议履行期间，毕业生可以提出解除服务协议，但应提前15天书面通知项目承担单位。

项目承担单位提出解除服务协议的，应当提前30日书面通知毕业生本人。研究助理被解除服务协议或协议期满终止后，符合条件的毕业生可按规定享受失业保险待遇。

7. 被吸纳的高校毕业生如何获取报酬？

由项目承担单位向高校毕业生支付劳务性费用，具体数额按照国家有关规定、参照相应岗位标准，由双方协商确定。

8. 项目承担单位是否给被吸纳的高校毕业生上保险？

项目承担单位应当为毕业生办理社会保险，具体包括基本养老保险、基本医疗保险、失业保险、工伤保险、生育保险，并按时足额缴费。参保、缴费、待遇支付等具体办法参照各项社会保险有关规定执行。

9. 被吸纳的高校毕业生户档如何迁转？

毕业生参与项目研究期间，根据当地情况，其户口、档案可存放在项目承担单位所在地或入学前家庭所在地公共就业和人才服务机构。项目承担单位所在地或入学前家庭所在地公共就业和人才服务机构应当免费为其提供户口、档案托管服务。

10. 服务协议期满后如何就业？

协议期满，如果项目承担单位无意续聘，则毕业生到其他岗位就业。同时，国家鼓励项目承担单位正式聘用（招用）人员时，优先聘用担任过研究助理的人员。项目承担单位或其他用人单位正式聘用（招用）担任过研究助理的人员，应当分别依据《劳动合同法》《国务院办公厅转发人事部关于在事业单位试行人员聘用制度意见的通知》（国办发〔2002〕35号）等规定执行。

11. 毕业生服务协议期满被用人单位正式录（聘）用后，如何办理落户手续？工龄如何接续？

担任过研究助理的人员被正式聘用（招用）后，按照有关规定，凭用人单位录（聘）用手续、劳动合同和《普通高等学校毕业证书》办理落户手续；工龄与参与项目研究期间的工作时间合并计算，社会保险缴费年限合并计算。

（五）鼓励大学生参军服役照顾政策

鼓励正在就读的大学生和处于择业期的高校毕业生参军服役，是改革开放以来党和政府大力推动的一项利国利民的重大政策。近年来国家不断加大从大学校园招收士兵和军官的力度，并围绕大学生参军服役，出台较为系统完善的照顾政策。要求对各个大中专院校服役结束返回大学的学生予以学业照顾，优先给予奖学金；对参加专升本和研究生入学考试的退役大学生分配额外的入学名额和较大幅度的加分政策；促使用人机构优先选择对国防安全作出贡献的高校毕业生群体，把其服役经历和获得奖励记录档案，作为核算工龄和职称的重要依据；对参加公务员招录考试和行政事业性单位人才选拔考试的退伍高校毕业生，予以加分照顾和优先选聘；在全国范围积极对退伍大学生的户籍档案进行协调和安置等等。可以说，鼓励大学生参军服役照顾政策，实现了大学生自身、高等院校、社会和国家的相互促进、互惠互利的良好局面。

（六）针对大学生开展就业指导援助政策

在党中央的重视下，教育部共发布三个相关文件：一是《教育部关于做好2013

年全国普通高等学校毕业生就业工作的通知》，指出要优化信息服务，提升就业指导质量和咨询指导水平，提供更加规范高效的就业管理服务；二是《普通本科学校创业教育教学基本要求（试行）》，详细规定了普通高等本科院校创业教育课程的原则、目标、教学方式和教学课程内容；三是《国务院办公厅关于做好2014年全国普通高等学校毕业生就业创业工作的通知》，明确指出要大力提升针对高校毕业生群体的就业指导服务水平，加强政策宣传解读与开展针对性就业指导，提升就业信息服务质量，切实推广高校毕业生就业权益等具体政策措施。

（七）扶持高校毕业生积极创业政策

由于传统就业观念、高等教育模式、科技水平及创业氛围的影响，我国高校毕业生的自主创业比例在全世界都属于较低水平。为推动我国的创新能力提升，也为了缓解大学生的就业难题、推进大学生自我提供岗位，各级政府积极响应党的号召加大了对大学生自主创业的促进与保障力度。其中有两个标志性的政策文件，一个是教育部发布的《教育部关于做好2014全国普通高等学校毕业生就业工作的通知》，另一个是国务院出台的《国务院办公厅关于做好2014年全国普通高等学校毕业生就业创业工作的通知》，两份文件都强调要从经济社会重大转型和创新型国家建设的新高度切实激发大学生的创业热情，大力促进大学生自己创业，推动严格落实针对创业大学生群体的财政优惠和政策帮助举措，在全社会激发大学生踊跃创业的新风尚。

1. 激发劳动者创业的积极性主动性。实施农村创业创新带头人培育行动，壮大新一代乡村企业家队伍。实施大学生创业支持计划、留学人员回国创业启动支持计划。鼓励引导有创业意愿和创业能力的农民工、大学生、退役军人等人员返乡入乡创业。

2. 全方位培养引进用好创业人才。大力发展高校创新创业教育，培育一批创业拔尖人才。面向有创业意愿和培训需求的城乡各类劳动者开展创业培训。健全以创新能力、质量、实效、贡献为导向的创新创业人才评价体系，加强创新创业激励和保障。

3. 打造全生态、专业化、多层次的创业服务体系。加快完善创业服务网络。

实施创业带动就业示范行动，组织各类创业大赛和创业推进活动，办好全国双创活动周，开展创业型城市示范创建，营造浓厚的创业氛围。

4. 建设特色化、功能化、高质量的创业平台载体。构建众创空间、孵化器、加速器、产业园相互接续的创业平台支持链条。创新创业孵化载体建设模式，支持大企业与地方政府、高校共建，提高利用率。鼓励地方开辟退役军人创业专区和退役军人就业创业园地，依托各类产业园区建设一批返乡入乡创业园，加强大学生创业园等孵化载体建设。

二、地方就业政策

（一）北京：促进高校毕业生就业创业举措

北京市怀柔区人社局出台《促进高校毕业生就业创业举措》（简称"新5条"），这是怀柔区第一次针对高校毕业生群体制定专门的就业扶持政策，充分深挖"怀柔特色"，对用人单位和高校毕业生给予一定奖励和补贴，多层次、多角度为毕业生就业保驾护航。"新5条"制定了一揽子补贴政策，可概括为"两增三新"。"两增"即区级一次性扩岗补贴，针对招用毕业生且符合条件的用人单位增加1 000元区级补贴标准；区级灵活就业社会保险补贴，在符合条件的情况下，增加了毕业生自缴部分资金补贴项目。"三新"是怀柔区的创新政策，具体而言，区级见习基地在见习期间招用见习毕业生的，一定条件下可享每人3 000元补贴；怀柔区家庭困难毕业生多次推荐未能就业可享托底安置，并在工资基础上给予1 000元岗位补贴；怀柔区毕业生租用创业场地可获得不超过3万元的一次性创业场地租金补贴。

（二）天津：多措并举做好高校毕业生就业服务

为持续做好稳就业工作，天津市人力资源和社会保障局采取多种服务模式，增加服务窗口，升级服务手段，优化服务流程，完善服务内容，千方百计做好高校毕业生就业服务工作，为毕业生提供高质量有温度的人力资源服务。提前布局应届毕业生档案接转服务，通过天津市人力资源和社会保障局官网、政务微信、工作矩阵等渠道广泛宣传毕业生报到证、档案接收手续经办流程。同时按照学校类别、地域分布建立档案工作群，建立特殊事项督办"绿色通道"，专人沟通督办，为毕业生提供高效、便捷的服务。升级完善咨询服务热线系统，增加未接通回访频次，主动服务细心解答，赢得了毕业生的信任。积极为毕业生搭建招聘求职平台。持续推动"公共就业服务进校园"活动，疫情防控期间做到就业指导不断线、多措并举促就业，为院校组织多场职业指导、访企拓岗座谈等系列活动。

（三）广西：加大对高校毕业生就业创业帮扶力度

广西进一步加大对高校毕业生等青年群体就业创业帮扶力度，2022 年在全区范围内举办线上线下招聘活动 400 场以上，提供高校毕业生就业岗位 100 万个以上，助力高校毕业生等青年群体就业创业。在扩宽就业渠道方面，广西鼓励各大中小微企业吸纳高校毕业生就业，按规定给予创业担保贷款及贴息、税费减免等扶持政策。同时鼓励支持高校毕业生自主创业和灵活就业，按规定享受一次性创业扶持补贴、税费减免、创业培训等政策。此类高校毕业生可申请贷款额度最高不超过 20 万元、贷款期限最长不超过 3 年的创业担保贷款，按规定享受贴息政策。在持续加强就业服务方面，广西对有劳动能力和就业意愿的脱贫家庭、低保家庭、零就业家庭高校毕业生，以及残疾高校毕业生和长期失业高校毕业生建立就业帮扶清单，提供"一人一档""一人一策"精准服务。实施"中央专项彩票公益金宏志助航计划"、共青团促进大学生就业等行动，精准开展困难帮扶。

此外，在简化优化就业手续方面，从 2023 年起，广西不再发放"全国普通高等学校本专科毕业生就业报到证"和"全国毕业研究生就业报到证"（以下简称就业报到证），取消就业报到证补办、改派手续，高校毕业生毕业落实工作单位的，凭毕业证书、劳动合同或就业协议、个人户籍证件，到本人户口所在地派出所办理户口迁出手续；凭毕业证书、户口迁移证及其他相关材料到辖区派出所办理落户手续。同时，在着力加强就业帮扶方面，广西将推动落实一系列职业培训活动，提升职业技能水平。还将扩大就业见习规模，提高见习保障水平。离校未就业高校毕业生到基层实习见习基地参加见习或者到企事业单位参加项目研究的，视同基层工作经历。

（四）湖南：帮助未就业大学生尽快就业

湖南省人力资源和社会保障厅印发通知，2022年离校未就业高校毕业生服务攻坚行动于2022年7月至12月启动实施：将建立未就业毕业生实名台账，完善实名帮扶机制，对有特殊困难的未就业毕业生制定"一人一策"帮扶计划；鼓励企业吸纳高校毕业生就业，通过线上线下等多种渠道发布岗位信息；推动政策性岗位和公共部门岗位加快落地，扩展基层就业空间……通过一系列举措，精心保障毕业生的求职之路。另外，湖南省人力资源和社会保障厅已开放2022届未就业毕业生求职登记小程序，并同步开放线下求助渠道，未就业毕业生可在户籍地、常住地、求职地进行失业登记或求职登记，从而免费获取岗位信息、职业指导、职业培训等公共就业服务。对有就业意愿的未就业毕业生，将至少提供1次职业指导、3次岗位推介、1次技能培训或就业见习机会；对暂无就业意愿的，将做好状态记录，及时跟进服务。有志自主创业的毕业生也可获得政策"大礼包"。他们不仅可以参加免费的创业培训，提升创业能力，还可以申请创业担保贷款及贴息、税收优惠、创业补贴等政策，减轻创业压力。各地由政府部门投资开发的创业孵化基地也将向毕业生敞开大门，提供开业指导、项目推介、孵化服务等支持。另外，湖南省人力资源和社会保障厅在"湘就业"平台搭建了常态化高校毕业生就业服务，为高校毕业生提供岗位信息、职业培训、创业服务等一站式就业服务。高校毕业生也可关注"湘就业"平台的招聘信息及各类专项招聘活动。

（五）河北：拓宽高校毕业生就业空间

河北省人力资源和社会保障厅、河北省教育厅、河北省民政厅联合印发《关于做好高校毕业生城乡基层就业岗位发布工作的通知》，提出多渠道、多形式、多领域归集发布一批适合高校毕业生就业的城乡基层岗位，拓宽高校毕业生就业空间，确保高校毕业生就业形势总体稳定。拓宽岗位归集渠道。全省各地结合乡村振兴、基层治理、产业发展，坚持因需设岗，用好现有资金、政策渠道，积极开设劳动社保、社区管理服务、医疗卫生、养老服务、农业科技、社会救助、社会工作、中小企业服务等岗位。实施好基层服务项目，规范公益性岗位开发，有条件的地方探索县聘乡用、乡镇（街道）村（社区）聘用等方式开设临时性岗位。河北省各市、县公共就业人才服务机构主动开展调查摸底，广泛了解本地企业等用工主体岗位空缺情况，全面收集各类企业招聘高校毕业生的岗位信息。河北省人力资源和社会保障厅依托河北公共招聘网等平台开设高校毕业生基层就业岗位信息专区，集中发布全省基层就业岗位。对各类企业招聘高校毕业生岗位信息，按照"谁发布谁审核"的原则，确保信息真实、合法、有效、可追溯，审核无误后及时发布并动态更新；对基层服务项目岗位，紧随招募公告或实施通知，筛选发布涉及本地的岗位信息；对市、县开发的公益性岗位、临时性岗位、社区基层岗位等，在开展对接报名工作时发布岗位信息。

（六）江苏：加强和改进政府补贴性职业技能培训

江苏省人力资源和社会保障厅、财政厅制定印发《关于加强和改进职业技能培训补贴管理工作的通知》，切实增强政府补贴性职业技能培训的供给能力，提升培训的精准性和实效性，保障培训资金安全，以高质量培训稳就业、促创业、防失业，加快培养大批高素质劳动者和技术技能人才。江苏各地政府对职业技能培训的投入，以及吸引社会资金投入技能培训等情况作为省政府就业工作先进地区督查激励重要指标，以此鼓励各地加大培训资金投入。支持各地探索实施阶梯性补贴方式，适当拉大阶梯补贴差距，提高培训成本高和急需紧缺职业（工种）的培训补贴标准，引导培训资金投入高技能人才、制造业技能人才和数字技能人才培养。鼓励技工院校发挥技能培训主力军作用，更多承担政府补贴性技能培训任务，各设区市由技工院校承担的培训规模原则上不少于当地总培训人次的三分之一。坚持培训工作"阳光下运行"，推进"制度＋科技""人防＋技防"体系建设，运用"双随机、一公开"等方式对培训组织实施和资金管理使用进行全过程监管。推进技能人才培训和评价领域信用体系建设，完善信用监管机制，规范技能人才培训和评价机构执业行为。积极引入第三方机构力量监管培训过程，建立年度培训资金使用的第三方审计和绩效评价制度。加强对培训资金的规范管理，强化源头治理和队伍建设，及时曝光典型案例，震慑违规违法行为，确保培训资金使用真实、合规和高效。

（七）山东：强化就业优先政策、做好稳就业保就业工作

为深入贯彻落实党中央、国务院决策部署，推动实现更加充分更高质量就业，山东省就进一步强化就业优先政策、做好稳就业保就业工作通知如下：

1. 坚持经济发展就业导向。将稳定和扩大就业作为制定经济增长目标的基准，强化城镇新增就业、调查失业率刚性约束。构建以更加充分更高质量就业为取向的经济增长方式，推动财政、金融、投资、消费、产业、外贸等政策聚焦稳就业综合发力。对就业与社会保障表现突出的民营企业给予表扬激励。

2. 延续稳岗扩岗政策。阶段性降低失业、工伤保险费率政策延续实施至2022年4月30日。统筹地区2020年末失业保险基金滚存结余具备1年以上备付能力的，继续实施稳岗返还政策，中小微企业按企业及其职工上年度实际缴纳失业保险费的60%、大型企业按30%返还，社会团体、基金会、社会服务机构、律师事务所、会计师事务所、以单位形式参保的个体经济组织参照实施，政策受理期截至2021年12月31日。受疫情影响较大的外贸、住宿餐饮、文化旅游、交通运输、批发零售行业，补贴范围扩大到大型企业。

3. 优化用工保障服务。开展企业用工保障服务专项行动，健全重点企业常态化用工服务机制，缓解企业用工难。组织人力资源服务机构帮助企业解决用工问题，省级对作出突出贡献的人力资源服务机构给予50万元奖补。完善跨区域劳务协作机制，加强沿黄流域省际人力资源合作，吸引省外劳动力来鲁就业。加强共享用工指导服务，促进用工余缺调剂合作。优化企业用工生态，对劳动关系和谐企业开展联合激励。为符合条件的新就业无房职工发放住房租赁补贴。有条件的市可在开发区、高新区等企业密集区域建设人才公寓或青年公寓，以低于市场租金标准向符合条件的青年职工提供。

4. 加强重点群体就业支持。实施高校毕业生（含海归毕业生，下同）留鲁来鲁就业创业推进行动，提高应届毕业生留鲁率。国有企业新增岗位招聘应届高校毕业生比例不低于50%。加大机关、事业单位应届毕业生招录（招聘）力度。扩大教师特岗计划、"三支一扶"计划、"西部计划"等基层项目招募规模。推动落实按比例安排残疾人就业，加大对辅助性就业、集中就业和残疾人自主创业、灵活就业、

居家就业扶持。

5. 助力脱贫攻坚与乡村振兴有效衔接。在农业农村基础设施建设领域推广以工代赈方式，优先吸纳脱贫人口、即时帮扶人口和农村低收入人口参与。开发一批农村护路、管水、保洁、治安、植树造林等乡村公益性岗位，兜底安置脱贫人口。优化对口支援和东西部协作劳务帮扶方式，吸引中西部省份脱贫人口到我省就业。构建现代乡村产业体系，培育家庭农场、农民合作社，促进农村劳动力就地就近就业。高质量建设一批县域返乡入乡创业园，完善财政、税费减免、金融保险、用地保障等扶持政策，吸引农民工、高校毕业生和退役军人等人员返乡入乡创业。

6. 完善创业带动就业保障制度。围绕企业全生命周期，推出100件高频事项极简办、集成办、全域办。拓宽创业担保贷款担保基金补充渠道，各市在控制风险的前提下，可按照担保基金放大5至10倍的规模提供担保服务。逐步将创业带动就业扶持资金纳入财政预算，优化支出方向。支持建设创业载体，经认定的省级创业载体，应安排一定比例的场地，向应届高校毕业生、返乡创业农民工、残疾人等群体免费提供。深化创业型城市、街道、社区创建，开展创业服务展示交流、创业大赛、创业典型人物选树活动。实施大学生创业引领计划，每年扶持2万名以上大学生创业。开发特色创业实训项目，健全省、市、县三级创业导师队伍，推进建设创业诊所、创业指导专家工作室。

7. 健全多层次职业技能提升体系。聚焦"十强"产业高质量发展，大力发展职业技术教育，扩大招生规模，深化职普融通、产教融合、校企合作。支持各类企业特别是规模以上企业、职工规模较大企业设立职工培训中心，与职业院校、技工院校共建实训中心、教学工厂。创新开展"行校合作"，按规定给予培训补贴。实施行业性、群体性专项培训，新就业形态技能提升培训，专项职业能力培训，加大培训补贴资金直补企业力度。

8. 提高人力资源市场化配置水平。发展专业性、行业性人力资源市场，畅通劳动力要素流动渠道。实施人力资源服务业高质量开展行动，省级安排专项扶持资金，鼓励有条件的地方采取政府股权投入、建立产业基金等方式加大资金支持，培育引进一批人力资源服务头部企业、骨干企业，推动人力资源服务业集聚发展。依托知名高校、人力资源服务企业，多层次、多渠道培养人力资源服务业急需人才。

鼓励政府向社会力量购买人力资源服务。开展人力资源服务行业促就业行动。探索运用大数据、云计算等现代技术创新监管方式，规范网络招聘，构建人力资源服务机构守信激励和失信惩戒机制。

9. 增强失业风险防范治理能力。开展省级月度调查失业率统计，探索建立市级调查失业率统计制度。将防范应对规模性失业风险列入经济社会发展综合考核。加强产能调整、经贸摩擦、专项治理等对就业影响和失业风险的评估，对可能引发规模性失业风险的，提前制定工作预案和应对措施。一个企业一次性裁员超过100人的，市级政府应及时向省政府报告。畅通线上线下失业登记，精准开展岗位推荐和就业服务。设立一批基层就业服务专员，缓解街道（乡镇）、社区（村）就业服务力量薄弱问题，使用就业补助资金给予补贴。

10. 强化就业优先保障。政府主要负责人要定期听取情况汇报、开展调查研究，加强对就业工作的组织领导和统筹协调。健全省市县就业和农民工工作议事协调机制，领导小组成员单位每年要推出一批稳就业扩就业政策举措。加强就业督导考核，建立约谈制度，推动解决就业领域重大问题和隐患风险。加大各级财政就业补助资金投入，健全完善就业补助资金直达机制。加大失业保险基金省级调剂，2023年年底前实现失业保险省级统筹。开展就业创业先进集体、个人表彰活动，加大正向激励。各级新闻宣传部门要加大对基层就业、自主创业、灵活就业、技能成才典型人物宣传，引导劳动者特别是青年群体转变就业观念。健全就业政策、就业形势新闻发布制度，讲好就业优先"山东篇"。

济南市印发了《济南市支持高校毕业生就业创业政策（40条）》（以下简称《政策》），从六个方面优化整合40条政策措施，着眼吸引高校毕业生来济留济就业创业。一是稳岗扩岗10条。通过发放一次性奖补、一次性吸纳就业补贴、一次性扩岗补助等，鼓励企业创造岗位吸纳高校毕业生就业，鼓励高校毕业生到中小微企业就业；通过实施社会保险降、缓、返等政策，支持企业稳定就业岗位。二是基层就业3条。通过实施"三支一扶"计划、青年见习计划和发放离校未就业高校毕业生灵活就业社会保险补贴等，引导高校毕业生到基层一线就业。三是创业扶持10条。通过落实创业税收优惠政策，发放一次性创业岗位开发补贴、一次性创业补贴、创业场所租赁补贴、创业孵化补贴、创业担保贷款及贴息等政策，助力高校毕业生创业。四是人才吸引 8 条。对接济南市人才政策"双 30 条"有关内容，从实施优秀大学生支持政策、博士后支持政策、海外留学人才支持政策、青年创客支持政策、人才住房保障、人才交通出行、落户政策等方面，吸引高校毕业生来济留济就业创业。五是技能提升 4 条。通过加强就业指导、支持参加就业技能培训，给予职业技能提升培训补贴、创业培训补贴等方式，鼓励高校毕业生提升就业创业能力。六是就业服务 5 条。从强化招聘服务、取消就业报到证、加大困难帮扶、落实实名服务、维护就业权益等方面，为高校毕业生就业创业提供高效、精准服务。

第三节　大学生就业法律法规

案 例 分 析

【案例展示】

在校大学生能否签订劳动合同

小华是一名在校大四学生，因为大四课程科目较少，想在外面找份工作，锻炼一下自己，但是公司以小华没毕业没拿到毕业证为由，说有关法律法规规定，没毕业的大学生不能签订劳动合同。小华很苦恼，有没有相关的法律法规规定待毕业的大学生不能签订劳动合同。

【案例点评】

根据法律规定，没有毕业的大学生也可以签订劳动合同。理由如下：

首先，能否签订劳动合同，是看劳动者是否具备劳动关系的主体资格，《中华人民共和国劳动法》第十五条只规定了禁止用人单位招用未满十六周岁的未成年人，没有规定未毕业的大学生不可以签订劳动合同。《关于贯彻执行〈中华人民共和国劳动法〉若干问题的意见》（以下简称《意见》）第四条中规定的不适用劳动法的主体中并不包括在校学生，学生身份并未限制在校大学生作为普通劳动者加入劳动力群体。

其次，根据《意见》第十二条规定，在校生利用业余时间勤工助学的行为不视为就业，未建立劳动关系，可以不签订劳动合同，但并不能由此否定在校生的劳动权利，推定出在校生不具备劳动关系的主体资格。因此，只要大学生达到《中华人民共和国劳动法》规定的就业年龄，符合劳动关系主体资格，具备与用工单位建立劳动关系的行为能力和责任能力，就可以与公司签订劳动合同。

建议：如果大学生是勤工俭学，即指不以就业为目的，利用学习空闲时间打工补贴学费、生活费，可以不签订劳动合同；如果大学生是以就业为目的，寻找比较固定的工作，可以与用人单位沟通，在建立劳动关系时要求签订劳动合同。实习是以学习为目的，到相关单位参加社会实践，没有工资，不存在由实习生与单位签订劳动合同、明确岗位、报酬、福利待遇等情形。

知 识 导 航

一、劳动合同法律制度

（一）《劳动法》及《劳动合同法》概述

1.《中华人民共和国劳动法》

《中华人民共和国劳动法》（简称《劳动法》）是国家为了保护劳动者的合法权益，调整劳动关系，建立和维护适应社会主义市场经济的劳动制度，促进经济发展和社会进步，根据宪法而制定颁布的法律。从狭义上讲，我国《劳动法》是指1994年7月5日八届人大通过，1995年1月1日起施行的《劳动法》，2009年8月27日、2018年12月29日分别进行了修正；从广义上讲，《劳动法》是调整劳动关系的法律法规，以及调整与劳动关系密切相关的其他社会关系的法律规范的总称。《劳动法》作为维护人权、体现人本关怀的一项基本法律，其内容主要包括：劳动者的主要权利和义务；劳动就业方针政策及录用职工的规定；劳动合同的订立、变更与解除程序的规定；集体合同的签订与执行办法；工作时间与休息时间制度；劳动报酬制度；劳动卫生和安全技术规程等。以上内容，在有些国家是以各种单行法规的形式出现的，在有些国家是以劳动法典的形式颁布的。《劳动法》是整个法律体系中一个重要的、独立的法律部门。

2.《中华人民共和国劳动合同法》

《中华人民共和国劳动合同法》（以下简称《劳动合同法》）是为了完善劳动合同制度，明确劳动合同双方当事人的权利和义务，保护劳动者的合法权益，构建和发展和谐稳定的劳动关系而制定的法律。2007 年 6 月 29 日由第十届全国人民代表大会常务委员会第二十八次会议通过，2008 年 1 月 1 日起施行。劳动合同法共分 8 章 98 条，包括：总则、劳动合同的订立、劳动合同的履行和变更、劳动合同的解除和终止、特别规定、监督检查、法律责任和附则。《劳动合同法》是规范劳动关系的一部重要法律，在中国特色社会主义法律体系中属于社会法。最新《劳动合同法》由中华人民共和国第十一届全国人民代表大会常务委员会第三十次会议于 2012 年 12 月 28 日通过《全国人民代表大会常务委员会关于修改〈中华人民共和国劳动合同法〉的决定》，自 2013 年 7 月 1 日起施行。

《劳动合同法》是为了完善劳动合同制度，明确劳动合同双方当事人的权利和义务，保护劳动者的合法权益，构建和发展和谐稳定的劳动关系而制定的。重在对劳动者合法权益的保护，被誉为劳动者的"保护伞"，为构建与发展和谐稳定的劳动关系提供法律保障。

3.《劳动法》与《劳动合同法》之间的关系

《劳动法》作为一个独立的法律部门，有独立的内容体系，它包括了劳动就业、劳动合同与集体合同、工资保障、职业安全、社会保险、工会、劳动争议处理等内容。《劳动合同法》是《劳动法》的重要组成部分。就两者的关系来看，《劳动法》和《劳动合同法》属于普通法和特别法的关系。所谓普通法，是指在一般范围内适用的法律，其效力具有普遍性；特别法是指在特定范围内适用的法律，其效力仅仅及于特定身份的人或者事。一般而言，在法律的适用上面，特别法优于普通法，也即对于《劳动法》和《劳动合同法》都有规定的，适用《劳动合同法》的规定，《劳动合同法》没有规定而《劳动法》有规定的，则适用《劳动法》的相关规定。

（二）大学生履行劳动合同应注意的问题

1. 公司辞退员工与员工主动辞职有什么区别？

辞退与辞职的区别主要体现在经济补偿方面有所不同。如果是因为劳动者违反单位的劳动纪律或违法引起的辞退，则单位没有支付劳动者经济补偿金的义务；如果是单位非法辞退职工，则应支付劳动者经济补偿金。如果劳动者主动辞职，单位不需要支付劳动者经济补偿金。

2. 试用期未满能否享受工伤待遇？

试用期包括在劳动合同期内。员工与企业自签订劳动合同之日起，双方之间的劳动关系就已确立，劳动合同依法签订就具有法律约束力，双方当事人必须履行合同规定的义务。劳动者作为企业的一员，依法应享受国家规定的保险福利待遇。企业应依照国家规定为员工落实工伤医疗待遇、停工留薪期待遇，保持员工工资福利待遇不变。

3. "五险一金"具体指什么？

"五险"指的是五种保险，包括养老保险、医疗保险、失业保险、工伤保险和生育保险；"一金"指的是住房公积金。其中养老保险、医疗保险和失业保险，这三种险是由企业和个人共同缴纳的保费，工伤保险和生育保险完全是由企业承担的，个人不需要缴纳。我国《社会保险法》第二条规定："国家建立基本养老保险、基本医疗保险、工伤保险、失业保险、生育保险等社会保险制度，保障公民在年老、疾病、工伤、失业、生育等情况下依法从国家和社会获得物质帮助的权利。"《住房公积金管理条例》第十五条规定："单位录用职工的，应当自录用之日起30日内到住房公积金管理中心办理缴存登记，并持住房公积金管理中心的审核文件，到受委托银行办理职工住房公积金账户的设立或者转移手续。"

4. 如何计算加班费？加班费能否取代休息权？

《劳动法》第四十四条规定："有下列情形之一的，用人单位应当按照下列标准支付高于劳动者正常工作时间工资的工资报酬：

（1）安排劳动者延长工作时间的，支付不低于工资的百分之一百五十的工资报酬；

（2）休息日安排劳动者工作又不能安排补休的，支付不低于工资的百分之二百的工资报酬；

（3）法定休假日安排劳动者工作的，支付不低于工资的百分之三百的工资报酬。"

因此，休息日安排劳动者工作，企业可以首先安排补休。在无法安排补休时，才支付不低于工资百分之二百的加班费。休息日一般是指双休日。当企业能够安排职工补休时，职工应当服从。这既保护了劳动者的休息权，利于职工的身心健康，又利于职工及时恢复体力投入新的工作，保障安全生产。法定节假日加班，不能安排补休，单位必须按照日工资的百分之三百支付加班工资。

5. 最低工资保障怎么理解？

(1) 各地给予最低工资保障的标准不同，一般每年度发布一次。最低工资标准是指劳动者在法定工作时间或依法签订的劳动合同约定的工作时间内提供了正常劳动的前提下，用人单位依法应支付的最低劳动报酬。

(2) 正常劳动，是指劳动者按依法签订的劳动合同约定，在法定工作时间或劳动合同约定的工作时间内从事的劳动。劳动者依法享受带薪年休假、探亲假、婚丧假、生育（产）假等国家规定的假期间，以及法定工作时间内依法参加社会活动期间，视为提供了正常劳动。

(3) 下列各项不算在最低工资标准内：延长工作时间工资（加班和加点工资），中班、夜班、高温、低温、井下、有毒有害等特殊工作环境、条件下的津贴，法律、法规和国家规定的劳动者福利待遇等。

二、公务员考录制度

(一) 公务员考录制度及其法律依据

公务员考录制度一般是指国家行政机关依据有关法律和法规的规定，按照一定的标准和法定的程序，采用公开考试、严格考察、择优录取的办法，将符合条件的人员录用为公务员的制度。我国公务员考录制度建立起始于1980年，正式建立于1989年，目前已经发展形成了比较稳定的人才录用选拔体系。

公务员考试录用制度有着悠久的历史，从不成熟逐渐走向了完善。现行的《中华人民共和国公务员法》（以下简称《公务员法》）是公务员考录制度的依据，它对公务员考试录用的原则、范围、具体要求作了相应的规定。《公务员法》是我国干部人事管理中第一部基础性法律，自2006年1月1日起施行。随着时间的推移，

《公务员法》逐渐出现一些不适应、不符合新形势新要求的地方需要加以修订完善。于是，全国人大常委会于 2017 年和 2018 年进行了两次修订，修订后的《公务员法》自 2019 年 6 月 1 日起施行，共 18 章 113 条。《公务员法》对新时代建立和完善中国特色公务员制度、建设忠诚干净担当的高素质专业化公务员队伍，具有十分重要的意义。

我国的公务员制度借鉴了西方的文官制度，将"国家工作人员录用考试"改成了"国家公务员录用考试"。各地区各部门根据工作实际又制定下发了相应的实施办法和细则，形成了涵盖笔试、面试、体检、考核、监督等诸多环节的考录法规体系，考试录用国家公务员工作开始步入规范化、制度化轨道。

(二) 公务员考录制度的特点

1. 报考公务员的人数不断在增多，其文化程度逐渐呈现高学历化。因为公务员考录中的公平机制作用，招考的条件越来越宽松，原来招考中存在的户籍限制、性别限制、院校限制和对社会人员等资格条件的限制越来越少，使更多人获得了参加考试的机会。同时随着高校逐年扩招，毕业生就业压力不断加大，使得学校毕业生报考公务员人数逐年攀升。

2. 报考人数受待遇等多因素的影响。由于社会就业压力的影响，加上公务员工资和医疗、住房、交通补贴以及各种福利待遇得到不断提升，更重要的是公务员的稳定性和地位性吸引了其他性质单位的人员报考。

3. 考试录用制度得到了全方位的推进和改善。无论是考试录用的规模和范围，还是考试录用的深度和广度都在不断扩大。在录用的过程中，不断地透明化、公开化和平等化，同时公务员考试录用的管理水平和测试水平有了较大提高，考试日益科学化、规范化，使得更多的社会人员愿意参与竞争。

(三) 公务员考录制度存在的问题

1. 公务员招考成本太高

2022 国考共有 2 026 060 人报名，较 2021 年同期增长 51.4 万人；有 1 837 759 人通过审核，较 2021 年同期增长 43.5 万。网上报名费、各种各样辅导班的费用总额极其庞大，这些都增加了选拔优秀人才的成本。我国公务员考试还没有统一，每年在中央和国家机关公务员考试后，各省、自治区、直辖市都要自行组织各地的公务员考试，考试时间不统一，考试成绩也不能互认。许多学生在各地不停奔波，参加当地的公务员考试，财力、精力等都耗费颇大，增加了许多无谓的就业成本。

2. 对社会稳定产生较大冲击

由于报考与录取的比例比较低，千军万马过独木桥，公务员考试成为继高考、考研之后竞争最为激烈的考试。对于大多数人来说，基本上是"陪考"。2022 国考平均竞争比为 59∶1，略高于 2021 年同期的 54.5∶1。最热职位为西藏自治区邮政管理局阿里地区邮政管理局一级主任科员及以下一职，竞争比为 20 813∶1，成为唯一一个"两万里挑一"的职位。这也就是说，要有数量极大的考生会失望。这必然会对一部分考生的心理造成影响。在考试过程中存在的一些问题，如对高学历、高职称人员免考；随意简化考试科目和程序；考试作弊且手法五花八门；面试过程中，"走关系""打招呼"已成为公开的秘密，使得笔试成绩排前者有时反而落选；先"招人"进入机关工作后参加下一次的笔试。如此种种，既降低了公务员招录的公平、公正和有序性，同时也损害了政府的公信力。

3. 对选拔真正的人才不利

由于公务员报考人数多，为了使分数能拉开一定的差距，在录用考试中就会不自觉地加大考题的难度，有的时候甚至会出偏题、怪题。在个别行政职业能力测验试卷中出现了一些类似"脑筋急转弯"的试题，一度受到媒体和考生的质疑。虽然为了避免"一考而定"，各地都不同程度地加大了面试成绩在总成绩中的比例，但是由于面试本身也存在许多问题，因此，选拔优秀人才的机制还有待完善。

4. 社会资源配置严重失衡

从根本上说，优秀人才的眼睛盯着不直接创造社会财富的政府机关并不是一种好现象。优秀的人才应该更多地流向企业。政府机关占据了大量的优秀人才资源，会造成人力资源配置的失衡，不利于企业创造更多的社会财富，也不利于淡化"官本位"思想。优秀人才进入机关后，大多数也不是从事自己所学的专业，这就造成了优秀人才极大的浪费。

三、事业单位聘用制度

（一）事业单位与事业单位聘用制度

事业单位是介于政府与社会之间的社会服务型组织。我国共有事业单位130多万个，职工近3 000万人，包括教育科研、文化卫生、新闻传媒等行业，是我国各类人才的主要集中地。

事业单位人员聘用制度是指事业单位与受聘人员通过签订聘用合同，确定聘用关系，明确双方权利和义务的人事管理制度。通过实行聘用制，转换事业单位的用人机制，实现事业单位人事管理由身份管理向岗位管理的转变，由行政任用关系向平等协商的聘用关系转变。事业单位实行聘用制必须坚持单位自主用人、个人自主择业、政府依法监管和公正、平等、竞争、择优的原则。事业单位聘用工作人员，必须在确定的编制数额和人员结构比例范围内进行。事业单位实行聘用制，应当根据工作需要，按照科学合理、精干效能的原则，确定专业技术人员、管理人员和工勤人员岗位，按岗聘用，竞争上岗。

事业单位与职工应当按照国家有关法律、政策，在平等自愿、协商一致的基础上，通过签订聘用合同，明确聘用单位和受聘人员与工作有关的权利和义务。建立起能上能下、能进能出、有效激励、严格监督、竞争择优、充满活力的用人机制；坚持尊重知识、尊重人才的方针，树立人才资源是第一资源的观念；坚持平等自愿、协商一致的原则；坚持公开、平等、竞争、择优的原则；坚持走群众路线，保证职工的参与权、知情权和监督权。

（二）事业单位聘用制度的法律依据

为了规范事业单位的人事管理，保障事业单位工作人员的合法权益，建设高素质的事业单位工作人员队伍，促进公共服务发展，国务院颁布《事业单位人事管理条例》，该条例自2014年7月1日起施行。该条例第八条规定，事业单位新聘用工作人员，应当面向社会公开招聘。但是，国家政策性安置、按照人事管理权限由上级任命、涉密岗位等人员除外。条例第九条对事业单位公开招聘工作人员的程序作出了规定。这是我国立法对事业单位聘用制度的明确规定。

（三）事业单位聘用人员的基本流程

1. 聘用人员的基本流程

（1）成立聘用工作组织，制定聘用工作方案。聘用工作组织由聘用单位分管负责人及其人事部门、纪检监察部门负责人和工会会员代表组成。聘用专业技术人员的，还应当聘请有关专家参加。人员的聘用、考核、续聘、解聘等事项由聘用工作组织提出意见，报本单位负责人会议集体决定。聘用工作方案应经职工代表大会通过。未建立职工代表大会的，应经职工大会或者工会通过。

（2）事业单位制定的聘用工作方案应当报行政主管部门和同级政府人事行政部门备案。同级政府人事行政部门应当加强监督。

（3）公布聘用岗位、岗位职责、聘用条件、聘用待遇、聘期及聘用方法等事项。

（4）通过本人申请、民主推荐、负责人提名、公开招聘等形式产生应聘人选。

（5）聘用工作组织对应聘人员进行考试或者考核，择优确定拟聘人选，公示拟聘结果。

（6）聘用单位负责人集体讨论决定受聘人员，公布聘用结果。

（7）订立聘用合同。

2. 与签订聘用合同相关的问题

事业单位与拟聘用人员必须按照平等自愿、协商一致的原则签订聘用合同。聘用合同使用统一制作的文本，分为短期、中长期和以完成一定工作为期限的合同。合同期限最长不得超过应聘人员达到国家规定的退休年龄的年限。对在本单位工作已满 25 年，或者在本单位连续工作已满 10 年且年龄距国家规定的退休年龄已不足 10 年的人员，若拟聘用人员提出订立聘用至退休的合同，聘用单位应当满足。

在合同管理中，还对试用期作了规定。不再被约定试用期的有：原有职工首次签订聘用合同和续签合同的；安置到事业单位工作的军转干部和复员退伍军人；引进的高层次人才、急需人才。试用期一般不超过 6 个月，试用期包括在聘用合同期限内。

（四）深化事业单位人事制度改革

为深化事业单位人事制度改革，建立适应社会主义市场经济需要、符合事业单位特点、促进事业单位发展的人事管理体制，规范对事业单位聘用制的管理，维护和保障事业单位及其工作人员的合法权益，全面推行聘用制度，将从部分地区、系统、单位的试行向全国所有事业单位推进。该项政策的贯彻实施，无疑将为拓展就业空间、破除就业制度性障碍、打开公平就业闸门提供制度性保障。在这项涉及全局性的改革中，各地应密切结合破解大学生就业困局，着手做好以下三件事。

1. 机会均等

目前，我国建立统一规范的人力资源市场，打破城乡分割、身份分割和地区分割。此前国务院出台新政策，取消大学生落户限制，这与统一规范的人才资源市场有机结合起来，有利于人才的正常流动，有利于单位用人上的灵活性。但按照统一、开放、竞争、有序的要求，整合人才市场和劳动力市场，尚需城市户籍与事业单位聘用制改革的同步回应。因此，各地政府应将取消地区或城市门槛、实现机会均等作为事业单位聘用制改革的前置条件。

2. 阳光聘用

事业单位编制，是事业单位用人的核心制度，在把住进人关、提高人员素质等方面发挥过重要作用。但近些年，一些事业单位随意超编进人、虚报冒领"空饷"等现象屡有发生，并最终导致人浮于事、"近亲繁殖"等一些不正常现象。因而，事业单位聘用制推行时，应取消原有的编制制度。从单位负责人开始，根据事业单位自身职能与发展需要，所有岗位和人员都向社会公开招聘，充分体现一视同仁，公开公平。

3. 扩大范围

当下，大学生就业是一个难题。如何解决这个问题，各地在事业单位聘用制改革中，不妨放大聘用制的覆盖面，将城市社区工作者和"村官"都纳入事业单位聘用制改革范围，使社区工作者和大学生村官都拥有规范的制度性保障。北京社工委等部门正在研究政策，计划由政府购买社区工作者岗位，设置"社区助理"岗位，招聘大学生担任居委会主任助理。与此同时，原有的大学生村官政策仍将延续。这样既让一部分大学生能享有激励保障政策，又能在竞争中脱颖而出。这对于加快推进新农村建设，培养造就经过社会实践磨砺、关注民生疾苦的基层官员和后备人才，具有重大的意义。

在事业单位聘用制改革中，除了完善公开招聘制度外，还应建立全方位的社会监督机制，充分尊重公众对这次改革全程的知情权、参与权、表达权和监督权，杜绝暗箱操作等潜规则，以确保聘用制真正落到实处，最终为我国经济社会发展提供可靠的人才保障，为广大大学生就业、创业开辟更为广阔的绿色通道。

四、人才派遣制度

（一）人才派遣制度及其优势

"人才派遣"亦称人才租赁，即用人单位根据工作实际需要，向人才市场提出所用人员的标准、条件和工资、福利待遇，人才市场通过查询人才库等手段搜索合格人员，经严格筛选，把人员名单交用人单位，用人单位进行最后确定。此后，用人单位与人才市场签订用人协议，人才市场与被聘用人签订聘用合同，用人单位与人才市场是一种劳务关系，所选用人员与人才市场是一种劳动关系。

1."人才派遣"是我国劳动人事制度改革的产物

计划经济条件下的用人制度束缚了各企业、事业单位的发展，从我国社会经济发展情况看，只有加大社会劳动保障的力度、解除企事业单位负担，才能保障企事业单位的发展。"人才派遣"的用工方式，正是建立在不断完善社会劳动保障制度的基础上，适应每一个在一定岗位工作的"单位人"向"社会人"的转变，适应于用人单位解脱人事工作的束缚。"人才派遣"是一种全新的用人形式，它有利于用人单位的劳动人事管理，有利于用人单位减少支出成本，有利于用人单位在事业发展变化中增人减员，有利于人才资源的合理配置。

2."人才派遣"的用人形式有利于用人单位的发展

用人单位用才不管人，有力、有效，其主要有以下优点：

（1）人工成本支出降低。用人单位在核算被派遣人员的总支出时，一是考虑岗位效益。二是以市场价格制定工资标准。三是可以自主调整固定工资与浮动工资的比例。综合核算单位支出成本比在编员工的支出大大降低。

（2）人事管理简捷。用人单位不需要专门人员、机构对派遣人员进行管理，这些人员的人事工作由人才市场负责完成。用人单位在使用这些人员时，只是做出相关管理规定，按分配的工作任务进行管理、考核。合同到期是否续签合同，主动权在用人单位。

（3）用人机动灵活。许多用人单位在市场经济条件下，业务变化很大，采用这种用人形式，可以在增加业务时增加人员，在业务减少时，也可以随时减员。

（4）避免人才流失。被派遣人员的人事档案由人才市场调集和管理，在合同期，人才市场对派遣人员制定了具有法律效力的制约制度，这样完全可以保证被派遣人员安心、尽力地做好工作，用人单位不会担心人才流失和"跳槽"。

（5）减少人事（劳动）纠纷。在我国相关法律、法规和有关政策的指导下，用人单位和人才市场签订合同，人才市场与被聘用人员签订合同，用人单位和被派遣人员是一种有偿使用关系，这样，作为用人单位就避免了与被派遣人员在人事（劳动）关系上的纠纷。

（6）"人才派遣"的用人形式运作方法简捷。"人才派遣"的用人形式，主要工作由人才市场负责完成，用人单位的运作方法、程序极为简单，其步骤包括：用人单位以书面形式（或电话）与人才市场联系并提出所用人员的标准条件、工资福利待遇和用工时间。用人单位对人才市场选送的人员进行测试或面试，确定所用人员。人才市场组织被确定人员体检、调档、审档，并进行上岗前的教育培训，用人单位与人才市场签订用人协议。

（二）人才派遣和劳务派遣的区别

人才派遣和劳务派遣属于同种性质的用工类型，但二者也存在区别。主要区别有：第一，从劳动者的角度来说，派遣人员从事的工作不同：人才派遣根据人才的价值和稀缺性，要求劳动者为通用人才和特殊人才，而劳务派遣一般在临时性、辅助性或者替代性的工作岗位上实施，对劳动者的要求不高；第二，从用人单位角度来说，适用的企事业单位不同：一般当企事业单位需要招聘新员工，而又不愿意冒人才风险时，才会选择人才派遣的形式满足其用人的需要，而劳务派遣的岗位只要符合临时性、辅助性或者替代性的工作即可。

(三) 人才派遣的由来和法律依据

20世纪70年代，人才派遣在美国等发达国家出现，美国在1971年就颁布了有关人才派遣的法律，日本的《人才派遣法》也在1985年正式颁布，德国于1972年出台《劳务派遣法》，英国政府也于1999年向议会提交了《雇佣关系法草案》，使得派遣就业在许多国家稳步发展。目前已经成为欧美地区的主流用工模式。

我国的人才派遣企业出现于新旧世纪之交，近年来北京、上海、广州、深圳、武汉、南京、青岛等地人才和劳动力服务机构借鉴国外经验，在人才派遣服务方面进行了大胆的探索，且已形成一定规模，并出现了一些小有名气的区域性人才派遣服务机构。关于规范人才派遣的法律法规，尽管我国相继出台了一些地方性法规，但大多笼统、片面，难以应对具体复杂的实际问题，统一的全国性法规尚未出台。

(四) 人才派遣风险防范

1. 派遣单位的选择

派遣单位的选择，作为大学生首选的是大型事业单位。这类单位财务、法律等方面安全系数高，派遣员工的保险、工资易于缴纳与发放。

2. 人才派遣协议的签订

在与派遣单位签订派遣协议的时候，首先，注意规避派遣员工一旦出现工伤、死亡、民事刑事等情况时，与派遣方的责任划分。其次，注意派遣协议与个人劳动合同诸多条款的统一。

3. 个人劳动合同的签订

在个人劳动合同签订方面，一定要与《劳动合同法》一致。特别注意的是保险的代缴、工资的发放以及休息日三方面的内容。根据《劳动合同法》来与派遣员工逐一确定。如有特殊协定，应当提前与派遣单位商定好，再征求派遣员工同意，最后才在劳动合同里确定。

4. 工资发放、保险代缴与发票开具

工资发放，在派遣协议里须注明工资发放时间、转账时间、保险缴纳时间，每

月的人员增减截止时间也都需要注明。这些在后续的服务阶段，非常重要。一旦工资发放不及时、保险缴纳不及时都与此有关。发票的开具，一定要注意项目名称以及数额。

五、创新创业制度

（一）创新创业及其法律依据

创新创业是指基于技术创新、产品创新、品牌创新、服务创新、商业模式创新、管理创新、组织创新、市场创新、渠道创新等方面的某一点或几点创新而进行的创业活动。创新是创新创业的特质，创业是创新创业的目标。作为一个创业者，仅仅有好的创业思路、好的创业项目是不够的，还必须了解以下与创业密切相关的法律、法规，这些法律规定可以为创业者的创业之路保驾护航。

1. 关于企业如何设立、组织、解散的法律法规

主要有《公司法》《合伙企业法》《个人独资企业法》《公司登记管理条例》《企业破产法》等。创业者在设立企业之前，就必须了解这些法律法规的有关规定，包括设立企业要符合哪些条件、企业的组织机构应如何设置、企业的规章制度应如何制定等。

2. 关于企业劳动关系的法律法规

主要有《劳动法》《劳动合同法》《就业促进法》《社会保险费征缴暂行条例》《社会保险登记管理暂行办法》《工伤保险条例》《最低工资规定》等。要处理好企业与劳动者之间的关系，使得劳动者充分发挥其积极性，为企业、为社会创造效益，就必须严格按照这些法律法规的规定办理。

3. 关于知识产权的法律法规

主要有《专利法实施细则》《商标法实施细则》《信息网络传播权保护条例》《计算机软件保护条例》等。知识产权的重要性毋庸置疑，对于今天的中国企业来说，再怎么强调都不过分。通过学习掌握这些法律法规，就能更好地懂得如何保护自己的知识产权，也能更好地把握如何避免侵犯他人的知识产权。

4. 关于企业市场交易活动的法律法规

主要有《民法典》《产品质量法》《反不正当竞争法》《反垄断法》《广告法》

《消费者权益保护法》等。这部分法律法规主要解决的是合法经营、公平交易等问题。

5. 关于国家宏观调控行为的法律法规

主要有《环境保护法》《对外贸易法》《外商投资法》等。在这里，政府是管理者，企业是被管理的对象，但是企业如果对政府行为有异议的，也可以通过行政复议、行政诉讼等途径解决。

6. 关于创业纠纷解决的法律法规

主要有《民事诉讼法》《行政诉讼法》《劳动争议调解仲裁法》等。

（二）大学生与"双创"活动

"双创"活动，即"大众创业""万众创新"。2014 年 9 月，时任国务院总理李克强在夏季达沃斯论坛上公开发出"大众创业、万众创新"的号召，"双创"一词由此开始走红。此后，又将其前所未有地写入了 2015 年政府工作报告予以推动。在 2015 年 6 月 4 日的国务院常务会议后，"双创"再度吸引了人们的注意，该次会议决定鼓励地方设立创业基金，对众创空间等办公用房、网络等给予优惠；对小微企业、孵化机构等给予税收支持；创新投贷联动、股权众筹等融资方式；取消妨碍人才自由流动、自由组合的户籍、学历等限制，为创业创新创造条件；大力发展营销、财务等第三方服务，加强知识产权保护，打造信息、技术等共享平台。2017 年 4 月 27 日，联合国大会通过设立"世界创意和创新日"，定为每年的 4 月 21 日。

经国务院批准，2022 年全国大众创业万众创新活动周（以下简称"活动周"）于 2022 年 9 月 15 日至 21 日举行。本届活动周以"创新增动能，创业促就业"为主题，采用线上线下相结合的方式，主会场设在安徽省合肥市，在全国各省、自治区、直辖市及计划单列市、新疆生产建设兵团同步开展。活动周通过主会场活动、部委活动、地方活动、海外活动、线上活动等近 1 000 场系列活动，全面回顾并展示近年来深入实施创新驱动发展战略、纵深推进大众创业万众创新取得的新进展、新成就和新突破，把创新创业更好地转化为经济发展新动能。

在"大众创业、万众创新"号召的激励下，大学生的"追梦"情结也日渐活跃，已成为不可忽视的社会现象和精神力量。当前的经济社会发展形势，要求大学生必须抓住国家推进"双创"战略的契机，实现自己的人生梦想，为当前经济结构的转型升级增添助力，实现中华民族伟大复兴。

本模块实践教学活动

本模块的实践教学活动共开设两个具体项目，在具体的教学过程中，可以根据教学需要和学校的实际教学条件，选择一项开展活动。

项目一　创业就业政策论坛："大众创业""万众创新"

项目二　案例解读：劳动纠纷处理实务

项目一　创业就业政策论坛："大众创业""万众创新"

【实践活动目的】

增强大学生创业就业中的政策意识，帮助大学生解决就业过程中遇到的相关问题，为大学生就业提供政策保障。

【实践活动方案】

1. 明确论坛背景资料。

材料一： 2020年7月23日下午，习近平总书记来到中国一汽集团研发总院实验室，了解集团新技术研发情况。听说现场有几位是今年刚毕业的大学生，习近平关切地询问他们是哪所学校毕业的？收入怎么样？来这里工作满意吗？企业负责人介绍，今年一汽集团共招聘了1 115名应届高校毕业生，习近平听了十分高兴。他说，受疫情影响，今年高校毕业生、农民工等群体面临就业困难。各级党委和政府十分关心，将其作为重大民生工作任务，积极创造条件确保高校毕业生就业。广大高校毕业生也要改变择业观、就业观，找到自己的定位，投入踏踏实实的工作中，实现自己的人生理想。

材料二： 在"大众创业、万众创新"号召的激励下，大学生的"追梦"情结也日渐活跃，已成为不可忽视的社会现象和精神力量。当前的经济社会发展形势，要求大学生必须抓住国家推进"双创"战略的契机，实现自己的人生梦想，为当前经济结构的转型升级增添助力，实现中华民族伟大复兴。

2. 讨论"大学生与双创活动",教师引导,学生分组讨论,形成活动记录,完成实践大作业,完成情况计入学生形成性考核结果。

3. 在两个食堂门口以及男女生宿舍前粘贴宣传海报,同时广播站进行广播宣传。

项目二　案例解读:劳动纠纷处理实务

【案例基本情况】

就业协议有约束,签订须谨慎

2022 年,作为北方某名牌高校的一名应届毕业研究生,小彬从激烈的竞争中脱颖而出,被某知名公司录取。此时,小彬发现还有一家发展前景更好的单位也在招聘,于是他匆匆和某知名公司签订了就业协议书后又应聘了那家更有前景的单位。他认为反正就业协议不是劳动合同,对自己没有约束力。当小彬兴冲冲地跑到原来签订就业协议的某知名公司,请求解除就业协议时,该公司告知小彬,解除就业协议可以,但小彬必须按照就业协议的约定向公司交付违约金。面对不菲的违约金,初出校门的小彬真为自己法律意识的缺乏懊悔不已。

【案例解读】

毕业生就业协议与劳动合同确实不一样。学生签订毕业生就业协议的时候,仍属于在校学生的身份,学生和招聘单位之间的关系还不是劳动法意义上的劳动关系,但这并不意味着就业协议没有约束力。事实上,作为一般民事协议,毕业生就业协议虽然不受《劳动法》《劳动合同法》约束,但属于《民法典》的约束范围,在平等、自愿等基础上建立起来的毕业生就业协议受法律保护,任何一方无正当理由任意违反都要承担相应的违约责任。因此,大学生在决定签署就业协议前,要认真对待就业协议的约定,特别是其中的违约条款,以免给自己造成损失。

与此同时,学校作为学生就业协议三方中的一方,应正确看待学生的违约行为。在目前的毕业生就业实践中,部分院校出于学校声誉等方面考虑,一般不希望学生在签订三方协议后违约,有的学校甚至规定不得违约或者违约后将不再给学生新的三方协议。学校的这种做法,在目前严峻的就业形势下,应该说有一定道理。但人才的自由流动是市场经济的常态，也是一个学生作为公民所应该具备的基本权利之一，对于事关学生职业生涯发展的就业问题，学校应给予更宽松的选择空间。当然，主张学校应该给学生更宽松的就业选择空间，不等于鼓励学生随意违反三方协议，毕竟违约行为是要承担相应责任的。因此，毕业生在签订三方协议前要三思而行。

此外，用人单位以过高的违约金方式变相强行留住人才的做法也是不能得到法律支持的，对三方协议违约金的约定，各地可能有不同规定，但是对其上限作出规定则无异议，对违约金的约定应在合理的范围内。

模块二 大学生就业风险与法律防范

法律的目的是对受法律支配的一切人公正地运用法律，借以保护和救济无辜。

——洛克

高校毕业生就业关乎个人的成长成才，承载着家庭的期盼希望，更关系着社会和谐稳定和高质量发展，是"教育优先发展"和"就业优先战略"的重要交汇点。随着我国高等教育普及化的不断深入，高校毕业生人数在逐年增加，毕业生就业问题愈加突出，厘清高校就业工作形势与国家政策、经济发展以及产业行业等内外部因素变化之间的关系，有助于社会各方研究应对策略，可以帮助更多的大学毕业生规避风险，抓住机遇，顺利就业并提高就业质量。

在就业形势十分严峻的背景下，大学生在求职就业的过程中面临着乱收费、虚假招聘、合同不规范等诸多法律风险，加强大学生就业法律风险防范意识是高校就业指导教育的重中之重。作为大学毕业生，在由学生转变为职业人的过程中，更要学会独立生活，自我防范，确保人身财物的安全，实现平安就业。大学生在求职过程中可能遇到的风险有黑中介；传销；试用期陷阱；合同陷阱；押金、保证金陷阱；虚假招聘；高薪招聘诈骗等。

第一节　求职风险与招聘陷阱

案例分析

【案例展示】

三方协议订立不等于劳动关系建立

2021年12月15日，某上海跨国公司开始到全国各地高校进行校园招聘。3天后，南京某高校的大四学生孙某与该上海跨国公司签订了三方就业协议，该三方就业协议明确约定，该学生毕业后到该上海跨国公司或其在苏州的子公司工作，否则需要承担相应的违约金。2022年6月20日，孙某毕业离校，该上海跨国公司告知其到上海总公司报到，进行专业技术学习，1个月后派往苏州子公司正式上班。2022年6月25日，孙某抵达上海向该公司报到，在结束1个月的专业技术学习后，于同年7月25日到苏州子公司上班。2022年8月15日，苏州子公司与孙某签订了为期3年的书面劳动合同，合同约定的起始时间为2022年8月15日至2025年8月14日。孙某与企业的劳动关系是何时建立的？孙某是与哪一家企业（总公司、子公司）建立的劳动关系？

【案例点评】

《劳动合同法》规定，劳动关系自用工之日起建立。用工之日，一般是指劳动者开始向用人单位提供劳动的时间。入职报到通常被认为是开始提供劳动的起点，也因而被认为是建立劳动关系的时间，即用工之日。2021年12月三方协议签订的时候，只能说是约束双方此后建立劳动关系的约定责任，并不意味着用工开始。实际上，三方就业协议书不同于劳动合同。首先，三方就业协议书是教育部统一印制的，主要是明确三方的基本情况及要求。三方就业协议书制定的依据是国家关于高校毕业生就业的法规和规定，有效期为自签约日起至毕业生到用人单位报到止的这一段时间。其次，就业协议是三方合同，它涉及学校、用人单位、学生等三方面，三方相互关联但彼此独立；而劳动合同是双方合同，它由劳动者和用人单位两方的权利、义务构成。

至于 2022 年 8 月劳动合同订立，只是说劳动关系得到了书面上的确认，并不意味着劳动关系从劳动合同订立之日起才存在。就孙某报到而言，到底是 6 月份向上海总公司报到是用工之日，还是 7 月份向苏州子公司报到是用工之日？这是一个问题。我们通常认为，关联企业之间劳动关系识别应该区别于一般企业，孙某到上海总公司报到的时候就已经知道自己以后的工作地点在苏州子公司，在上海只是说进行前置性的专业技术学习，专业技术学习本身就是履行劳动的行为，所以，2022 年 6 月孙某在上海报到入职的时间也就是用工之日，也即是他与苏州子公司劳动关系建立的时间。

知 识 导 航

就业是大学生实现从学校走向社会的重要环节，也是大学生职业发展的起点，这一过程中许多大学生往往遭遇求职就业风险。究其原因，某些企业和单位正是利用大学生社会经验不足，在招工环节设置陷阱，损害大学生的合法权益。大学生应该增强自我保护意识，学会辨识职业陷阱，尽力避免求职就业风险。

一、就业陷阱及其表现特征

大学生就业陷阱是指招聘单位、其他机构或个人，利用大学生的弱势地位如社会经验不足、自我保护意识差、就业竞争激烈等，以提供就业机会为诱因，采用违法悖德等手段，与大学生达成权利与义务不对等的各类就业意向或协议，以期侵害大学生合法权益的现象。尽管就业陷阱形形色色、形态各异，但其目的都是一样的——骗钱，主要表现为以下特征：

1. 欺骗性

招聘者和求职者之间往往存在着信息不对称现象。招聘单位以虚假的宣传、不实的承诺来取得求职者的信任，然后在协议中提出苛刻条件，致使求职者根本无法满足其要求。

2. 诱惑性

年轻人通常好高骛远，一些毕业生在找工作时，不顾现实条件的限制，一心想找一份体面的职业。招聘单位在招工时正是利用了部分大学生贪图虚荣的心理，引诱他们上当。在招工简章中夸大事实，"挂羊头卖狗肉"，什么"业务经理""行政助理"等职位名称好听，但不符合实际功能，用人单位只是在以各种招牌、待遇和发展前景来诱骗大学生。

3. 隐蔽性

违法用人单位的各种伎俩都有十分华丽的诱人说辞，听起来入情入理，面面俱到，句句都令人心动，其实处处布下陷阱。涉世不深的大学生十分单纯，难辨真伪，很快成为猎取的对象。

4. 违法性

就业中的违法目的各有不同。一类是违法违规留人才。有些为留住人才而扣留大学生的户口、证件等使大学生欲走难行。有些软硬兼施，一方面大开空头支票，另一方面强迫工作，迫使大学生逐渐接受不公正、不合理的现实。另一类就是坑蒙拐骗，使大学生掉进自己挖下的高薪陷阱、培训陷阱、中介陷阱，甚至诱骗大学生入股、推销、传销等，还有些用人单位给大学生设置了协议陷阱、合同陷阱或试用期陷阱，使大学生感到欲罢不能，求助无门。

二、就业陷阱的主要类型

1. 招聘陷阱

招聘陷阱常见的表现形式：其一是招聘会不合法。有些双选会打着毕业生就业的名义，实质是未经有关主管单位审批。参加双选会的单位也良莠不齐，出工不出力，只为凑数。双选会的主办单位收取高价门票，招聘单位收取一些毕业生的信息，以致招聘会流于形式，达不到选人用人的目的。有些招聘单位甚至出卖学生的个人信息，给一些违法之徒有可乘之机。其二是变相收费。如有些招聘单位不当场签约，要求通过网络或电话继续洽谈，而这些网络或电话都是收费的；有些招聘单位收取应聘者报名费、资料费或培训费等。其三是用招聘掩盖违法行为。有些企业打着招聘的幌子，逼迫毕业生做传销、推销或其他违法的事情。

2. 职业中介陷阱

就业形势的严峻导致就业中介机构的产生和膨胀。就业机构良莠不齐，当然其中不乏优秀的、对大学生就业产生正面影响的中介机构，但是"黑中介"（没有在工商管理部门登记备案）也随之产生，有的中介机构为了个人利益，设置陷阱，骗取钱财。骗取钱财的方式通常有：

（1）多荐少录。用工单位明明只招几名或十几名员工，中介机构却推荐几十名甚至上百名求职者前去面试，然后收取报名费、中介费、车辆使用费等费用。这些中介组织与求职者约定，推荐求职者到单位面试，如果因为求职者自身原因无法录用的话，只退中介费不退报名费。这样，报名费顺理成章就到了违法中介机构的手里。

（2）虚假承诺。在介绍时，违法中介机构声称单位招聘的是比较好的工作岗位，如文员、销售人员等。但当求职者真正被录用后，才发现单位所安排的根本不是中介机构所说的岗位，工资或待遇也与所承诺的不符。

（3）会员经营。还有一些违法中介机构采取会员制的经营方式，一次性收取会费几百元，授予会员资格。然后在一段时间内给予免费的职业介绍服务。如果求职者到推荐单位面试不成功或非本人原因被辞退，在双方约定的"服务期"内，违法中介机构免费继续推荐。但当求职者真正成为会员后，他们会发现这些中介机构推荐的单位工作待遇和工作环境极差，根本无法忍受，只能主动辞职。

3. 传销陷阱

一些传销组织以单位的名义招聘毕业生，为诱骗大学生上当受骗，他们往往根据诱骗对象的情况以招工、做生意等为诱饵。这些传销组织打着"直销""连锁经营""特许加盟""网络营销"等幌子，骗取他人信任，诱骗他人参加。一旦毕业生到其单位，他们就收取大学生的有效证件，控制其人身自由，给大学生造成巨大的损失。

4. 合同陷阱

劳动合同书是一张维护自身权益的护身符。虽然法律规定了平等、自愿的原则，但在现实中，不少大学生为了找工作而委曲求全，一不小心就会掉进用人单位的劳动合同陷阱。因此，求职者一定要提高警惕，以免上当受骗。

常见的劳动合同陷阱有：

（1）押金陷阱。不少用人单位利用大学生求职心切的心理向大学生收取押金、风险金、培训费、保证金等各种名目、数额不等的费用，大学生稍有违反管理的行为，用人单位即扣留这部分押金。

（2）霸王条款。合同条款明显向着用人单位倾斜。这类合同多采用格式合同，根本不与大学生协商，也不向大学生讲明。合同中，只从企业的利益出发规定用工单位的权利和大学生的义务，而很少或者根本不规定用工单位的义务和大学生的权利。而大部分大学生在签订合同时，并不了解条款的含义，往往是看人家签，自己也跟着签。一旦发生劳动争议，合同中一些用人单位免责的条款，将对大学生十分不利。

（3）劳务合同。大学生与用人单位在建立劳动关系时，一定要看清与单位建立的是什么关系。劳动合同与劳务合同一字之差，在性质上却是相差很大的。劳动合同才受《劳动法》和《劳动合同法》的保护，大学生才能享有劳保待遇；劳务合同却是一种雇佣合同，属于普通民事关系，由《民法典》调整，大学生不享受《劳动法》和《劳动合同法》所规定的诸多待遇。

（4）生死合同。有的用人单位不按《劳动法》的有关规定履行生命安全义务，提出"工伤概不负责"等条款逃避责任。一旦大学生签订了这样的合同，也并不是真的就生死有命了，用人单位也不能因此而免责。因为这类合同与我国法律的规定相抵触，也违背了法治的精神，是无效合同。

如何防范合同陷阱？大学生在求职择业过程中防范合同陷阱必须把握以下两个方面：

（1）牢固树立防骗意识。大学生应当全面加强合同法律法规培训，提高自身素质，掌握灵活签约技巧，牢固树立防范意识，尽可能做到未雨绸缪，防患于未然。

（2）搞好签约前的调查工作。知彼知己，百战不殆。要想避免上当受骗，签约前一定要搞清对方的基本情况，切勿盲目签约履约。对方的基本情况包括其签约目的、经营资格、资信情况及履约能力四个方面。签约目的是指其订立合同的意图，有无潜在欺诈动机；经营资格主要看对方能否独立地承担民事责任，并对其提供的执照、证件等一一详细审查核实；资信情况及履约能力，主要是向金融、工商部门了解其经济实力，是否真正具备履约能力。

第二节　大学生就业风险成因

案 例 分 析

【案例展示】

试用期合同违反《劳动合同法》

2020 年 4 月，广州某服装有限公司经过笔试和面试后，决定招用王女士。王女士提出签订三年期的劳动合同，公司人力资源经理却对王女士说，按照公司的规定，凡是新招用的职工要先签订三个月的试用合同，试用期间工资只有正常工资的一半，试用期过后且合格者才能签订正式的劳动合同。王女士为了获得这份来之不易的工作，于是签订了这份试用合同。工作后不久，王女士发现，公司在试用期没有为其缴纳社会保险，于是向公司进行了反映。公司答复说，试用期间公司无须承担缴纳社会保险的责任。王女士不服，认为该公司的做法违反了《劳动合同法》的规定，于是到劳动监察大队举报。劳动监察大队根据调查的事实，依法责令该服装有限公司立即纠正签订试用合同的违法行为，并责令企业依法补发法定最低限度的比例工资。同时，要求该公司向这些尚未缴纳社会保险的试用员工补缴社会保险。

【案例点评】

招聘新员工时，企业为了占据主动，往往不与试用期内的员工签订正式的劳动合同或只签订试用期合同，待试用期过后再与劳动者签订劳动合同。其实，这种做法是违反法律规定的。劳动者和用人单位建立劳动关系，就应当签订劳动合同。试用期是劳动者和用人单位劳动关系的一种表现形式，所以也应当签订劳动合同。试用期过后再与劳动者签订劳动合同，不仅是违法的，而且也可能将自己套牢。《劳动合同法》第十九条规定："同一用人单位与同一劳动者只能约定一次试用期。以完成一定工作任务为期限的劳动合同或者劳动合同期限不满三个月的，不得约定试用期。试用期包含在劳动合同期限内。劳动合同仅约定试用期的，试用期不成立，该期限为劳动合同期限。"显然，试用期内不签劳动合同或只签试用期合同，企业本来是想防止被套牢，实际上恰好被套牢。因此，此种做法不可取，正确做法是与新进员工签订劳动合同，劳动合同中包含试用期的内容。关于试用期的工资约定，应当不低于正常工资的80%。此外，许多企业认为试用期内双方的劳动关系尚未最终确定，所以企业不需为试用期内的员工缴纳社会保险费，其实不然。试用期内双方的劳动关系虽未最终稳定，但确已形成，因此法律明确规定企业应为试用期内的员工缴纳社会保险费。

知 识 导 航

一、大学生遭遇就业风险的个人原因

1. 对企业信息真实性不了解导致的法律风险

目前就业市场上，用人单位仍然占主导地位，大学毕业生能够获得用人单位的信息渠道相对有限。比如，用人单位的实际经营状况，以及薪酬、劳动保障、福利等与劳动者利益相关的信息不能充分了解，这就造成了两者之间的信息不对称。而信息不对称，就有可能成为大学生就业过程中出现法律纠纷的风险点。

2. 对社会保险等保障不了解导致的法律风险

大学生在用人单位工作，就应该享受相应的社会保险等基本保障，这是法律赋予劳动者的权利。通过对大学生的调查发现，大部分毕业生不了解现有的社会保险制度，不了解国家对企业提供基本保障的要求，这就难以维护自己的合法权益。部分企业为了节省用工成本会减少社会保险的缴纳，使大学生在医疗、工伤、生育、住房、养老等方面的权益受到侵害，后续维权的过程中也因用人单位的恶意规避责任而增加维权证据收集的难度。

3. 对劳动合同不了解导致的法律风险

《劳动合同法》规定建立劳动关系，应当订立书面劳动合同。但在实际就业中，部分中小型企业在招聘时会承诺各种待遇，后续签订劳动合同时不予兑现。实际上，劳动关系的确立是以实际用工时间确定，按照相关法律规定在没有书面劳动合同的情况下，还可以通过其他方式证明劳动关系，这就需要大学生做好诸如报名表格、工作证、出勤表、工资卡等记录的保存工作，这些都能够证明劳动关系的存在。上述风险产生的原因主要在于信息的不对称，由于大学生在学校中的学习主要侧重于专业技能的学习，对于与就业相关的法律知识以及企业的相关运行情况了解较少，加之在整个就业过程中，用人单位处于主导地位，其所掌握的信息明显优于大学生，也就使个别企业存在给大学生设置陷阱的可能性。这就需要在日常的教育中，增加法律意识、风险意识、现代企业运行制度和社会保障制度等相关知识的教育。

二、大学生遭遇就业风险的社会原因

1. 就业权益保护法制体系不健全

从立法角度看，高校毕业生就业及其权益保护的法律建设滞后，制度尚不健全：一是专门针对高校毕业生就业权益保护的只有管理规定与工作通知，还没有上升到法律层面，保护的力度不足。二是法律条文的规定过于原则，容易让不法分子钻空子，使执法难以准确到位。三是对危害毕业生就业权益的行为处罚偏轻，打击力度小，不足以对违法行为形成足够的震慑。

2. 高校就业法制教育的缺失

当前，全国很多高校所开设的法学课程大多集中于法学专业的院校，而非法学专业的高校所开设的法律课程主要是"思想道德修养与法治"（以下简称"思法"）课程。思法课程中法律知识只占很少的一部分，由于该课程的理论性强，知识点多，课时少，老师讲课大多只能对各部门法的名称作简单介绍，对毕业生就业常用的《劳动法》《劳动合同法》《劳动合同法实施条例》《社会保险法》《劳动争议调解仲裁法》等具体法律法规知识内容根本没有时间讲解。虽然"大学生就业指导"课程中也涉及一些就业权益保护法，但"大学生就业指导"这门课的讲授老师大多是非专业的，由各学院辅导员担任，在讲授时多侧重于职业生涯规划部分，授课时能省则省，学生根本无法学到准确的就业法律法规知识。在宣传方面，高校对毕业生就业常用法律知识的宣传教育较少，单靠校园广播站与宣传栏这样的单一渠道来宣传教育收效甚微。

3. 劳动监察部门执法不严与社会诚信缺失

我国目前对大学生就业保护方面的法律法规已基本健全，已制定了《宪法》

《劳动法》《劳动合同法》《劳动合同法实施条例》《社会保险法》《劳动争议调解仲裁法》《就业促进法》等法律法规来保护劳动者就业权益。但当一些侵犯大学生合法权益的用工单位恶意拖欠工资、不给劳动者缴纳社会保险费、不与劳动者签订劳动合同等违法违规情形出现，大学毕业生向相关劳动监察执法部门反映又得不到及时有效地处理，这说明我国劳动监察执法部门对保护劳动者权益相关法律法规贯彻落实不彻底，导致部分大学毕业生在就业中被侵权时求助无力。就社会诚信而言，当前我国正处于一个文化多元化与价值多元化的社会。二者相互冲击使得社会主义核心价值观受到影响，社会道德与诚信逐渐丧失，法律与道德的矛盾也逐渐凸显。一些损人利己的行为得不到法律的制裁与道德谴责，久而久之诚信离人们越来越远。甚至有一些用工企业一步一步地试探突破法律底线，设置陷阱、损人利己，导致一些大学生成为无辜的受害者。

第三节　大学生就业风险法律防范手段

案 例 分 析

【案例展示】

应届毕业生具备劳动主体资格，与用人单位签订的劳动合同有效

王某系某大学药学专业学生。在毕业前一年，王某向某医药公司求职，并在医药公司的求职人员登记表中登记其为应届毕业生，该年为其实习期。其后，双方签订劳动合同书一份，并约定：录用条件之一为具备中专或中专以上学历；在该公司王某从事营业员工作。后该医药公司向劳动争议仲裁委员会提出仲裁申请，请求确认其与王某之间的劳动关系不成立。劳动争议仲裁委员会经审查，依据原劳动部《关于贯彻执行〈中华人民共和国劳动法〉若干问题的意见》，作出仲裁决定，以王某系在校学生，不符合就业条件，不具有建立劳动关系的主体资格，在校学生勤工助学或实习与用人单位之间的关系不属于《中华人民共和国劳动法》的调整范围，医药公司与王某之间的争议不属劳动争议处理范围为由，决定终结医药公司诉王某

的仲裁活动，并送达了仲裁决定书。

王某不服仲裁决定，随即以其与医药公司之间存在劳动关系为由提起诉讼，请求确认其与医药公司之间的劳动合同有效。

一审法院判决：王某与医药公司签订的劳动合同书有效。

医药公司不服一审判决，提起上诉。

二审法院判决：驳回上诉，维持原判。

【案例点评】

所谓的实习是以学习为目的，到相关单位参加社会实践，没有工资，并不存在由实习生与单位签订劳动合同、明确岗位、报酬、福利待遇等情形。结合本案而言，医药公司不仅与王某签订了劳动合同，而且明确了岗位、报酬的，该情形不应视为实习。王某虽隔年毕业，但其前一年明确向医药公司表达了求职就业愿望，而且还进行了求职登记，并且在登记表中对该种情况已明确作出了说明。王某与医药公司自愿签订了劳动合同。可以认定医药公司对王某的情况完全知情，双方在此基础上达成录用与工作的一致意见后，签订了劳动合同，并没有违反法律规定。双方签订劳动合同应是双方真实意愿的表示，双方利益不存在重大失衡，不应视为显失公平。医药公司与王某之间签订的劳动合同有效。

在实践中，许多人认为，在校大学生不可以签订正式劳动合同，只能签实习协议，原因是不具备劳动主体资格。其法律依据是 1995 年 8 月原劳动部颁发的《关于贯彻执行〈中华人民共和国劳动法〉若干问题的意见》第十二条规定："在校生利用业余时间勤工助学的行为，不视为就业，未建立劳动关系，可以不签订劳动合同。"这种观点是错误的，在校大学生可以签订劳动合同。根据《劳动法》规定，年满 16 周岁就符合法律规定的就业年龄，在校大学生的身份并不必然就是《劳动法》排除适用的对象。2010 年第 6 期的《最高人民法院公报》这样表述："即将毕业的大专院校在校学生以就业为目的与用人单位签订劳动合同，且接受用人单位管理，按合同约定付出劳动；用人单位在明知求职者系在校学生的情况下，仍与之订立劳动合同并向其发放劳动报酬的，该劳动合同合法有效，应当认定双方之间形成劳动合同关系。"

知 识 导 航

一、培养大学生的就业法律风险防范意识

大学生在校期间应当端正学习态度，理性看待法律，对有关自身利益的法律知识认真地学习，在课堂上认真听老师讲授法律知识，在校期间多参加校内举办的各种法律知识内容专题讲座，积极参加校内各种法律维权社团协会活动，在家多收看一些含有法律维权内容的电视节目。通过多渠道学习日常生活工作中的法律知识，特别是就业常用法律知识，加强自身就业法律知识储备，逐渐养成就业法律风险防范意识。大学生在就业过程中应特别注意以下几方面问题。

1. 摆正心态，正确定位自己

大学生掉入求职陷阱，往往是求职心态出现了问题，对自己没有充分的认知，对就业没有具体的规划。自己求职心态不好，别人就能乘虚而入，在找工作时一定要端正心态，有目的、有针对性地应聘，不要被所谓的高薪职位轻易诱惑。

2. 认真甄别招聘信息

走出校园，大家都会面临求职找工作的情况。而找工作一般从寻找合适的招聘信息开始，那么在查看招聘信息时，我们需要注意以下几点：

（1）选择权威的招聘平台和组织。比如学校的就业网站、政府相关求职网站、在工信部门登记的一些招聘网站，这些平台有监管部门，也有一定的信息审核机制，相对来说更可信赖一些。

（2）查看企业的资质是否真实。除了一些大型知名企业，对于一些没有听说过的企业，我们需要查看企业的资质是否真实，有没有在工商部门进行登记，有没有官网可以查询。如果不是通过企业自身渠道得到的信息，还可以拨打企业的联系电话核实招聘信息是否真实，另外还可以通过看准网、天眼查等一些公司网站查询进行核实。

（3）企业招聘的联系方式。比如有没有以其域名命名的电子邮箱、有没有固定的座机电话，特别是一些虚拟号段的联系方式更要多加注意。

（4）看招聘内容。有些虚假招聘的岗位职责内容非常含糊、不具体，看不懂到

底要做些什么工作，而且动不动就用到"急聘""高薪"这样的文字，任职门槛又非常的低，比如不限专业、不限学历或者学历要求很低，年龄范围很广，这样的信息也需要多加小心。

3. 填写资料留有余地

在求职过程中常常面临这样的两难境地。一方面，需要提供个人的真实信息给用人单位，另一方面，又要谨防个人信息被别有用心的人恶意使用。近年来，社会上一些不法分子利用学生社会阅历浅、感情纯真等特点，对大学生、家长实施诈骗。骗术进一步发展到盗用亲属或同学的手机号、QQ 号进行诈骗活动。因此在填写求职资料信息时不要填写得过于详细，个人联系方式一般提供手机号码和电子邮箱，不要提供详细的家庭住址、家庭电话，记录好何时何地向哪些公司投放了简历，以何种方式投放简历。

4. 遭遇骗局，及时报警，依法维权

大学生就业、找工作就像是采蘑菇，那些看上去很美的蘑菇常常是毒蘑菇，真正的美味都是需要付出艰辛的努力和汗水才能得到，低投入高回报的工作机会大多是陷阱，一分耕耘一分收获才是硬道理。发生借贷纠纷、遭遇骗局，要及时寻求他人帮助，听取他人意见，避免自己处置不当，导致不良后果发生。

5. 签订合同需谨慎

要仔细看清条款的约定，仔细阅读相关条款，尤其关注合同中关于合同期限、工作职位、工资构成、工作时间、工作地点的部分，不要签订有让对方扣押工资或先行支付担保金、扣押身份证等条款的劳动合同；如遇部分条款中留有空白，则需及时进行勾画，避免遭遇"事后添加、涂改"；"卖身合同"，比如几年内不可跳槽的合同慎签。

6. 拒交各种名义的押金、保证金及证件

在求职过程中，当遭遇用人单位提出交纳"保证金""制服费""培训费"等要求，或遭遇用人单位提出代存、代管"从业资质证""资格证"等要求时，求职者可依法予以拒绝。同时，从谨慎、负责的角度，求职者亦应以此为警醒，对该用人单位是否正规、所招聘职位是否存在等情况重新进行考量，以避免落入有心人设下的"招聘陷阱"。

7. 注重搜集、保存证据

对于处于优势地位的用人单位，大学生无论怎样努力，都无法规避劳动风险。一旦自身权益被侵犯，通过仲裁、诉讼解决问题就在所难免，等到这时再去准备证据则为时已晚。"打官司就是打证据"，这句话在司法办案实践中一次次被证明，因此提醒大学生在求职、工作过程中注意搜集证据，妥善保管证据。

8. 要警惕非全日制用工的法律风险

受新冠疫情的影响，企业的许多经济活动往往通过互联网进行，企业在用工过程中针对一些岗位工作内容，要求劳动者在线上进行办公。这种趋势的出现会导致大量非全日制用工方式的产生。虽然非全日制用工方式在法律上也有明文规定，但要注意以下几个方面的风险：

（1）采用这种非全日制的用工方式，可以在很大程度上节约用人单位人力成本，因为这种方式只需要为劳动者缴纳工伤保险费即可。而其他的社保费用，比如基本的养老保险、基本的医疗保险、失业保险、生育保险等都要由劳动者自己以个人的身份进行缴纳。

（2）用人单位可以随时通知劳动者终止用工，并且不会向劳动者支付经济补偿。根据《劳动合同法》第六十八条的规定："非全日制用工，是指以小时计酬为主，劳动者在同一用人单位一般平均每日工作时间不超过四小时，每周工作时间累计不超过二十四小时的用工形式。"如果说公司录用了一名非全日制的员工，安排其每天工作八小时，每周工作三天，其实这是符合法律规定的。如果用人单位要求加班，就算一周累计工作时间超过了二十四小时，那么员工仍然是属于非全日制用工的范畴，当然加班要以偶尔加班还是经常加班来判定，可是在实际工作中对于如何界定额外与经常，缺乏明确的衡量标准和依据，这就会导致用人单位很有可能签订非全日制用工的合同，但是却要求劳动者做全日制员工要求的工作内容，也有可能在法律规定的试用期结束之后，要求和劳动者签订非全日制劳动合同，名为受疫情的影响需要轮岗轮休缩短工时，而实际上是在降低用工成本。所以如果毕业生因为疫情的影响暂时只能签订非全日制用工合同，一定要注意风险。

二、国家与社会扶助大学生规避和克服各种就业风险

1. 立法机关要健全防范就业风险的法制体系，建立和谐的社会环境

健全法制体系与建立和谐稳定的社会环境，才能奠定防范大学生就业风险的良好社会基础，最大限度降低就业风险。为此，立法机关必须建立并完善针对大学生就业权益保护的法律法规，准确界定就业侵权行为及其判断标准，为毕业生维权提供有效帮助。在求职过程中，高校毕业生要增强自我保护与维权意识，要依靠法律来维护合法权益。

2. 高校应加强大学生的就业法制教育

目前，高校对非法学专业的学生只开设了"就业指导"与"思想道德与法治"课程学习法律知识，这两门课对大学生掌握基本就业法律知识是不够的，上述课程中对就业协议与劳动合同内容的讲解几乎没有。因此，很多大学生在面临就业权益被侵害时，几乎无法进行法律维权。所以，为了避免高校毕业生就业权益受到侵害，高校应当加强大学生的就业法制知识教育，培养大学生的就业法律意识。首先，高校应加强法制教育师资队伍建设，如果没有一个强大的法制教育师资队伍，就无法很好地给大学生传递法律维权与提高抗风险能力。其次，高校应适当开展就业权益保障法律法规的讲座，让毕业生对就业权益保护的法律知识有一定的认识。最后，高校在加强大学生"就业指导""思想道德与法治"课程中相关就业法律法规知识教育外，还应针对全校学生开设专门的就业法律选修课，比如"劳动法学"。同时就业法律教育课程的讲授方式要注意与专业的法学理论课程讲授相区别，不能单纯地讲授书本理论知识，要着重关注毕业生求职就业遭遇的实际法律问题，结合学生的实际需要并注重建立与学生的课外联系。一方面利于进一步对学生面临实际问题时对法律知识的运用；另一方面，可促进教学内容的深化、教学水平的提高。

3. 加大执法力度与健全社会信用体系

虽然我国目前对大学生就业保护方面的法律法规已基本健全，但是这些立法层面的法律法规在社会实践中往往难以贯彻到位，大学生的合法权益也难以得到有效的保障。因此，国家各级劳动监察行政执法机关应当就高校毕业生面临的就业中常被恶意拖欠工资、不购买社会保险费和不签订劳动合同等侵权行为进行严格执法监

督，让违法违规用人单位付出应有的代价，对那些侵犯毕业生合法权益的用人单位严厉打击，形成"有法可依、有法必依、执法必严、违法必究"的真正用工关系，切实保护毕业生合法就业权益。

健全社会信用体系，有利于诚信用工关系形成，使劳动者与用人单位在就业和日常生产经营中模范遵守诚信道德规范和国家法律规范要求。尽量形成和谐稳定的社会环境，营造人人遵纪守法、个个诚信经营的氛围，才能奠定防范大学生就业法律风险的良好社会基础，最大限度降低就业法律风险。

本模块实践教学活动

本模块的实践活动共编制了三个具体项目，在具体的教学过程中，可以根据教学需要和学校的实际教学条件，选择一项或者两项开展活动。

项目一　法律咨询服务活动：举办大学生就业法律沙龙活动

项目二　开展讲座活动：举行"法律点滴，筑梦远航"大学生就业普法讲座

项目三　模拟聘用合同签订及现场解读

项目一　法律咨询服务活动：举办大学生就业法律沙龙活动

【实践活动目的】

做好学校应届毕业生就业法律问题咨询工作，为同学们解答法律上的疑难困惑。

【实践活动方案】

1. 本次法律咨询服务活动将在学校招聘活动前进行，采取在学校会议室举办沙龙的方式为学生们提供法律服务，届时将邀请2～3名马克思主义学院具有律师资格的老师与学生代表进行面对面的咨询与沟通，提前帮助同学们规避求职风险。

2. 学校招聘会开始前两周时间左右，在两个食堂门口以及男女生宿舍前张贴沙龙宣传海报。

3. 在每个系部选拔出学生代表2名，并由学生代表汇总同学们在择业前的困惑，并对应届毕业生期待了解的就业法律法规内容进行统计。

4. 活动时所需桌椅均由马克思主义学院联系相关系部协助解决。

5. 编印《大学生签订劳动合同应注意事项》《求职讲策略，帮您避风险》等宣传材料帮助提高毕业生法律维权意识，在活动现场向有就业法律援助需求的同学发放。

6. 尽可能做到准确、快捷地为大学生解决相关问题。

7. 沙龙结束后，对与会中同学们反映的问题及时做出解答，并形成文字，结合案例，在马克思主义学院官网上刊登，让更多的同学悉知。

项目二　开展讲座活动：举行"法律点滴，筑梦远航"
大学生就业普法讲座

【实践活动目的】

增强大学生就业创业的法律维权意识，邀请法律专家顾问，从劳动争议视角出发，针对毕业生关心的劳动合同、三方协议以及大学生创业等问题进行分享和答疑，帮助他们掌握必备的法律知识，在就业过程中保护自己的合法权益。

【实践活动方案】

讲座主题：

指导大学生正确就业，提高大学生就业成功率。

讲座内容：

为大学生提供正确有效的就业指导，针对毕业生们关心的劳动合同、三方协议以及大学生创业等问题进行分享和答疑。与大学生交流就业经验，分享成功就业的故事。

讲座时间：

50 分钟左右。

答疑互动时间：

10 分钟左右。

讲座对象：

在校大学生及即将毕业的大学生。

讲座宣传口号：

理性就业，全程保障。

讲座宣传方式：

条（横）幅/宣传手册（主讲嘉宾个人介绍）。

活动安排：

前期准备：会场布置，背景板，讲座文字资料，工作人员安排等。

项目三　模拟聘用合同签订及现场解读

（一）聘用合同示例

聘用合同

甲方（用人单位）：＿＿＿＿＿＿＿＿＿＿＿

地址：＿＿＿＿＿＿＿＿＿＿＿

邮编：＿＿＿＿＿＿＿＿＿＿＿

法定代表人/主要负责人：＿＿＿＿＿＿＿＿＿＿＿

乙方（劳动者）：＿＿＿＿＿＿＿＿＿＿＿

身份证号码/护照号码：＿＿＿＿＿＿＿＿＿＿＿

住址：＿＿＿＿＿＿＿＿＿＿＿

邮编：＿＿＿＿＿＿＿＿＿＿＿

联系电话：＿＿＿＿＿＿＿＿＿＿＿

（注：乙方联系地址如果有变化应及时通知甲方，否则甲方按照约定地址寄送视为送达乙方）

　　甲、乙双方就建立聘用关系及其权利义务等事宜，在甲方已向乙方如实告知涉及聘用合同的有关情况基础上，双方本着合法、公平、平等自愿、协商一致、诚实信用的原则签订本合同，双方承诺共同信守本合同所列各条款。

第一条　[合同的前提条件]

1.1　甲、乙为本聘用合同的当事人。

1.2　甲方系在中华人民共和国注册的合法用工主体，具有用工资格。

1.3　乙方为下述类型劳动关系人员：

劳务用工人员（　　　）

港澳台人员　　（　　）

退休人员　　　（　　）

外国人　　　　（　　）

兼职人员　　　（　　）

1.4　乙方保证受聘于甲方后，从事甲方交付的任何工作均不会侵犯此前曾受聘单位的商业秘密及其他合法权益。如有违反，乙方将自行承担相应的法律责任。

第二条〔合同期限〕

2.1　甲、乙双方就合同期限约定如下：本合同期限自＿＿＿年＿＿＿月＿＿＿日起，至＿＿＿年＿＿＿月＿＿＿日止。其中试用期为＿＿＿个月，自＿＿＿年＿＿＿月＿＿＿日起，至＿＿＿年＿＿＿月＿＿＿日止。

2.2　本合同期满，除非双方互有续签意思表示，否则本合同即行终止。

第三条〔工作内容及工作地点〕

3.1　甲方根据生产经营需要，安排乙方在＿＿＿＿＿＿＿部门从事＿＿＿＿＿＿＿工作。乙方应履行本岗位的工作职责（见附件），按时、按质、按量完成其本职工作。

3.2　乙方的工作地点在＿＿＿＿＿。随着甲方经营范围的扩大，甲方在与乙方协商一致后，可委派乙方至其他城市工作。

3.3　甲方根据经营需要、乙方工作能力、工作表现及身体状况等因素，可依法合理变更本条中规定的乙方工作部门、工作内容及工作地点。

第四条〔工作时间和休息休假〕

4.1　甲方实行标准工时制，具体工作时间由甲方制定或变更。每天的劳动时间不包括午餐及休息时间。

4.2　甲方可根据部分岗位特征、业务状况，经劳动行政部门批准，实行不定时工作制或综合计算工时工作制。

在本合同期内，乙方所在岗位经劳动行政部门批准实行不定时工作制或综合计算工时工作制，则本合同约定的工作时间自动变更为不定时工作制或综合计算工时工作制。

4.3　甲方可以根据工作需要安排乙方加班，甲方将依法支付超时工作的劳动报酬，或给予调休。

加班须根据相关规定办理加班申请手续。

4.4 乙方所在工作岗位申请不定时工作制或综合计算工时工作制后，加班报酬按照相关法律执行。

4.5 乙方享有国家规定的法定节假日和婚假、丧假等假期。

第五条〔劳动报酬〕

5.1 乙方正常出勤并在规定的工作时间内保质保量完成甲方安排的工作任务后，有权获得劳动报酬。

甲方实行岗位绩效工资制度，乙方工资收入＝岗位工资＋奖金＋津贴。甲方根据乙方的工作岗位和实际技术业务水平，确定乙方的月岗位工资收入标准为（　　）级（　　）档；乙方奖金与其工作数量、工作质量、服务水平、出勤率等实绩挂钩；津贴按国家和甲方的相关规定执行。其中，试用期月工资为人民币_____元。

5.2 甲方发薪期为次/当月____日至____日。甲方有合理解释迟延支付劳动报酬的，不属于拖欠乙方工资。工资支付方式按照甲方规定执行。

5.3 本条第一款所列乙方收入为税前收入，乙方应依法缴纳个人所得税。

5.4 甲方有权根据自身经营状况、经济效益及乙方的业务能力、绩效情况、岗位、地点变化等对乙方的劳动报酬进行合理调整，包括提高或降低，乙方愿意服从甲方的决定。

5.5 奖金、津贴根据甲方内部规章制度执行。甲方有权根据需要制定、修改、完善或废止奖金、津贴制度。

第六条〔社会保险及福利待遇〕

6.1 甲方将根据公司相关规定，结合乙方具体情况为乙方购买商业保险或其他保险。具体标准由甲方制定。

6.2 甲方将根据公司相关规定，结合乙方的工作岗位、工作地点向乙方支付或调整其他补贴及福利费用。具体标准由甲方制定。

6.3 甲方可根据自身经营状况、经营效益等相应调整乙方的各项福利待遇。

第七条〔劳动保护、劳动条件和职业病防护〕

7.1　甲方为乙方提供符合国家规定的劳动安全卫生标准的工作环境，确保乙方在人身安全及人体不受危害的环境条件下从事工作。

7.2　甲方根据乙方岗位实际情况，按照国家有关规定向乙方提供必要的劳动防护用品。

7.3　甲方将按照国家及当地政府的相关规定，积极采取职业病防护措施，确保乙方的人身安全及人体不受危害。

第八条〔劳动纪律〕

8.1　甲方有权在不与法律法规相抵触的情况下，遵循民主原则，制定员工手册及其他各项规章制度。甲方依据前述制度对乙方进行劳动纪律的日常管理。乙方应严格遵守甲方制定的前述制度，否则甲方可根据单位规章制度，给予相应的处分。

8.2　甲方制定的各项规章制度将及时予以公示。甲方要求乙方认真阅读相关内容，以保证及时了解掌握甲方的各项信息。如乙方因不在公司而无法阅览，甲方要求乙方在返回公司出勤后的一周之内及时进行阅览。如出现因乙方未能及时阅览上述信息而造成的后果，由乙方承担一切责任。

8.3　在履行本合同期间，甲方可以对其员工手册及其他各项规章制度进行修订，或者制定新的规章制度。如果原规章制度与甲方新的制度不一致，乙方同意按照甲方新的规章制度执行。

8.4　乙方应妥善保管甲方财物，乙方因任何原因离职时，均须归还甲方财物，包括但不限于电脑、软件、光盘、技术文档等。如乙方疏忽丢失或蓄意损坏，应予以赔偿。

8.5　乙方保证其向甲方提供的所有信息、资料、证明等均属真实、有效，并承担相应责任。

第九条〔保密及知识产权归属〕

9.1　甲、乙双方确认，乙方在履行工作职责时必然会接触到的甲方的商业秘密及与知识产权相关的保密事项，前述事项均属于甲方的财产和权利，乙方负有当然的保密义务。

9.2　从本合同生效之日起，乙方必须遵守甲方的任何保密规章、制度，履行与其工作岗位相应的保密职责。未经甲方书面同意或非为履行本合同项下的职责和义务，乙方不得向任何第三方（包括不得知悉该项秘密的甲方其他员工）泄漏甲方的任何商业秘密。

9.3　甲、乙双方确认，乙方因职务上的需要所持有或保管的一切记录着甲方秘密信息的任何形式的载体，均归甲方所有。

9.4　乙方在甲方任职期间，因履行甲方交付的工作任务或主要利用甲方的物质和技术条件、业务信息等完成的发明创造、计算机软件、技术秘密、著作权等，其相关的知识产权归属于甲方（应属于乙方的身份性权利除外）。

9.5　乙方保证，正确使用并妥善保管属于甲方或者虽属于他人但甲方承诺有保密义务的秘密信息，不得利用前述信息为自己或任何第三方牟利。除了履行职务外，乙方承诺其在职期间及离职后，未经甲方书面授权，不得以泄露、告知、公布、发布、出版、传授、转让或者其他任何方式使任何第三方知悉属于甲方或者虽属于他人但甲方承诺有保密义务的秘密信息，也不得在履行职务之外使用这些秘密信息，直至甲方宣布解密或保密信息实际上已经公开。

9.6　甲、乙双方聘用关系解除或终止后，乙方必须将所有机密信息和资料及其复印件返还给甲方，并向甲方保证本人不再有任何使用该资料或者信息的权利，并申明已将该资料和信息的所有原件及复印件退还给甲方。如甲方发现乙方未及时归还前述资料，造成甲方损失的，乙方必须承担相应的赔偿责任。

9.7　凡未经甲方书面同意或非为履行本合同项下的职责和义务而以直接或间接、口头或书面等形式提供给第三方涉及保密内容的行为均属泄密，造成甲方损失的，乙方必须承担相应的赔偿责任。

第十条 ［合同的变更、解除及终止］

10.1　劳动合同的变更

10.1.1　本合同订立时所依据的法律、法规、规章或政策规定发生变化，本合同应变更相关内容。

10.1.2　由于不可抗力致使本合同无法履行，经双方协商同意，可以变更合同相关内容。

10.1.3 甲、乙双方协商一致，可以对本合同的部分条款进行变更。

10.1.4 甲方对乙方的工作岗位、工作地点或职务所作的调整，如果双方未签订书面变更合同或协议，且乙方自到岗后一个月内未提出书面异议的，视为乙方同意该调整。

10.2 劳动合同的解除

10.2.1 甲、乙双方经协商一致，可以解除本合同。

10.2.2 乙方解除本合同，应当提前三十日以书面形式通知甲方，辞职书呈交主管或人事部门，双方协商确定乙方最后工作日期。

10.2.3 甲方有法律、法规规定的情形的，乙方可解除聘用合同。

10.2.4 有下列情形之一的，甲方可以解除聘用合同：

(1) 甲方提前三十日书面通知乙方的；

(2) 乙方在试用期内被证明不符合录用条件的；

(3) 乙方严重违反劳动纪律或甲方规章制度的；

(4) 乙方严重失职、营私舞弊给甲方造成重大损害的；

(5) 乙方被依法追究刑事责任或被劳动教养的；

(6) 乙方被查实在应聘时向甲方提供虚假资料的；

(7) 乙方与其他用人单位再次建立聘用关系，对完成甲方的工作任务造成严重影响或者经甲方提出，拒不改正的；

(8) 以欺诈、胁迫的手段或乘人之危，使甲方在违背真实意思的情况下订立聘用合同而致本合同无效的；

(9) 法律、法规规定的其他情形。

10.3 有下列情形之一的，聘用合同终止：

(1) 聘用合同期满的；

(2) 甲方被依法宣告破产的；

(3) 甲方决定解散、被吊销营业执照、责令关闭或者被撤销的；

(4) 乙方死亡，或被人民法院宣告死亡或者宣告失踪的；

(5) 法律、行政法规规定的其他情形的。

10.4 在最后工作日前，乙方必须根据甲方的要求并配合所在部门及其他部门办理完所有的工作交接手续，包括但不限于：

（1）归还所有代表公司员工身份的证明文件，如工作证、介绍信函、员工信息卡等；

（2）归还所有公司文件、资料、记录、设备、工具、文具、通信设备等；

（3）归还更衣箱、工具箱以及员工保管的所有公司的钥匙；

（4）向继任者或公司指派的其他同事交代清楚所有工作；

（5）与财务部门结算所有应付款项、应收款项；

（6）其他根据公司规定必须移交的物品。

办理工作交接的程序根据甲方的要求进行。工作交接完毕，由甲方在工作交接清单上签字确认。乙方不按规定办理交接手续，造成甲方损失的，甲方有权要求乙方赔偿。

第十一条〔违约及赔偿责任〕

11.1　甲乙双方任何一方违反本合同规定，给对方造成损失的，应予以赔偿。

11.2　乙方侵占甲方财产给甲方造成损失的，乙方应返还相应财物，并赔偿甲方损失。没有法律规定或者合同约定获得甲方利益的，乙方应将所获不当得利返还甲方。

第十二条〔其他事项〕

12.1　本合同如与现行相关法律、法规、规章不一致，应以相关法律、法规、规章为准。如果相关法律、法规、规章进行变更，应以新的有效的法律、法规、规章为准。

12.2　本合同未尽事宜，双方另有约定的从约定；双方没有约定的，遵照相关法律、法规、规章执行；法律、法规、规章没有规定的，双方应遵循平等自愿、协商一致的原则，另行签订协议作为本合同的补充协议。

12.3　因履行本合同产生的争议，甲、乙双方应友好协商；协商不成的，任何一方可向有管辖权的劳动争议仲裁委员会提起劳动仲裁；不服仲裁裁决的，可依法向人民法院提起诉讼。

12.4　释义

（1）本合同中所称"法律""法规""规章"，若未作特殊说明，系指中华人民共和国及甲方所在地的法律、法规、规章。

（2）本合同中所称第三方，若未作特殊说明，系指除甲方、乙方之外的第三方。

12.5　本合同一式二份，经双方签字、盖章后生效，双方各执一份。两份合同具有同等法律效力。

附件：（略）

乙方确认：签订本聘用合同时，已详细阅看，对合同内容予以全面理解，并已知晓甲方的各类规章制度。规章制度包括但不限于《员工手册》《岗位说明书》等，作为聘用合同的附件，与聘用合同其他附件一起，与聘用合同同等有效。

甲方：＿＿＿＿＿＿＿＿＿＿＿＿　　　乙方：＿＿＿＿＿＿＿＿＿＿＿＿

法定代表人或授权代理人：＿＿＿＿＿

签订日期：＿＿＿＿＿＿＿＿＿＿＿　　签订日期：＿＿＿＿＿＿＿＿＿＿＿

（二）聘用合同文本解读

第一条　1.3　该款明确了乙方作为签订聘用合同的人员类型，便于日后对其进行相应劳动人事管理。

第六条　6.1　该款明确规定，企业将根据企业相关规定，结合特殊聘用人员具体情况为其购买商业保险或其他保险。

6.4　该款明确了企业对聘用人员在补贴及福利费用标准上的制定权和调整权。

第八条　该条明确了聘用人员也需要遵守企业的规章制度和劳动纪律。

第九条　该条明确了聘用人员作为企业员工需要承担保密义务和遵守企业的保密制度。

第十条　10.2　该款中明确了对于聘用人员、企业无需其他理由，可以提前30天通知对方解除聘用关系。

模块三　大学生劳动合同签订及效力

> ## 青春寄语
>
> 教师的职务是"千教万教，教人求真"；学生的职务是"千学万学，学做真人"。
>
> ——陶行知

大学生是国家重要的人力资源，是未来劳动力市场的生力军和主力军。因此，他们的素质状况决定了他们未来的职场发展走向，也决定了社会的精神面貌和和谐社会的建设进程。但是在劳动实践中，对于初出茅庐的毕业生来说，他们缺乏工作和求职经验，在求职过程中经常遭遇求职陷阱，劳动权益受到侵害。劳动合同作为毕业生的保护伞，可以保护毕业生的合法权益，那么劳动合同如何保护毕业生的合法权益，劳动合同的签订、续订、变更、解除、终止的条件是什么呢？

第一节　劳动合同及其特征

案例分析

【案例展示】

<h3 style="text-align:center">自愿放弃用人单位缴纳社保的约定无效</h3>

2020年10月，毕业生小张入职酒店成为一名服务员，在入职时与酒店签订了一份"自愿放弃保险协议"，双方约定，小张自愿放弃酒店为其开立社保账户并缴纳社保，其中应代扣个人缴纳的社保部分直接加入工资中一并发放。2022年2月中旬，酒店装修安排放假，之后小张未再上班。2022年8月，小张提起仲裁，以酒店未缴纳社会保险金为由要求支付经济补偿金，仲裁委员会支持了小张的请求。酒店不服，提起诉讼。

法院经审理认为，用人单位为劳动者缴纳社会保险是其法定义务，双方之间订立的"自愿放弃保险协议"因违反法律强制性规定，当属无效。双方劳动关系于2022年2月终止，小张于2022年8月申请仲裁并未超过一年仲裁时效，判决酒店支付小张经济补偿。

【案例点评】

该案是劳动者与用人单位自愿达成不缴纳社保协议后反悔的典型案例。职工的社会保险费用由两部分组成：一部分是企业缴纳，一部分是职工个人缴纳。企业在给职工发放工资时予以代扣代缴。毕业生与用人单位签订劳动合同时，有时为了眼前利益，会与用人单位签订自愿放弃社保的约定，职工放弃单位为其缴纳社保，本人应缴纳的社保部分发放到自己手里，这样到手的工资会多一些。而用人单位为此省下了应缴纳的社保费部分，还免除了为职工开户的程序，省钱省力。当真可行吗？答案是否定的。

为职工缴纳社会保险是用人单位的法定义务。劳动者与用人单位之间订立的"自愿放弃保险协议"因违反法律强制性规定，应属无效。在此情形下，劳动者以用人单位未为其缴纳社会保险为由主张解除劳动合同并据此主张经济补偿，于法有据，法院应予支持。需提醒，劳动争议发生后，劳动者一定要在法律规定的仲裁时效内及时维权。

知 识 导 航

一、劳动合同的概念

劳动合同是指劳动者与用人单位之间确立劳动关系，明确双方权利和义务的协议。订立和变更劳动合同，应当遵循平等自愿、协商一致的原则，不得违反法律、行政法规的规定。劳动合同依法订立即具有法律效力，对双方当事人都具有约束力。

用人单位应该及时与劳动者订立书面劳动合同。《劳动合同法》第十条规定："建立劳动关系，应当订立书面劳动合同。已建立劳动关系，未同时订立书面劳动合同的，应当自用工之日起一个月内订立书面劳动合同。用人单位与劳动者在用工前订立劳动合同的，劳动关系自用工之日起建立。"因此，订立书面劳动合同是用人单位的法定义务，违反该义务要负相应的法律责任。

二、劳动合同的特征

(一) 劳动合同的主体具有特定性

劳动合同的主体是特定的，即一方是劳动者，另一方是用人单位。它对劳动者和用人单位都有特定的要求。

用人单位主要指企业、个体经济组织、民办非企业单位以及符合用人资格的其他劳动组织，还包括事业单位、国家机关、社会团体等组织。其中，企业既包括国有企业、集体企业、私营企业、股份制企业和外商投资企业等，也包括法人企业、非法人企业。

劳动者主要指具有劳动权利能力和劳动行为能力的中国人、外国人和无国籍人。必须具备以下条件：

1. 年龄条件

必须年满 16 周岁，不满 16 周岁不能就业，不能与用人单位发生劳动法律关系。对有可能危害未成年人健康、安全或道德的职业或工作，比如从事过重、有毒、有害的劳动或者危险作业，劳动者的年龄不应低于 18 周岁。我国法律明确规定，禁止用人单位招用未满 16 周岁的未成年人。但是也有例外规定，比如对于文艺、体育单位可以招用未满 16 周岁的未成年人。《禁止使用童工规定》第十三条规定："文艺、体育单位经未成年人的父母或者其他监护人同意，可以招用不满 16 周岁的专业文艺工作者、运动员。用人单位应当保障被招用的不满 16 周岁的未成年人的身心健康，保障其接受义务教育的权利……"

2. 劳动能力条件

由于劳动者进行劳动只能由劳动者亲自进行，因此要求劳动者必须具有劳动能力。而且，对于一些特定的行业，劳动者的劳动能力还必须满足该行业的特殊要求，如患有传染病的人不能从事餐饮业。

此外劳动者的劳动能力还应当包括劳动者必须具备的行为自由。因为有劳动能力的公民还需要具有行为自由，才能以自己的行为去参加劳动。所以，被依法剥夺人身自由的公民，如被劳动教养、被判处有期徒刑的人，不能与用人单位建立劳动关系。

(二) 劳动合同内容具有劳动权利和义务的统一性和对应性

劳动者和用人单位双方都具有相应的权利义务，任一方都有自己的权利和义务，双方的权利和义务相互对应、对立统一形成一个整体。没有只享受劳动权利而不履行劳动义务的，也没有只履行劳动义务而不享受劳动权利的。一方的劳动权利是另一方的劳动义务，反之亦然。

(三) 劳动合同的客体具有单一性，即劳动行为

实施劳动行为、完成劳动任务是劳动者的首要义务。所以，劳动关系建立后，劳动者必须加入用人单位的生产和工作中去，成为用人单位的成员，对内享受本单位职工的权利，承担本单位职工的义务。

（四）劳动合同具有诺成、有偿、双务合同的特征

劳动者与用人单位就劳动合同条款内容达成一致意见，劳动合同即成立。用人单位根据劳动者劳动的数量和质量给付劳动报酬，不能无偿使用劳动力。劳动者与用人单位均享有一定的权利并履行相应的义务。劳动合同是一种典型的双方法律行为，双方通过"双向选择"的方式签订劳动合同。任何人不能强迫劳动者和用人单位在不自愿的情况下签订劳动合同而形成劳动关系。

三、劳动合同与劳务合同的区别

1. 主体资格不同

劳动合同的主体只能一方是法人或组织，即用人单位，另一方则必须是劳动者个人，劳动合同的主体不能同时都是自然人；劳务合同的主体双方当事人可以同时都是法人、组织、公民，也可以是公民与法人、组织。

2. 主体性质及其关系不同

劳动合同的双方主体间不仅存在财产关系即经济关系，还存在着人身关系，即隶属关系。劳动者除提供劳动之外，还要接受用人单位的管理、服从其安排、遵守其规章制度等，成为用人单位的内部职工。但劳务合同的双方主体之间只存在财产关系，即经济关系，彼此之间无从属性，不存在行政隶属关系，劳动者提供劳务服务，用人单位支付劳务报酬，各自独立、地位平等。

3. 报酬的性质不同

因劳动合同的履行而产生的劳动报酬，具有分配性质，体现按劳分配的原则，不完全也不直接随市场供求情况变动，其支付形式往往特定化为一种持续、定期的工资支付；因劳务合同而取得的劳动报酬，按等价有偿的市场原则支付，完全由双方当事人协商确定，是商品价格的一次性支付，商品价格是与市场的变化直接联系的。

4. 用人单位的义务不同

劳动合同的履行贯穿着国家的干预，为了保护劳动者，我国法律给用人单位强制性地规定了许多义务，如必须为劳动者缴纳社会保险、用人单位支付劳动者的工

资不得低于政府规定的当地最低工资标准等，这些必须履行的法定义务，不得协商变更。劳务合同的雇主一般没有上述义务，当然双方可以约定上述内容，也可以不约定上述内容。

5. 适用的法律不同

劳务合同主要由民法典调整，而劳动合同则由《劳动法》和《劳动合同法》规范调整。

第二节　劳动合同的订立

案例分析

【案例展示】

未订立书面劳动合同，也能确认劳动关系

毕业生小白于2020年12月入职建筑公司从事施工工作，双方未签订书面劳动合同，只是口头约定工资及支付方式。随后小白在约定岗位从事建筑公司安排的工作，建筑公司通过银行转账形式向小白支付工资，小白工作至2021年4月。后双方产生争议，小白要求确认双方自2020年12月至2021年4月存在劳动关系。仲裁委员会支持小白的请求，建筑公司不服仲裁结果，提起诉讼。法院经审理认为，小白在建筑公司从事施工工作，其提供的劳动是建筑公司的业务组成部分，结合小白提交的工作照片、银行交易明细及证人证言，亦能够证实小白受建筑公司的管理，且由建筑公司通过银行转账形式向其发放工资符合劳动关系建立的标准，小白主张双方存在劳动关系，于法有据。建筑公司主张双方之间系雇佣关系，但未提供证据予以证实，法院不予采信。判决小白与建筑公司2020年12月至2021年4月存在劳动关系。

【案例点评】

该案是未签订书面劳动合同要求确认劳动关系的典型案例。现实生活中，有的毕业生法律意识淡薄，认为自己刚步入社会，为了跳槽时不被公司困住，不签订书面劳动合同。一旦产生纠纷，给自己维权带来困难。在司法实践中，认定劳动关系的标准

通常包括管理标准、劳动条件标准、工资标准、劳动内容标准，但最核心的还是管理标准，即劳动者成为用人单位组织中的一员，接受用人单位内部规章制度的约束。注重确立劳动关系事实，在有效维护劳动者合法权益的同时，也维护了社会稳定。

知 识 导 航

一、劳动合同订立的概念及原则

（一）劳动合同订立的概念

劳动合同的订立，是指劳动者和用人单位经过相互选择和平等协商，就劳动合同的各项条款协商一致，并以书面形式明确规定双方权利、义务及责任，从而确立劳动关系的法律行为。

（二）劳动合同订立的原则

《劳动合同法》第三条规定了订立劳动合同的原则："订立劳动合同，应当遵循合法、公平、平等自愿、协商一致、诚实信用的原则。"

1. 合法的原则

即指订立劳动合同的行为不得与法律、法规相抵触。合法是劳动合同有效并受国家法律保护的前提条件。

2. 公平的原则

公平原则强调了劳动合同当事人在订立劳动合同时，对劳动合同内容的约定，双方承担的权利义务中不能要求一方承担不公平的义务。如果双方订立的劳动合同内容显失公平，那么该劳动合同中显失公平的条款无效。

3. 平等自愿的原则

平等指双方当事人法律地位平等，都有权选择对方并就合同内容表达各自独立的意志。自愿指劳动者与用人单位自由表达各自意志，主张自己的权益和志愿，任何一方都不得强迫对方接受其意志。凡采取欺诈、胁迫等手段，把自己的意愿强加给对方，均不符合自愿原则。平等自愿原则是劳动合同订立的基础和基本条件。

4. 协商一致的原则

协商一致，是指当事人双方依法就劳动合同订立的有关事项，应当采用协商的办法达成一致协议。这一原则是维护劳动关系当事人合法权益的基础。只有通过协商达到统一，才能真正体现平等自愿的原则。如果在订立劳动合同时，双方当事人不能达成一致的意思表示，劳动合同就不能成立。

5. 诚实信用的原则

诚实信用，是合同订立和履行过程中都应遵循的原则。当事人订立劳动合同的行为必须诚实，双方为订立劳动合同提供的信息必须真实。双方当事人在订立与履行劳动合同时，必须以自己的实际行动体现诚实信用，互相如实陈述有关情况，并忠实履行签订的协议。当事人一方不得强制或者欺骗对方，也不能采取其他诱导方式使对方违背自己的真实意思而接受对方的条件。有欺诈行为签订的劳动合同，受损害的一方有权解除劳动合同。《劳动合同法》在明确了以欺诈签订的劳动合同无效或者部分无效的同时，对当事人存在这种情形的，允许另一方当事人解除劳动合同。

二、劳动合同的形式、内容与类型

（一）劳动合同的形式

1. 书面形式及要求

用人单位自用工之日起即与劳动者建立劳动关系。建立劳动关系，应当订立书面劳动合同。对于已建立劳动关系，未同时订立书面劳动合同的，应当自用工之日起1个月内订立书面劳动合同。用人单位与劳动者在用工前订立劳动合同的，劳动关系自用工之日起建立。

2. 未签订劳动合同的情况处理

《劳动合同法》第十条规定："建立劳动关系，应当订立书面劳动合同。已建立劳动关系，未同时订立书面劳动合同的，应当自用工之日起一个月内订立书面劳动合同。"该法第八十二条规定："用人单位自用工之日起超过一个月不满一年未与劳动者订立书面劳动合同的，应当向劳动者每月支付二倍的工资。"该法第十四条规定："用人单位自用工之日起满一年不与劳动者订立书面劳动合同的，视为用人单位与劳动者已订立无固定期限劳动合同。"

根据上述规定，自用工之日起超过法定期限未订立书面劳动合同的不利后果原则上由用人单位负担，其立法目的在于敦促负有用工管理职能且处于优势地位的用人单位及时、妥善订立书面劳动合同，以便于固定双方权利义务内容，保障用工合法合规，亦利于劳动行政主管机关进行监督检查，裁判机关在劳动争议仲裁、诉讼中认定证据、查清事实。

（二）劳动合同的主要内容

根据《劳动合同法》规定，劳动合同应具备以下必备条款。

（1）用人单位的名称、住所和法定代表人或者主要负责人。

（2）劳动者的姓名、住址和居民身份证或者其他有效身份证件号码。

（3）劳动合同期限。

（4）工作内容和工作地点。

（5）工作时间和休息休假。

（6）劳动报酬。

（7）社会保险。

（8）劳动保护、劳动条件和职业危害防护。

（9）法律、法规规定应当纳入劳动合同的其他事项。

同时，根据工作的实际，用人单位与劳动者可以协商约定试用期、培训、保守秘密、补充保险和福利待遇等其他事项。

（三）劳动合同的类型

以合同期限为标准，劳动合同可分为三类：固定期限劳动合同、无固定期限劳动合同和以完成一定工作任务为期限的劳动合同。

1. 固定期限劳动合同

固定期限劳动合同是指用人单位与劳动者约定合同终止时间的劳动合同。用人单位与劳动者协商一致，可以订立固定期限劳动合同。

试用期的规定：劳动合同期限三个月以上不满一年的，试用期不得超过一个月；劳动合同期限一年以上不满三年的，试用期不得超过二个月；三年以上固定期限和无固定期限的劳动合同，试用期不得超过六个月。同一用人单位与同一劳动者只能约定一次试用期。试用期包含在劳动合同期限内。劳动合同仅约定试用期的，试用期不成立，该期限为劳动合同期限。

2. 无固定期限劳动合同

无固定期限劳动合同是指用人单位与劳动者约定无确定终止时间的劳动合同。用人单位与劳动者协商一致，可以订立无固定期限劳动合同。有下列情形之一，劳动者提出或者同意续订、订立劳动合同的，除劳动者提出订立固定期限劳动合同外，应当订立无固定期限劳动合同：

(1) 劳动者在该用人单位连续工作满十年的；

(2) 用人单位初次实行劳动合同制度或者国有企业改制重新订立劳动合同时，劳动者在该用人单位连续工作满十年且距法定退休年龄不足十年的；

(3) 连续订立二次固定期限劳动合同，且劳动者没有《劳动合同法》第三十九条和第四十条第一项、第二项规定的情形，续订劳动合同的。

用人单位自用工之日起满一年不与劳动者订立书面劳动合同的，视为用人单位与劳动者已订立无固定期限劳动合同。

3. 以完成一定工作任务为期限的劳动合同

以完成一定工作任务为期限的劳动合同，是指用人单位与劳动者约定以某项工作的完成为合同期限的劳动合同。用人单位与劳动者协商一致，可以订立以完成一定工作任务为期限的劳动合同。以完成一定工作任务为期限的劳动合同或者劳动合同期限不满三个月的，不得约定试用期。此类合同实际上也是一种定期的劳动合同，一般用于以下情形：

(1) 以完成单项工作任务为期限的劳动合同。

(2) 以项目承包方式完成承包任务的劳动合同。

(3) 因季节原因临时用工的劳动合同。

(4) 其他双方约定的以完成一定工作任务为期限的劳动合同。

第三节　劳动合同的效力

案例分析

【案例展示一】

毕业生提供虚假学历证书导致劳动合同无效

2020年6月，某网络公司发布招聘启事，招聘计算机工程专业大学本科以上学历的网络技术人员1名。小王为物流管理专业大专学历，但其向该网络公司提交了计算机工程专业大学本科学历的学历证书、个人履历等材料。后小王与网络公司签订了劳动合同，进入网络公司从事网络技术工作。2020年9月初，网络公司偶然获悉小王的实际学历为大专，并向小王询问。小王承认自己为应聘而提供虚假学历证书、个人履历的事实。网络公司认为，小王提供虚假学历证书、个人履历属欺诈行为，严重违背诚实信用原则，于是解除了与小王的劳动合同。小王不服，向劳动仲裁委员会申请仲裁。

劳动仲裁委员会裁决驳回小王的仲裁请求。

【案例点评一】

本案的争议焦点是小王提供虚假学历证书、个人履历是否导致劳动合同无效。

《劳动合同法》第八条规定："用人单位招用劳动者时，应当如实告知劳动者工作内容、工作条件、工作地点、职业危害、安全生产状况、劳动报酬，以及劳动者要求了解的其他情况；用人单位有权了解劳动者与劳动合同直接相关的基本情况，劳动者应当如实说明。"第二十六条第一款规定："下列劳动合同无效或者部分无效：（一）以欺诈、胁迫的手段或者乘人之危，使对方在违背真实意思的情况下订立或者变更劳动合同的……"第三十九条规定："劳动者有下列情形之一的，用人单位可以解除劳动合同：（五）因本法第二十六条第一款第一项规定的情形致使劳动合同无效的……"最后，裁决驳回小王的仲裁请求。

本案中，小王违反诚实信用原则，在应聘时故意提供虚假学历证书、个人履历，隐瞒、虚构与劳动合同直接相关的基本情况，致使网络公司在违背真实意思的情况下与其签订了劳动合同。因此，根据《劳动合同法》第二十六条第一款规定，双方签订的劳动合同无效。网络公司根据《劳动合同法》第三十九条第五项规定，解除与小王的劳动合同符合法律规定，故依法驳回小王的仲裁请求。

应当注意的是，《劳动合同法》第八条劳动者应当如实说明应仅限于"与劳动合同直接相关的基本情况"，如履行劳动合同所必需的知识技能、学历、学位、职业资格、工作经历等，用人单位无权要求劳动者提供婚姻状况、生育情况等涉及个人隐私的信息，即不能任意扩大用人单位知情权及劳动者告知义务的外延。

【案例展示二】

怀孕后调岗，合同约定无效

2019年10月，毕业生小李入职某广告公司广告策划岗位，这是她一直向往的工作，所以当时没有多问，就直接在劳动合同上签字了。2021年2月小李与相恋多年的男友登记结婚，2022年8月小李怀孕5个多月了，公司发现后立即表示要将她调到行政后勤岗位，工资也按照行政后勤的岗位标准支付。这样一来，她的工资水平会比现在降一大截。因此，小李提出异议，公司却告诉她，这是双方之前签订的合同上约定好的，公司有权调岗。小李赶忙去翻自己留存的劳动合同，果然发现合同上有这样一个条款，约定如果她发生怀孕等影响岗位工作的情形时，公司有权根据管理需要调岗。这让她很疑惑，难道自己怀孕还会影响"饭碗"？小李不服，经过监察员上门执法，小李所在的公司撤销了调岗决定，并承诺会严格遵守法律，尊重女职工权益。

【案例点评二】

《中华人民共和国妇女权益保障法》第23条第二款和《中华人民共和国就业促进法》第27条第三款均规定，用人单位录用女职工，不得在劳动合同中规定限制女职工结婚、生育的内容。《中华人民共和国劳动合同法》第二十六条规定："下列劳动合同无效或者部分无效：（一）以欺诈、胁迫的手段或者乘人之危，使对方在违背真实意思的情况下订立或者变更劳动合同的；（二）用人单位免除自己的法定责任、排除劳动者权利的；（三）违反法律、行政法规强制性规定的。"

婚姻自由是我国公民所享有的一项基本权利。生育权是每个人的基本权利。小李虽然怀孕，但并没有医疗机构的证明表明她不能适应原岗位，也没有自己提出调岗申请，公司不能以她怀孕会影响履职为由调岗降薪。所以劳动合同有约定禁止结婚生育条款的，该条款违反法律强制性规定，所以不具有法律效力。

随着社会发展，男女平等的观念已深入人心。但一些用人单位对女职工仍存有一些偏见，认为女职工"三期"（孕期、产期和哺乳期）会给单位带来一些负担，为避免所谓的"负担"，遂通过劳动合同约定限制女职工结婚、生育。这种做法显然违反了法律强制规定，损害了女职工的利益，引发不必要的纠纷。

知 识 导 航

一、劳动合同的生效

劳动合同的生效，是指依法订立的劳动合同对双方当事人和劳动合同之外的第三人所具有的法律约束力。

《劳动合同法》第十六条规定："劳动合同由用人单位与劳动者协商一致，并经用人单位与劳动者在劳动合同文本上签字或者盖章生效。"

当事人双方在劳动合同上签字或者盖章即代表劳动合同成立并生效。但在有的情况下，劳动合同虽经双方意思表示一致而宣告成立，但并没有生效。比如双方在劳动合同中特别约定了合同生效的时间和条件，即订立附条件或附期限的劳动合同，在此情况下，需要所附条件成就或者所附期限到期后，劳动合同才能生效。

劳动合同的生效和劳动关系的建立是不一样的。《劳动合同法》第七条规定："用人单位自用工之日起即与劳动者建立劳动关系……"可见，劳动关系的建立是以实际用工为标志。而劳动合同的生效，则是指劳动合同当事人就合同内容协商一致从而发生预期法律效果的情形。劳动合同生效后，如果没有发生实际用工，劳动关系并未建立。

二、劳动合同无效的情形

1. 以欺诈、胁迫的手段或乘人之危，使对方在违背真实意思的情况下订立或者变更劳动合同的

订立劳动合同，与订立其他合同一样，都应当遵循自愿、协商一致、诚实信用

的原则。因此，用人单位与劳动者双方意思表示真实、平等自愿是劳动合同生效的基础。任何一方采用欺诈、胁迫的手段或者乘人之危，致使对方违反本意与其订立或者变更劳动合同的，订立的劳动合同或变更后的劳动合同无效。

所谓欺诈，是指"一方当事人故意告知对方虚假情况，或者故意隐瞒真实情况，诱使对方当事人作出违背真实的意思"的行为。实务中最常见的欺诈行为包括劳动者提供虚假的学历证书或夸大工作经历求职、用人单位虚假承诺向劳动者提供福利待遇而引诱劳动者就职等。

所谓胁迫，是指"以给劳动者及其亲友的生命健康、名誉、荣誉、财产等造成损害，或者以给用人单位的名誉、荣誉、财产等造成损害为要挟，迫使对方做出违背真实的意思表示"的行为。如用人单位以劳动者拒不补签劳动合同就不发奖金为由相威胁。

所谓乘人之危，是指"一方当事人乘对方处于危难之机，为牟取不正当利益，迫使对方做出不真实的意思表示"的行为。在实践中，乘人之危的情形一般比较少见。

当事人一方存在欺诈、胁迫或者乘人之危的行为，并非一定导致劳动合同无效，只有在一方实施上述行为并致使对方在违背真实意思表示的情况下订立或者变更劳动合同的，劳动合同才会被认定为无效。如果一方实施的欺诈、胁迫或者乘人之危等行为情节显著轻微，不足以影响对方违背真实意思的，不能以此为由认定劳动合同无效。例如劳动者入职时隐瞒事实，骗取订立劳动合同，但由于婚姻状况原本就不应作为是否聘用劳动者的条件，劳动者隐瞒婚姻状况的欺诈行为不足以影响用人单位的真实意思，因此，不能由此认定双方签订的劳动合同无效。

2. 用人单位免除自己的法定责任、排除劳动者权利的

订立劳动合同不但应当遵循自愿、诚信原则，还应当遵循公平、平等原则，即合同双方当事人的权利和义务应当对等。用人单位利用强势地位免除自己的法定责任、排除劳动者权利的劳动合同，依法应当认定为无效。其中最典型的便是劳动合同中的"生死条款"，有些用人单位为了免除自己的责任，排除劳动者享受工伤待遇的权利，于是在劳动合同中约定"用人单位对劳动者工作过程中发生的伤亡事故概不负责"之类的条款，都应认定为无效条款。

除了用人单位免除自己法定责任、排除劳动者权利的合同无效外，如果限制劳动者法定权利、加重劳动者法定义务，情节严重的，也可能被认定为无效。在实务中，劳动者与用人单位签订的劳动合同一般多是由用人单位事先制作好的格式合同，用人单位利用这样的优势地位，为了最大限度维护自身利益，在合同内容的设置上有所取舍，有所选择，但必须把握法律的尺度和分寸，如果走极端采取"一边倒"的方式，减轻或免除自身的法定义务，限制或排除劳动者的权利，即使在合同中写明也是无效的。用人单位可以在法律允许的范围内选择对用人单位有利的内容，但不能超越法律的极限。

3. 违反法律、行政法规强制性规定的

内容合法是劳动合同生效必不可少的要件，违反法律、行政法规的强制性规定，必然会导致劳动合同无效。这种合同无效的理由，一是必须违反强制性的规定，即合同双方当事人合意排除法律、行政法规强制性规定的适用，如果排除的是任意性规定的适用，不能认定为无效；二是必须违反法律或者行政法规的规定，如果仅仅违反的是部门规章、地方性法规或者其他规范性文件中的强制性规定，不能认定为无效。

在实务中，常见的被认定为无效的条款主要表现为违法约定劳动者支付违约金的条款、违法约定低于当地最低工资标准的工资条款、超过法定期限的试用期条款等。这些条款由于违反了法律、行政法规的强制性规定，应当认定为无效。

三、劳动合同签证

（一）劳动合同签证的概念

劳动合同鉴证是指劳动行政主管部门审查、证明劳动合同真实性、合法性的一项行政监督措施，劳动行政主管部门鼓励和提倡用人单位和劳动者进行劳动合同鉴证。

（二）劳动合同签证的程序

1. 当事人申请：劳动合同签订后，当事人双方要亲自向劳动合同鉴证机关提出对劳动合同进行鉴证的口头或书面申请。用人单位可以由法定代表人委托授权代理人，如劳资处科长或其他工作人员，但必须出具委托书，明确授权范围。申请劳动合同鉴证的当事人，应当向鉴证机关提供下述材料：

（1）劳动合同书及其副本；

（2）营业执照或副本；

（3）法定代表人或委托代理人资格证明；

（4）被招用工人的身份证或户籍证明；

（5）被招用人员的学历证明、体检证明和《劳动手册》；

（6）其他有关证明材料。

2. 鉴证机关审核：鉴证机关的鉴证人员按照法定的鉴证内容，对当事人提供的劳动合同书及有关证明材料进行审查、核实。在劳动合同鉴证过程中，鉴证人员对当事人双方提供的鉴证材料，认为不完备或有疑义时，应当要求当事人做必要的补充或向有关单位核实；鉴证人员有权就劳动合同内容的有关问题询问双方当事人；对于内容不合法、不真实的劳动合同，鉴证人员应立即向当事人提出纠正，当事人对鉴证人员的处理认为有不当之处时，可以向鉴证人员所在的劳动行政机关申诉，要求作出处理。劳动合同鉴证申请人应当按照有关规定向鉴证机关交付鉴证费。

3. 确认证明：劳动合同鉴证机关经过审查、核实，对于符合法律规定的劳动合同，应予以确认，由鉴证人员在劳动合同书上签名，加盖劳动合同鉴证章，或附上加盖劳动合同鉴证章和鉴证人员签名的鉴证专页。

第四节　劳动合同的变更、解除、终止和延续

案例分析

【案例展示一】

用人单位不得因受新冠肺炎疫情影响停工停产而拒绝支付劳动者工资

2019年2月，毕业生肖某入职某运输公司，双方签订的劳动合同约定月工资标准为4000元。受疫情影响，该公司于2020年2月起停工停产45天，停工停产期

间未支付肖某工资，肖某要求该公司按照双方约定标准支付工资未果后申请仲裁，仲裁机构支持了肖某关于支付工资的请求。该公司不服，向法院提起诉讼，本案经一审、二审，均认定某运输公司应支付肖某停工停产期间的工资及生活费。

【案例点评一】

根据《工资支付暂行规定》第十二条、《人力资源社会保障部办公厅关于妥善处理新型冠状病毒感染的肺炎疫情防控期间劳动关系问题的通知》第二条的规定，非因劳动者原因造成单位停工、停产在一个工资支付周期内的，用人单位应按劳动合同规定的标准支付劳动者工资。超过一个工资支付周期的，若劳动者提供了正常劳动，则支付给劳动者的劳动报酬不得低于当地的最低工资标准；若劳动者没有提供正常劳动，应按国家有关规定办理。本案中，某运输公司因疫情停工45天，应按双方劳动合同约定的工资标准支付肖某2020年2月份的工资；超过一个工资支付周期，应当按不低于当地最低工资标准的70％支付相应生活费。

劳动报酬权是劳动权利的核心。对劳动者而言，工资是其获取生活资料来源的重要途径，也是其通过用人单位参与社会分配的形式，其直接影响到劳动关系的协调和稳定。疫情当前，虽然用人单位面临生产经营困难，但是仍应当保障劳动者的基本生存权利，用人单位不得以未复工复产为由拒绝向劳动者支付工资。

【案例展示二】

劳动者拒绝用人单位合理合法调岗，
不得以此为由要求用人单位支付违法解除劳动合同赔偿金

毕业生苏某在某餐饮公司任厨师，双方劳动合同约定公司可根据业务发展需要、劳动者的工作能力与绩效考核结果，对苏某的工作岗位进行调整。劳动合同履行中，该餐饮公司分别通过微信通知、发送《调岗通知书》《催促到岗通知书》等方式通知苏某去当地另一门店上班，苏某以路途太远为由而未予同意，并连续多日未到岗上班。该餐饮公司经公司工会同意，以苏某旷工为由解除劳动关系。苏某认为该餐饮公司属于违法解除，申请劳动仲裁请求支付违法解除劳动合同赔偿金，仲裁机构未予支持。苏某不服，向法院起诉，一审、二审均判决驳回其诉讼请求。

【案例点评二】

用人单位在不违反法律规定和双方约定的情况下，享有用工自主权，有权根据自身生产经营需要而对劳动者的工作岗位、工作地点进行适当调整。司法实务中，调岗是否合理合法一般考虑以下因素：① 是否违反劳动合同的约定；② 是否基于用人单位生产经营的需要；③ 是否对劳动者具有歧视性和侮辱性；④ 是否对劳动报酬及其他劳动条件产生较大影响和改变。本案中，双方劳动合同约定可根据业务发展需要等情况调整苏某的工作岗位，该餐饮公司调岗系基于生产经营的需要而作出，对苏某个人不具有侮辱性和惩罚性。该公司通知苏某在本市范围内调岗、调店，并书面承诺调整后岗位薪酬不变，此行为并未违反双方劳动合同约定，苏某应当依约接受安排。苏某拒绝调岗，既未到新店报到，亦未到原门店上班，而是连续多日未到岗，该餐饮公司依据《员工手册》的规定而作出解除双方劳动关系的决定并无违法，无需支付苏某赔偿金。

企业基于优化自身生产结构和资源配置的需要，对劳动者进行调岗现象较为普遍。企业应在劳动合同约定的基础上遵循合理合法的原则与劳动者进行充分协商，劳动者亦应结合自身需要提出合理要求。因企业调岗产生争议，法院的审查应权衡劳企双方的权利与义务，考量企业生产经营管理需要，尊重企业生产经营自主权，以实现劳企双方利益的平衡。

知识导航

一、劳动合同的变更

（一）劳动合同变更的程序

1. 提出变更的要约：用人单位或劳动者提出变更劳动合同的要求，说明变更合同的理由、变更的内容以及变更的条件，请求对方在一定期限内给予答复。

2. 承诺：合同另一方接到对方的变更请求后，应当及时进行答复，明确告知对方同意或是不同意变更。

3. 订立书面变更协议：当事人双方就变更劳动合同的内容经过平等协商，取得一致意见后签订书面变更协议，协议载明变更的具体内容，经双方签字盖章后生效。变更后的劳动合同文本由用人单位和劳动者各执一份。

（二）劳动合同变更的条件

1. 订立劳动合同时所依据的法律、法规已经修改，致使原来订立的劳动合同无法全面履行，需要作出修改。

2. 企业经上级主管部门批准转产，原来的组织仍然存在，原签订的劳动合同也仍然有效，只是由于生产方向的变化，原来订立的劳动合同中的某些条款与发展变化的情况不相适应，需要作出相应的修改。

3. 上级主管机关决定改变企业的生产任务，致使原来订立的劳动合同中有关产量、质量、生产条件等都发生了一定的变化，需要作出相应的修改，否则原劳动合同无法履行。

4. 企业严重亏损或发生不可抗力的情况，确实无法履行劳动合同的规定。

5. 当事人双方协商一致，同意对劳动合同的某些条款作出变更，但不得损害国家利益。

（三）劳动合同变更注意事项

1. 提出的一方应及时告知对方变更劳动合同的理由、内容、条件等等；另一方应及时作出答复。用人单位和劳动者均可能提出变更劳动合同的要求，不管哪一方提出，双方均应履行相关义务。

2. 变更劳动合同应当采用书面形式。变更后的劳动合同仍然需要由劳动者签字、用人单位盖章且签字，方能生效。劳动合同变更书应由劳动合同双方各执一份，同时，对于劳动合同经过鉴证的，劳动合同变更书也应当履行相关手续。

3. 对于特定的情况，必须办理劳动合同变更手续的，只需向劳动者说明情况即可。如用人单位变更名称、法定代表人、主要负责人或者投资人等事项发生变更的，则不需要办理变更手续，劳动关系双方当事人应当继续履行原合同的内容。

4. 劳动合同变更应当及时进行。劳动合同变更必须是在劳动合同生效后终止前进行。依照法律规定，劳动合同期满即终止，那时便不存在劳动合同变更的问题了。

综上，劳动合同变更的程序并不烦琐，只需双方达成一致协议。但是如果经过协商仍无法达成变更协议，依法可以要求按程序解除合同。

二、劳动合同的解除

劳动合同的解除分为法定解除和约定解除两种。这里主要介绍法定解除的情形。

（一）用人单位解除劳动合同的条件

1. 当劳动者符合下列情形之一的，用人单位可以直接解除劳动合同，不需向劳动者预告。

（1）在试用期间被证明不符合录用条件的。

（2）严重违反劳动纪律或者用人单位规章制度的。

（3）严重失职，营私舞弊，对用人单位利益造成重大损害的。

（4）被依法追究刑事责任的。

2. 有下列情形之一的，用人单位可以解除劳动合同，但是应当提前30日以书面形式通知劳动者本人：

（1）劳动者患病或者非因工负伤，医疗期满后，不能从事原工作也不能从事由用人单位另行安排的工作的。

（2）劳动者不能胜任工作，经过培训或者调整工作岗位，仍不能胜任工作的。

（3）劳动合同订立时所依据的客观情况发生重大变化，致使原劳动合同无法履行，经当事人协商不能就变更劳动合同达成协议的。

3. 用人单位还可以通过裁员的形式解除企业劳动合同，但必须符合下列条件：

（1）企业濒临破产进行法定整顿期间，确需裁员。

（2）企业生产经营状况发生严重困难，确需裁员。

但用人单位应当提前30日向工会或者全体职工说明情况，听取工会或者职工的意见，并向劳动行政部门报告。

（二）劳动者解除劳动合同的条件

1. 一般情况下，劳动者解除劳动合同，应当提前30天以书面形式预告用人单位。

2. 有下列情形之一的，劳动者可以随时通知用人单位解除劳动合同：

（1）在试用期内的，提前3日通知用人单位，可解除劳动合同。

（2）用人单位以暴力、威胁或者非法限制人身自由的手段强迫劳动的。

（3）用人单位未按照劳动合同约定支付劳动报酬或者提供劳动条件的。

三、劳动合同的终止

（一）劳动合同终止的条件

根据《中华人民共和国劳动合同法》第四十四条规定，有下列情形之一的，劳动合同终止：

1. 劳动合同期满的。

2. 劳动者开始依法享受基本养老保险待遇的。

3. 劳动者死亡，或者被人民法院宣告死亡或者宣告失踪的。

4. 用人单位被依法宣告破产的。

5. 用人单位被吊销营业执照、责令关闭、撤销或者用人单位决定提前解散的。

6. 法律、行政法规规定的其他情形。

此外，当事人约定的劳动合同终止的条件出现，劳动合同也宣告终止，这种情况既适用于有固定期限和完成一定的工作为期限的劳动合同，也适用于无固定期限的劳动合同，劳动合同的这种终止属于约定终止。劳动者在医疗期、孕期、产期和哺乳期内，劳动合同期限届满时，劳动合同的期限应自动延续至医疗期、孕期、产期和哺乳期满为止。

（二）劳动合同终止的法律后果

1. 劳动合同终止，意味着劳动合同当事人协商确定的劳动权利和义务关系已经结束，此时，用人单位应当依法办理终止劳动合同的有关手续。

2. 除用人单位维持或提高劳动合同约定条件续订劳动合同，劳动者不同意续订的情形外，劳动合同期满终止的，用人单位应当向劳动者支付经济补偿。也就是说，在劳动合同到期后，如果用人单位没有提出以维持或提高劳动合同约定的条件与劳动者续订劳动合同，而终止劳动合同的，则其需要向劳动者支付经济补偿金。

四、劳动合同的延续

(一) 劳动合同续订的程序

1. 发出续订劳动合同意向书，征求劳动者的意见

如果用人单位需要续订劳动合同，应当在劳动合同期限届满前的一定期限内通知劳动者，征求劳动者的意见。

2. 双方当事人协商一致

用人单位发出续订劳动合同的意向书后，如果劳动者不愿意续订劳动合同，劳动合同就无法续订；同样，如果劳动者提出续订劳动合同的意向后，用人单位不愿意续订劳动合同，劳动合同也无法续订。只有在双方当事人协商一致后，劳动合同才能续订。

3. 签订续订劳动合同的协议书

劳动者和用人单位协商一致后，可以签订续订劳动合同协议书。

4. 鉴证或者备案

经过鉴证或者备案的劳动合同续订后，需要到劳动行政主管部门办理劳动合同鉴证或者备案的手续。

(二) 劳动合同续订的条件

1. 当事人双方是原劳动合同的当事人。任何一方当事人发生变更的，都只能产生新的劳动合同，而不是劳动合同的续订。

2. 合同内容（除合同起止期限）没有发生任何变化。合同主要内容与原合同一致的，也是劳动合同的续订。

3. 当事人须经过平等自愿、协商一致，对原合同内容没有异议，就合同续订后的期限达成一致。根据法律规定，劳动者在同一用人单位连续工作满十年以上，双方同意续签合同，如果劳动者提出订立无固定期限的劳动合同，用人单位应与之

订立无固定期限的劳动合同。这是续签劳动合同的一项例外，以鼓励劳动者通过长期连续工作建立稳定的劳动关系的行为，并适当地保护劳动者的权益。

（三）劳动合同的当然续订

劳动合同期满，存在以下情况之一的，劳动合同当然续订至相应的情形消失：

1. 从事接触职业病危害作业的劳动者未进行离岗前职业健康检查，或者疑似职业病病人在诊断或者医学观察期间的。

2. 在本单位患职业病或者因工负伤并被确认丧失或者部分丧失劳动能力的。

3. 患病或者非因工负伤，在规定的医疗期内的。

4. 女职工在孕期、产期、哺乳期的。

5. 在本单位连续工作满 15 年，且距法定退休年龄不足 5 年的。

6. 法律、行政法规规定的其他情形。

从事矿山井下及在其他有害身体健康的工种、岗位工作的农民工，实行定期轮换制度，劳动合同期限最长不超过 8 年。如果农民轮换工的原订合同期限不足 8 年，合同期满续订合同时，期限不得超过 8 年；已满 8 年的，不得再续订劳动合同。

外国人在我国订立劳动合同的最长期限为 5 年，就业许可证期限已满的外国人不得续订劳动合同。

劳动合同的续订必须在劳动合同到期前完成，于合同到期时生效。如果劳动合同已经到期终止，原合同当事人再协商订立合同，则不再是劳动合同的续订，而是订立一个新的劳动合同。

本 模 块 实 践 教 学 活 动

本模块的实践活动共编制了三个具体项目，在具体的教学过程中，可以根据教学需要和学校的实际教学条件，选择一项或者两项开展活动。

项目一 审查劳动合同：法律知识大比拼

项目二 观摩庭审活动：拒绝违法超时加班的责任

项目三 判例解读：王某、张某等劳动争议民事一审民事判决书

项目一　审查劳动合同：法律知识大比拼

【实践活动目的】

检验大学生的知识掌握情况。通过团队合作审查劳动合同，帮助大学生查漏补缺，提升团队合作能力，并主动提升个人法律素养。引导大学生能够在日后的学习工作生活过程中正确行使权力，履行应尽的义务。更能够在工作生活中免受困扰，保护自身合法权益，为大学生就业提供法律保障。

【实践活动方案】

1. 本次实践活动与课程学习同步进行，采取分小组比拼的方式检验大学生运用所学知识的能力，届时我们会采取 5 人一组将全班学生进行分组。

2. 活动在课后作业时间完成，学生可以有充足的时间探讨学习审查劳动合同的要点。

3. 成果的展示由小组派一名代表说出自己小组发现的问题及改正后的情况。

4. 所有小组都发言完毕后，由教师进行总结并提出建议。

5. 通过这次活动，大学生能够掌握劳动合同的基础知识，并能够运用所学知识解决问题。

附件：

劳动合同的范例

甲方基本情况

名称：××新能源有限公司

地址：_____

法定代表人：王×发

联系电话：_____

乙方基本情况

劳动者姓名：__赵小某__

身份证号：_____

家庭住址：_____市_____区

联系电话：_____

甲乙双方在平等自愿的基础上，根据《中华人民共和国劳动合同法》等相关法律规定，经协商一致，达成本合同。

第一章　合同期限

1. 试用期

自2016年1月10日起至2016年7月9日止。试用期满经考核合格者，甲方正式录用乙方。经考核不合格者，甲方将根据实际情况延长试用期。

2. 合同期限

合同自2016年1月10日起至2018年月7月9日止。

第二章　工作内容与工作地点

1. 根据甲方工作需要和乙方自身技能特点，甲方聘用乙方担任财务岗位，工作地点在＿＿＿＿＿＿＿＿。

2. 乙方工作内容界定以岗位职责说明书和甲方布置的阶段性或临时性工作要求为准。

第三章　工作时间与休息休假

1. 工作时间：甲方保证乙方每天工作不超过8小时，每周工作不超过48小时。具体工作时间由甲方根据生产经营需要安排，乙方应当服从。

2. 休息休假：甲方根据《公司管理制度》安排乙方休息时间，乙方应当服从。

第四章　劳动报酬

1. 双方根据甲方《薪酬管理制度》规定确定乙方岗位工资为3 000元/月。试用期工资为1 000元/月。

2. 因甲方生产工作岗位任务不足、乙方工作能力不适应岗位要求而致使乙方待工的，甲方支付乙方生活费450元/月。

第五章　社会保险和福利待遇

1. 甲方应根据国家和德州市的规定为乙方办理社会保险并缴纳有关费用，乙方应缴费用由甲方从乙方工资中代扣代缴。如乙方主动放弃社会保险，每月可多领取300元工资。女职工在入职后3年内不得结婚，否则不享受保险待遇。

2. 乙方患职业病和因公负伤的待遇按国家和德州市的有关规定执行。乙方工作期间因违反甲方规章制度而导致受伤，工伤自理。

第六章　劳动保护、劳动条件和职业危害防护

甲方为乙方提供劳动所必需的工具和场所，以及其他劳动条件；保证工作场所符合国家规定的安全生产条件，并依法采取安全防范措施，预防职业病。

第七章　商业秘密、知识产权、竞业限制

1. 乙方应当保守工作期间知悉甲方的各种商业秘密、知识产权、公司机密等任何不宜对外公开的事项，否则造成甲方损失的，应当承担赔偿责任。

2. 乙方承诺在签订本协议时，未与其他任何单位保持劳动关系或者签订竞业限制协议。否则，给其他单位造成损失的，由乙方单独承担责任，与甲方无关。

第八章　劳动合同解除和终止

双方解除或终止劳动合同应按法定程序办理，甲方为乙方出具终止、解除劳动合同的通知书或相关证明。

第九章　双方协商约定的其他事项

1. 如因乙方原因对甲方造成损害或造成甲方经济损失，甲方保留对乙方的民事诉讼权利。

2. 乙方提出解除劳动合同时，应至少提前 30 日以书面形式通知甲方，以便甲方有足够的时间安排人员接替。

第十章　劳动争议处理和违反劳动合同的法律责任

本合同依法经双方签字或盖章订立后具有法律约束力，双方必须严格履行。如果发生劳动争议，双方可以协商解决，也可以依法申请调解、仲裁、提起诉讼。任何一方违反本合同约定，应当承担相应的法律责任。

第十一章　其他

1. 本合同一式二份，具有同等法律效力，甲乙双方各执一份，双方应妥善保管。

2. 乙方工作岗位职责说明书以及甲方的规章制度，作为本合同附件或相关约束条件，与本合同具有同等法律效力。

甲方（单位）盖章：　　　　　　　　　　　　乙方（劳动者）签字：

法定代表人（或委托人）签字：

　　年　　月　　日　　　　　　　　　　　　年　　月　　日

项目二 观摩庭审活动：拒绝违法超时加班的责任

【实践活动目的】

1. 通过这次观摩法庭庭审活动让大学生了解法庭审理案件的整个流程和细节，"零距离"了解法院审判工作，感受法律的正义和威严。

2. 学生们现场听案学法，不仅增强学生的法治意识，提高学生遵纪守法的自觉性，而且可以更好地让同学们学法、明法、守法，零距离感受到深刻的法治教育和警示教育，坚定大学生的法治理想信念，提高运用法律思维和法律手段解决实际问题的能力。

【实践活动方案】

本次观摩法庭活动按照准备阶段、观摩阶段、总结讲评三个阶段进行：

1. 准备阶段

观摩前，向同学们讲解法庭设置、庭审程序（庭前准备阶段、法庭调查阶段、法庭辩论阶段、法庭判决阶段）。对整个庭审流程有了初步的了解。做好案情简介，为观摩做准备。

2. 观摩阶段

观摩案件系一起典型的劳动纠纷案件，案情是毕业生张某拒绝某快递公司违法超时加班安排，某快递公司能否与其解除劳动合同。

3. 总结讲评

教师应在观摩活动后对庭审案件进行总结讲评，组织学生进行讨论交流，给学生上一堂生动的法学实践课。加深学生对法律知识的理解和认识，切身感受到法律的神圣不可侵犯，深刻理解懂法守法的重要性。

附件：观摩法庭活动拟采用的案例

劳动者拒绝违法超时加班安排的后果

【案例展示】

毕业生张某于2020年6月入职某快递公司，双方订立的劳动合同约定试用期为3个月，试用期月工资为8 000元，工作时间执行某快递公司规章制度相关规定。

某快递公司规章制度规定，工作时间为早9时至晚9时，每周工作6天。2个月后，张某以工作时间严重超过法律规定上限为由拒绝超时加班安排，某快递公司即以张某在试用期间被证明不符合录用条件为由与其解除劳动合同。张某向劳动人事争议仲裁委员会（简称仲裁委员会）申请仲裁。仲裁委员会裁决某快递公司支付张某违法解除劳动合同赔偿金8 000元（裁决为终局裁决）。

【案例点评】

本案的争议焦点是张某拒绝违法超时加班安排，某快递公司能否与其解除劳动合同。

《中华人民共和国劳动法》第四十一条规定："用人单位由于生产经营需要，经与工会和劳动者协商后可以延长工作时间，一般每日不得超过一小时；因特殊原因需要延长工作时间的，在保障劳动者身体健康的条件下延长工作时间每日不得超过三小时，但是每月不得超过三十六小时。"第四十三条规定："用人单位不得违反本法规定延长劳动者的工作时间。"《中华人民共和国劳动合同法》第二十六条规定："下列劳动合同无效或者部分无效：……（三）违反法律、行政法规强制性规定的。"为确保劳动者休息权的实现，我国法律对延长工作时间的上限予以明确规定。用人单位制定违反法律规定的加班制度，在劳动合同中与劳动者约定违反法律规定的加班条款，均应认定为无效。

本案中，某快递公司规章制度中"工作时间为早9时至晚9时，每周工作6天"的内容，严重违反法律关于延长工作时间上限的规定，应认定为无效。张某拒绝违法超时加班安排，系维护自己合法权益，不能据此认定其在试用期间被证明不符合录用条件。故仲裁委员会依法裁决某快递公司支付张某违法解除劳动合同赔偿金。

项目三　判例解读：王某、张某等劳动争议民事一审民事判决书

【判决书原文】

山东省××市××区人民法院

民 事 判 决 书

（2022）鲁×民初×号

原告：王某

原告：张某

原告：李某

以上三原告共同委托诉讼代理人：刘某某

原告：郭某

委托诉讼代理人：陈某某

被告：山东××科技股份有限公司

法定代表人：王某某，董事长

委托诉讼代理人：赵某某

原告王某、张某、李某、郭某与被告山东××科技股份有限公司（以下简称××科技）劳动争议一案，本院受理后，依法适用简易程序，公开开庭进行了审理。原告王某、张某、李某、郭某及王某、张某、李某的委托诉讼代理人刘某某、郭某的委托诉讼代理人陈某某，被告××科技的委托诉讼代理人赵某某到庭参加诉讼。本案现已审理终结。

王某、张某、李某、郭某分别向本院提出诉讼请求：1. 请求法院依法确认 2005 年 3 月 4 日至 2021 年 7 月王某与××科技之间存在劳动关系；2. 依法判决××科技向王某支付 12 个月的经济补偿 80 000 元；3. 依法确认 2007 年 3 月至 2021 年 11 月张某与××科技之间存在劳动关系；4. 依法判决××科技向张某支付 12 个月的经济补偿 60 000 元；5. 依法确认 2013 年 3 月至 2021 年 11 月李某与××科技之间存在劳动关系；6. 依法判决××科技向李某支付 8.5 个月的经济补偿 43 000 元；7. 请求确认 2007 年 2 月 23 日至 2016 年 12 月郭某与××科技之间存在事实劳动关系；8. 案件受理费由××科技承担。

　　××科技辩称：1. 2020 年 11 月 30 日，经王某与××科技双方协商一致，终止了劳动关系，王某自愿签署了终止劳动合同证明书，双方已经不存在劳动合同法律关系且已就终止劳动合同达成一致，不存在劳动法律关系纠纷。王某与答辩人于 2020 年 11 月 30 日终止劳动关系时已满 50 周岁，已达到法定退休年龄，不再符合劳动者的条件，经过双方协商一致，终止了劳动关系。王某于 2021 年 12 月 21 日才向××区劳动人事争议仲裁委员会申请仲裁，其主张确认劳动关系及补偿金的诉讼请求已超过了 1 年的仲裁时效。王某与××科技在 2020 年 12 月—2021 年 7 月为劳务合同关系，2020 年 12 月 1 日与王某协商签订了《劳务协议》并依照约定完全履行。2021 年 7 月，王某提出已找到新工作并签订解除劳务协议证明书与答辩人解除了劳务协议。2. 2020 年 10 月 31 日，经张某与××科技协商一致，终止了劳动关系，张某自愿签署了《终止劳动合同证明书》，双方不存在劳动法律关系。张某与答辩人于 2020 年 10 月 31 日终止劳动关系时已满 50 周岁，已达到法定退休年龄，不再符合劳动者的条件，经过双方协商一致，劳动关系已于 2020 年 10 月 31 日终止。张某于 2021 年 12 月 16 日才向××区劳动人事争议仲裁委员会申请仲裁，其主张确认劳动关系及补偿金的诉讼请求已超过了 1 年的仲裁时效。2020 年 11 月 1 日××科技与张某协商签订了《劳务协议》并依照约定完全履行。劳务协议期间届满后，劳务协议自动解除，劳务法律关系同时解除。3. 2020 年 10 月 31 日，××科技经与李某协商一致，终止了劳动关系，李某自愿签署了终止劳动合同证明书，双方不存在争议。李某与答辩人于 2020 年 10 月 31 日终止劳动关系时已满 50 周岁，已达到法定退休年龄，不再符合劳动者的条件，经过双方协商一致，终止了劳动关系。2020 年 10 月 31 日双方劳动关系已经终止。而李某于 2021 年 12 月 16 日才向××区劳动人事争议仲裁委员会申请仲裁，其主张确认劳动关系及补偿金的诉讼请求已超过了 1 年的仲裁时效。2020 年 11 月 1 日××科技与李某协商签订了《劳务协议》并依照约定完全履行。劳务协议期间届满后，双方约定解除，劳务法律关系同时解除。4. 2016 年 12 月 1 日，郭某与答辩人签署了劳动合同，而 2016 年 12 月前，郭某与山东××人力资源有限公司签订的劳动合同。因此，答辩人不是原告主张存在劳动关系的适格主体。2020 年 10 月 31 日，因郭某达到法定退休年龄，经双方协商一致郭某签订《终止劳动合同证明书》后终止了劳动关系，双方不存在争议。2020年11月1日××科技与郭某协商签订了《劳务协议》并依照约定完全履行。劳务协议履行期间，郭某口头提出解除劳务协议后双方劳务法律关系解除。2020年10月31日，××科技与郭某之间双方劳动关系已经终止。而郭某于2021年12月16日才向××区劳动人事争议仲裁委员会申请仲裁，其主张确认劳动关系的诉讼请求已超过了1年的仲裁时效。

本院经审理认定事实如下：对于双方没有争议的事实，本院予以确认。

2005年3月4日王某入职××科技，2010年6月××科技用银行转账方式向其发放工资，2016年12月××科技开始为其缴纳社会保险。××科技提交2020年11月30日《终止劳动合同证明书》："王某同志，性别女，年龄50周岁……系我单位从事铺层工工作的合同制职工。因其已经年满国家法定退休年龄，符合《劳动合同法》第四十四条、《劳动合同法实施条例》第二十一条规定，于2020年11月30日正式终止劳动合同。特此证明"。王某对该证明书落款处职工签名"王某"为本人所签无异议，称内容不知情。2020年12月1日，王某与××科技签订《劳务协议》，王某对该协议落款处乙方"王某"为本人所签无异议，称内容不知情。××科技提交2021年8月3日《解除、终止劳务协议证明书》："王某同志，性别女，年龄50周岁……系我单位从事铺层工工作的劳务协议制职工……于2021年8月3日解除（终止）劳务协议。特此证明"。王某对该证明书落款处职工签名"王某"为本人所签无异议，但认为对内容不知情。

张某原为××科技职工，2007年5月××科技通过银行转账方式向其发放工资，2016年10月××科技开始为其缴纳社会保险。××科技提交2020年10月31日《终止劳动合同证明书》："张某同志，性别女，年龄50周岁……系我单位从事生产工作的合同制职工。因其已经年满国家法定退休年龄，符合《劳动合同法》第四十四条、《劳动合同法实施条例》第二十一条规定，于2020年10月31日正式终止劳动合同。特此证明"。张某对该证明书落款处职工签名"张某"为本人所签无异议，称内容不知情。2020年11月1日，张某与××科技签订《劳务协议》，张某对该协议落款处乙方"张某"为本人所签无异议，称内容不知情。

李某于2013年3月入职××科技，2016年12月××科技开始为其缴纳社会保险。××科技提交2020年10月31日《终止劳动合同证明书》："李某同志，性别女，年龄 52 周岁……系我单位从事生产工作的合同制职工。因其已经年满国家法定退休年龄，符合《劳动合同法》第四十四条、《劳动合同法实施条例》第二十一条规定，于 2020 年 10 月 31 日正式终止劳动合同。特此证明"。李某对该证明书落款处职工签名"李某"为本人所签无异议，称内容不知情。2020 年 11 月 1 日，李某与××科技签订《劳务协议》，张某对该协议落款处乙方"李某"为本人所签无异议，称内容不知情。

郭某原为××科技职工，2008 年 1 月××科技通过银行转账方式向其发放工资，2016 年 12 月××科技开始为其缴纳社会保险。××科技提交 2020 年 10 月 31 日《终止劳动合同证明书》："郭某同志，性别女，年龄 52 周岁……系我单位从事生产工作的合同制职工。因其已经年满国家法定退休年龄，符合《劳动合同法》第四十四条、《劳动合同法实施条例》第二十一条规定，于 2020 年 10 月 31 日正式终止劳动合同。特此证明"。郭某对该证明书落款处职工签名"郭某"为本人所签无异议，称内容不知情。2020 年 11 月 1 日，郭某与××科技签订《劳务协议》，郭某对该协议落款处乙方"郭某"为本人所签无异议，称内容不知情。

2021 年 12 月 21 日王某向××市××区劳动人事争议仲裁委员会申请仲裁，请求确认 2005 年 3 月 4 日至 2021 年 7 月存在劳动关系，并支付经济补偿 80 000 元；2021 年 12 月 16 日张某向××市××区劳动人事争议仲裁委员会申请仲裁，请求确认 2007 年 3 月至 2021 年 11 月之间存在劳动关系，并支付经济补偿 60 000 元；2021 年 12 月 16 日李某向××市××区劳动人事争议仲裁委员会申请仲裁，请求确认 2013 年 3 月至 2021 年 11 月之间存在劳动关系，并支付经济补偿 43 000 元；2021 年 12 月 16 日郭某向××市××区劳动人事争议仲裁委员会申请仲裁，请求确认 2007 年 2 月 23 日至 2016 年 12 月之间存在事实劳动关系。该仲裁委员会均以申请人的仲裁请求不属于劳动人事争议受案范围为由，作出不予受理通知书。王某、张某、李某、郭某不服，向本院起诉。

本院认为，本案争议的焦点为王某、张某、李某、郭某所诉事项是否已超过仲裁时效。

首先，《中华人民共和国劳动争议调解仲裁法》第二条规定："中华人民共和国境内的用人单位与劳动者发生的下列劳动争议，适用本法：（一）因确认劳动关系发生的争议……（五）因劳动报酬、工伤医疗费、经济补偿或者赔偿金等发生的争议。"第二十七条规定："劳动争议申请仲裁的时效期间为一年。仲裁时效期间从当事人知道或者应当知道其权利被侵害之日起计算。前款规定的仲裁时效，因当事人一方向对方当事人主张权利，或者向有关部门请求权利救济，或者对方当事人同意履行义务而中断。从中断时起，仲裁时效期间重新计算。"本案中，王某、张某、李某、郭某均原为××科技职工，张某、李某、郭某分别于 2020 年 10 月 31 日、王某于 2020 年 11 月 30 日在《终止劳动合同证明书》"职工签名"处签字确认。该四份《终止劳动合同证明书》均明确记载"因其已经年满国家法定退休年龄……终止劳动合同"字样。据此，对××科技与张某、李某、郭某于 2020 年 10 月 31 日终止劳动合同，与王某于 2020 年 11 月 30 日终止劳动合同，本院予以确认。

其次，《中华人民共和国劳动合同法实施条例》第二十一条规定，劳动者达到法定退休年龄的，劳动合同终止。据此，用人单位对达到法定退休年龄的劳动者享有终止劳动关系的权利。现××科技在王某、张某、李某、郭某四人达到法定退休年龄后向其出具《终止劳动合同证明书》，并明确告知双方劳动合同终止的原因为其已达到法定退休年龄，应认定××科技作为用人单位履行了劳动合同解除的告知义务。

再次，在双方解除劳动合同后，张某、李某、郭某于 2020 年 11 月 1 日，王某于 2020 年 12 月 1 日均与××科技签订《劳务协议》，王某、张某、李某、郭某虽均称名字为其在不知内容的情况下所签，但未提交证据予以证实。王某、张某、李某、郭某作为完全民事行为能力人，应对自身签字行为承担相应的法律后果。

鉴于上述原因，××科技虽存在与原告劳动合同解除后持续用工的行为，但其通过出具《终止劳动合同证明书》及签订《劳务协议》的方式对双方劳动关系解除进行了明示，王某、张某、李某、郭某均应在其与××科技解除劳动合同之日起一年内主张相关权利。张某、李某、郭某于 2021 年 12 月 16 日，王某于 2021 年 12 月 21 日向××市××区劳动人事争议仲裁委员申请仲裁，请求确认与××科技存在劳动关系，并主张其支付经济补偿，已超过一年的仲裁时效。《中华人民共和国社会保险法》第四条第二款规定："个人依法享受社会保险待遇，有权监督本单位为其缴费情况。"第六十三条第一款规定："用人单位未按时足额缴纳社会保险费的，由社会保险费征收机构责令其限期缴纳或者补足。"山东省人力资源和社会保障厅、山东省财政厅《关于完善职工基本养老保险缴费政策的通知》（鲁人社规〔2019〕13号）中规定："二、规范养老保险补缴政策（二）……一次性补缴超过3年的，应向补缴地提供由人民法院、审计部门、实施劳动监察的行政部门或劳动人事争议仲裁委员会等出具的，符合《人力资源社会保障部门办公厅关于职工基本养老保险关系转移接续有关问题的补充通知》（人社厅发〔2019〕94号）规定的法律文书。相关证明材料，社会保险经办机构能够通过数据共享等方式获取的，不得再要求用人单位和职工提供。"本案中，原告王某、张某、李某、郭某请求确认劳动关系的目的是补缴社会保险，其在法定期限内没有请求确认劳动关系，丧失提请仲裁以保护其权益的权利，原告可依据相关规定选择其他权利救济途径。

综上所述，依照《中华人民共和国劳动争议调解仲裁法》第二条、第二十七条，《中华人民共和国民事诉讼法》第六十七条规定，判决如下：

驳回王某、张某、李某、郭某的诉讼请求。

案件受理费5元，由王某、张某、李某、郭某负担。

如不服本判决，可以在判决书送达之日起十五日内向本院递交上诉状，并按照对方当事人的人数提出副本，上诉于山东省××市中级人民法院。

审判员　王××

二〇二二年×月×日

书记员　张××

【案例解读】

根据《中华人民共和国劳动争议调解仲裁法》第二十七条之规定，劳动争议申请仲裁的时效期间为一年。仲裁时效期间从当事人知道或者应当知道其权利被侵害之日起计算。并且仲裁时效，因当事人一方向对方当事人主张权利，或者向有关部门请求权利救济，或者对方当事人同意履行义务而中断。从中断时起，仲裁时效期间重新计算。另外，如果是劳动关系存续期间因拖欠劳动报酬发生争议的，劳动者申请仲裁不受上述的仲裁时效期间的限制；但是，劳动关系终止的，应当自劳动关系终止之日起一年内提出。

对于超过诉讼时效的案件，法院会主动审查诉讼时效的问题。所以，即使对方当事人不以超过诉讼时效提出抗辩，法院也会主动审查，发现没有中断、中止和延长事由的，会以判决的形式驳回诉讼请求。以判决的形式驳回诉讼请求，也就表明了法院对实体问题进行了审查，法院不会对这个纠纷再次处理，也不可能申请强制执行。

最高人民法院《关于适用〈中华人民共和国民事诉讼法〉若干问题的意见》第153条规定："当事人超过诉讼时效期间起诉的，人民法院应予受理。受理后查明无中止、中断、延长事由的，判决驳回其诉讼请求。"

最高人民法院《关于审理民事案件适用诉讼时效制度若干问题的规定》第22条规定："诉讼时效期间届满，当事人一方向对方当事人作出同意履行义务的意思表示或者自愿履行义务后，又以诉讼时效期间届满为由进行抗辩的，人民法院不予支持。"

模块四　大学生就业权益法律保护

青春寄语

　　有两种东西，我对它们的思考越是深沉和持久，它们在我心灵中唤起的惊奇和敬畏就会日新月异，不断增长，这就是我头上的星空和心中的道德法令。

——康德

　　随着大学毕业生数量的增加和就业压力的不断增大，大学生的就业焦虑也越来越高，求职心情非常迫切。许多毕业生为了找到一份满意的工作，广搜信息，遍投简历，只要是符合自己意愿的招聘信息，就积极行动，绝不放过，但这也给不法分子创造了可乘之机。有的不法之徒利用大学生求职心切的心理，巧设名目，设置求职陷阱，给大学生再次求职蒙上难以抹去的阴影，造成恶劣的社会影响。据公安部门统计，这种案件在近两年内呈急剧上升趋势。面对这些问题，除了学校要加强安全防护措施外，大学生自身在求职过程中更要注意提高警惕，增强安全自我防范意识。为帮助涉世未深的大学生擦亮慧眼，避免上当受骗，比较有效的途径就是让大学生充分认识和了解求职过程中常见的侵权违法行为，并且学会用法律的武器保护自己的合法权益。

　　对大学生来说，一个完整的就业流程包含若干环节，具体是：择业阶段、签约阶段、就业报到阶段、履行劳动关系阶段。在每一个阶段，用人单位都有可能侵犯大学生的合法权益。大学生走出象牙塔式的校园，应该学会辨识用人单位的侵权行为，拿起法律的武器维护自己的合法权益。

第一节　择业阶段的权益维护

案例分析

【案例展示】

以"网络招工"为名诈骗应聘者

2013年春节刚过，小王赴上海打工，为了找到心仪的工作，小王在网上搜索攻略。一个偶然机会，一家知名网站上的中介招工启事吸引了他，根据启事描述，该中介公司正替某知名企业物色行政人员。抱着试一试的想法，小王将自己的简历在线投给了该中介公司。很快，小王收到了面试通知。两天后，小王来到了该公司指定的地点，他先在一楼进行了身份登记，随后有两位人事专员带他到三楼面试处，小王看到还有很多和他差不多年龄的人在一起等待面试。接待小王的是自称中介公司人事部的三位面试官。三位面试官询问了一些小王的个人基本情况、求职意向、兴趣爱好等问题后表示，小王各方面都很符合委托他们招工的企业的要求，这让小王对自己的将来也有了期许。随后他们告诉小王，公司将为员工置办统一的工作服、办理健康体检证等，但需要收取一定费用。小王为了得到工作，便去财务部交了钱，面试官让小王回去等进一步的消息，并表示将为小王安排去委托企业面试。之后，小王等到了第二次面试的消息，他又来到上次的面试地点，这次接待他的是另外三个自称是人事主管的人，他们表示小王的条件很不错，就是学历上有些欠缺，他们需要为小王疏通。小王为了得到工作，再次交了钱后又回去等消息。可是两个星期过去后，还是没等来面试的消息。此时小王意识到可能是遇到了骗子，于是立即报警。警方调查后，一举捣毁了这个套着中介公司外壳、干着骗人钱财勾当的犯罪团伙。

原来，这13名犯罪分子协商分工，由三人负责在各大网站发布招工消息，由一人在大堂登记应聘的被害人，由两人负责带被害人给面试人员并维持现场秩序，由三人进行第一轮面试，由另外三人进行第二轮面试，由一人专门负责收取费用，形成一个环环相扣的犯罪锁链，以各种名义骗取被害人的钱财。至案发时，共有 28 个与小王有着相同经历的被害人上当受骗，骗取钱财共计 24 710 元。

【案例点评】

上海市虹口区人民法院经审理认为，13 个被告人结伙骗取他人钱财，数额较大，应当以诈骗罪追究刑事责任，鉴于被告人到案后对自己的犯罪行为供认不讳，并在家属的帮助下退赔了部分涉案款弥补了被害人，可从轻处罚，遂作出拘役 5 个月到有期徒刑 8 个月不等的刑罚。

知 识 导 航

一、在大学生择业阶段，用人单位常见的侵权行为

1. 欺骗宣传

一些用人单位在招聘时夸大单位规模、发展前景、工资待遇等情况，或者隐瞒单位实情；有的用人单位千方百计了解毕业生的情况，却设法回避毕业生提出的了解单位的问题。这些都将导致毕业生与用人单位之间信息不对称，侵犯了毕业生的知情权。更有甚者，恶意欺骗宣传，宣称"高薪""高福利""高岗位"诱惑毕业生从事名不副实的工作，严重损害毕业生利益。广大毕业生应脚踏实地，不要投机取巧，不要相信天上能掉馅饼，增强抗拒诱惑的能力，避免落入不法分子的圈套。

2. 招聘歧视

平等就业是法律权利，但近些年出现了不少招聘中的歧视行为：包括性别歧视、身体歧视、户籍歧视。以上歧视行为侵犯了广大毕业生的平等就业权，需要理直气壮地予以谴责。

3. 违规收费

国家有关部门早就明文规定，用人单位不得以任何名义向应聘者收取报名费、押金、保证金等费用，对员工的培训费用应当从成本中支出。因此毕业生在求职时要区分用人单位哪些做法是合理的哪些做法是不合理的，对于各种名目的收费要坚决抵制。

4. 侵犯隐私

毕业生在求职时，会在相关领域如网络和求职材料上留下自己的信息资料，这

些信息属于个人隐私的一部分，未经本人同意不得公开、泄露、出售。因此，毕业生求职时不要随便将个人资料留给不可靠的单位和个人，投放网络时要选择安全防范能力强和可靠性高的网站，同时注意保密设置内容的选项。在面试时，一些用人单位的提问会涉及个人隐私，如果与工作无关或者出于恶意，毕业生有权拒绝回答；如果是出于安排合适岗位的考虑或者考察应变能力，毕业生可以视情况回答。用人单位因此获得毕业生的个人隐私后，负有保密的义务，否则构成侵权。

5. 侵犯知识产权

个别用人单位通过招聘时要求毕业生提供作品或者完成某项设计工作等方式，取得并盗用毕业生的智力成果。所以广大毕业生尤其是设计类、计算机类的毕业生应该提高警惕，增强保护知识产权的意识，采取适当措施降低用人单位使用作品的可能性。

6. 虚假试用

一些不法企业利用试用期廉价使用毕业生。规定试用期是正常的招聘行为，但有些企业在试用毕业生时劳动强度高、工资报酬低，在试用期结束后又以种种理由辞去毕业生，更有甚者，还向毕业生收取所谓培训费。所以广大毕业生在求职时一定要就试用期问题在合同中明确约定；在试用期间要注意保留有关工资、工作时间、工作能力的证据，以备必要时维护自己的权利。

7. 非法中介

一些不法分子冒充合法机构，通过广告宣传，虚构招聘岗位，收取中介费后便人间蒸发。更有些私人机构互相勾结，串通欺骗求职者，举办所谓招聘会，接收大量简历，并不招一兵一卒，意在骗取求职者的钱财。奉劝广大毕业生不要轻信那些无相应资质的中介机构和场所，求职应去政府举办或者政府审查许可的有信誉的人才市场和人才服务机构。

二、大学生如何在择业阶段依法维权

针对上述侵权行为，大学生可以根据《劳动法》《劳动合同法》等法律法规的规定，依法维护自己的合法权益。比如，上述第三种侵权行为——用人单位违规收费。某些用人单位利用大学生求职心切和经验不足，在交保证金后没等大学生上班,就告知其招聘职位已满,钱也不再退还。更加隐蔽的收费还包括服装费、档案管理费、培训费等等实际应该由用人单位承担的成本。而求职者很少有能通过后期的培训考核的,即使通过了,用人单位也会用各种苛刻的工作环境和要求迫使求职者知难而退。用人单位违规收费违反了《劳动合同法》的相关规定。根据《劳动合同法》的规定,用人单位招用劳动者,不得扣押劳动者的居民身份证和其他证件,不得要求劳动者提供担保或者以其他名义向劳动者收取财物。用人单位违反本法规定,以担保或者其他名义向劳动者收取财物的,由劳动行政部门责令限期退还劳动者本人,并以每人500元以上2 000元以下的标准处以罚款;给劳动者造成损害的,应当承担赔偿责任。

大学生在择业阶段可能会经常遇见这种违法行为。大学毕业生小刘在郑州北环一家电器贸易公司面试通过后,被要求交360元服装费,然后才能签合同、培训,再开始工作。缴费后,她同该公司签了劳动合同,上面还特别注明:如因个人原因辞职或自动离职,服装费不予退还,由自己承担。上班后,小刘因一直未被安排工作就提出辞职并要求公司退还服装费,被对方以签有协议为由拒绝。该用人单位向涉世不深的大学生收取所谓的服装费、资料费、手续费、培训费等费用后,却迟迟未安排工作,迫使求职者自动辞职,实际上是违反《劳动合同法》的侵权行为。当大学生参加招聘会时,用人单位提出收取服装费、押金,或以其他方式变相收费的,都是非法的,很可能是个骗局,求职者可向劳动监察部门举报。另外,遭遇诈骗后要及时报案,否则不仅本人的损失难以挽回,还会让更多人上当。

第二节　签约阶段的权益维护

案例分析

【案例展示】

盲目签约,不合理条款上当

王某,大学毕业生,由于急于找到工作,没来得及仔细推敲合同里的条款,结果不但失去了这份工作还付了一笔违约金。据其称，他与公司签合同时还未毕业，但公司要求其进入实习期。在 4 个月的实习期里他卖力地工作，却只能得到 300 多元钱的"实习工资"。实习结束后，他以为工作已经敲定，打算回学校修完剩下的一些课程，9 月再回到公司正式上班。但当他向公司请假时，公司却以合同中"工作前两年不得连续请假一周以上"的条款为由，认定王某违约，索要违约金。王某只好交了 2 000 元的违约金。

【案例点评】

在大学生择业的过程中，像王某这种情况比较普遍，由于就业形势比较严峻，大学生在求职过程中往往处于弱势地位，很多用人单位都提出了一些明显的不合理条款，如违约金、服务期等。对于毕业生来讲，虽然知道这些附加条款是显失公平的，但也不敢明确表示异议。现实生活中，在职场上把"试用期"当成"剥削期"已经成为一些无良老板逃避法定义务的惯用伎俩。

知 识 导 航

一、在大学生签约阶段，用人单位常见的侵权行为

1. 就业协议替代劳动合同

就业协议是由学校参与见证的，是教育部门制订就业计划、进行毕业生派遣、毕业生将来与用人单位签订劳动合同的依据，所以又叫三方协议。就业协议中就服务期、违约金等涉及劳动关系存续期间权利义务内容的约定，应在日后订立的劳动合同中予以认可。一旦毕业生离校后，学校将脱离三方关系，毕业生和用人单位双方应确立劳动关系，签订劳动合同，就业协议则同时终止。

2. 试用期过长

试用期是用人单位和劳动者为相互考察、了解对方当事人而约定的期限。《劳动法》规定了试用期的原则，即试用期不能超过六个月。《上海市劳动合同条例》中规定劳动合同期限不满六个月的，不得设试用期；满六个月不满一年的，试用期不得超过一个月；满一年不满三年的，试用期不得超过三个月；满三年的，试用期不得超过六个月。另外，劳动合同当事人仅约定试用期的，试用期不成立，该期限

即为劳动合同期限。单位如果不同意，可以通过申请仲裁或投诉维护自己的合法权益。

3. 合同必备条款缺失

劳动合同分为有固定期限劳动合同、无固定期限劳动合同和以完成一定的工作为期限的劳动合同，其中至少应具备以下 7 种条款：合同期限、工作内容、劳动条件和劳动保护、劳动报酬、劳动纪律、合同终止条件、违反劳动合同的责任。在岗位约定方面毕业生应注意避免有"用人单位可以根据需要随时变更劳动合同"的条款。

4. 违反协议或合同的违约金

按照相关规定，劳动合同或协议中可以规定违约金的数额，但其是有上限的。现在规定的上限是 12 个月的工资总和。还要注意的是，劳动合同中只规定单方违约是不公平的，企业违约同样要负责任。

5. 合同文本中有违法条款

如果出现违法条款，虽该条款无效，但是容易导致与企业间的纠纷。

另外，有些企业怕学生签订协议后反悔，收取抵押金或扣留学生有效证件的行为属于不合法行为。企业签订合同的形式应该规范，即企业法定代表人签字，还要加盖企业公章，缺一不可。

二、大学生在签约阶段如何依法维权

针对上述侵权行为，大学生同样可以根据《劳动法》《劳动合同法》等法律法规的规定，依法维护自己的合法权益。比如，上述第一种侵权情形——就业协议不能替代劳动合同。《劳动合同法》明确规定，用人单位自用工之日起即与劳动者建立劳动关系。建立劳动关系，应当订立书面劳动合同。已建立劳动关系，未同时订立书面劳动合同的，应当自用工之日起一个月内订立书面劳动合同。用人单位自用工之日起超过一个月不满一年未与劳动者订立书面劳动合同的，应当向劳动者每月支付二倍的工资。

就业协议是明确毕业生、用人单位和学校在毕业生就业工作中权利和义务的书面表现形式。就业协议一般由教育部或各省、市、自治区就业主管部门统一制表。

劳动合同是劳动者与用人单位之间确立劳动关系、明确双方权利和义务的协议。

就业协议与劳动合同是用人单位录用毕业生时所订立的书面协议，但两者分处两个相互联系的不同阶段，表现在：

1. 毕业生就业协议是毕业生在校时，由学校参与见证的，与用人单位协商签订的，是编制毕业生就业计划和毕业生派遣的依据，劳动合同是毕业生与用人单位明确劳动关系中权利义务关系的协议，学校不是劳动合同的主体，也不是劳动合同的见证方，劳动合同是上岗毕业生从事何种岗位、享受何种待遇等权利和义务的依据。

2. 毕业生就业协议的内容主要是毕业生如实介绍自身情况，并表示愿意到用人单位就业、用人单位表示愿意接收毕业生，学校同意推荐毕业生并列入就业计划进行派遣。劳动合同的内容涉及劳动报酬、劳动保护、工作内容、劳动纪律等方方面面，更为具体，劳动权利义务更为明确。

3. 一般来说就业协议签订在前，劳动合同订立在后，如果毕业生与用人单位就工资待遇、住房等有事先约定，亦可在就业协议备注条款中予以注明，日后订立劳动合同对此内容应予认可。

4. 就业协议是毕业生和用人单位关于将来就业意向的初步约定，对于双方的基本条件以及即将签订劳动合同的部分基本内容大体认可，并经用人单位的上级主管部门和高校就业部门同意和见证，一经毕业生、用人单位、高校、用人单位主管部门签字盖章，即具有一定的法律效应，是编制毕业生就业计划和将来可能发生违约情况时的判断依据。

大学生如果在就业过程中遭遇用人单位拒不签订劳动合同，应该学会善于运用法律武器维护自己的合法权益。应届毕业生王某与某私企达成工作意向，双方签订了《高校毕业生就业协议书》。1个月后，王某毕业，并顺利进入用人单位开始工作。但该企业始终不愿意与王某签订《劳动合同》，得到的答复是：双方在《高校毕业生就业协议书》中并没有明确要求何时签订劳动合同，更何况关于工资、劳动期限等条款在《高校毕业生就业协议书》中已有约定，双方没有必要为此再另行签订《劳动合同》。王某觉得双方确实没有约定什么时候签订劳动合同，而单位不签劳动合同似乎也有道理，就不再向单位提起此事。不料王某被裁员，公司一分赔偿金也未付给王某。王某后悔莫及。这一案例告诉我们,《高校毕业生就业协议书》与《劳动合同》不同,《高校毕业生就业协议书》作为一份简单的格式文本,很多诸如工作岗位、工作条件等劳动合同必备条款并不在《高校毕业生就业协议书》中直接体现。因此,单凭《高校毕业生就业协议书》对于学生正式报到就业后的劳动权利无法全面保障。正确的做法是,大学生拿起法律的武器,运用《劳动合同法》的有关规定,通过仲裁或诉讼等途径切实维护自己的合法权益。

第三节　就业报到阶段的权益维护

案例分析

【案例展示】

服务期内无故离职,员工被判支付违约金

2008 年 1 月 1 日,某计算机公司将其员工刘某送到美国进行专门培训 2 个月,并与刘某签订了一份培训协议。协议约定,培训期间的全部费用共计 16 000 元由公司承担,刘某接受培训后,必须再为公司工作 2 年,如因各种原因擅自离开公司,刘某必须缴纳违约金,违约金为学费、差旅费总和的两倍。刘某培训结束后,于 2008 年 3 月 2 日到该计算机公司上班,并重新与该计算机公司签订了为期 2 年的劳动合同。2008 年 11 月 6 日,刘某以回家另找工作为由向该公司出具一份辞职报告后即离开了工作岗位。该计算机公司要求刘某按协议支付违约金 32 000 元。

刘某不服,称其已经为公司服务了 8 个月,公司要求的违约金数额过高,要求法院相应减少。

法院经审理,依法判决刘某向该计算机公司支付违约金 10 666 元。

【案例点评】

本案的争议焦点在于刘某向该计算机公司支付违约金的数额该如何确定。

《劳动合同法》第二十二条规定:"用人单位为劳动者提供专项培训费用,对其进行专业技术培训的,可以与该劳动者订立协议,约定服务期。劳动者违反服务期

约定的，应当按照约定向用人单位支付违约金。违约金的数额不得超过用人单位提供的培训费用。用人单位要求劳动者支付的违约金不得超过服务期尚未履行部分所应分摊的培训费用。"《劳动合同法实施条例》进一步明确，前述培训费用包括用人单位为了对劳动者进行专业技术培训而支付的有凭证的培训费用、培训期间的差旅费用以及因培训产生的用于该劳动者的其他直接费用。

本案中，该计算机公司与刘某签订培训协议约定服务期及违约金是合法有效的，双方应当按协议履行义务。刘某在公司工作仅8个月即辞职，违反了双方的协议约定，应当向公司支付违约金。但根据《劳动合同法》的规定，员工违反服务期应承担的违约金数额，不得超过用人单位提供的培训费用，若已经部分履行，应按服务期等分培训费用，以职工已履行的服务期限递减支付。本案中公司主张的违约金数额显然违反了该规定，法院对违约金数额做出调整是符合法律规定的。

知 识 导 航

一、在大学生就业报到阶段，用人单位常见的侵权行为

1. 规章制度要看清

收到单位的规章制度后，应该逐条看清楚，同时了解相关劳动法的常识，以免自己的权益因单位的违法规定而受损。这里还要提醒一点的是，只要劳动者提供了正常劳动，其工资收入就不得低于本市最低工资标准，如果规定明显违反劳动法律法规和政策规定，大学生本人可随时解除劳动合同并依法追究单位的责任。

2. 竞业限制全员化

对大学生来说，无论签不签保密协议，都有保守单位商业秘密的义务。但是，如果单位与根本不在涉密岗位工作的员工也约定竞业限制条款，大学生就要大胆提出，予以拒绝。

3. 服务期无条件设定

用人单位要求设立服务期时，大学生一定要小心，因为服务期往往要连带违约责任的赔偿。大学生可以婉转提出，如果单位表示会出资对其培训或给其特殊待遇，那就要求把这些条件同时写入合同中，这样，自己的合法权益就有了保障。

4. 一口价工资做手脚

进单位前，大学生就要了解该用人单位的情况，如果该单位一直在招人，且经常在试用期内退工，就要注意了。如果确定要进该单位，也要向单位提出，加班费应该单独计算，这是国家法律规定的。

5. 社保费能赖则赖

用人单位要为劳动者依法缴纳社会保险。大学生可以通过向劳动保障监察部门举报、投诉的方式，请行政部门督促用人单位为其补缴社会保险费。

6. 试用期花样百出

劳动合同期限不满六个月的，不得设立试用期；满六个月不满一年的，试用期不得超过一个月；满一年不满三年的，试用期不得超过三个月；满三年的，试用期不得超过六个月。

二、在就业报到阶段大学生如何依法维权

用人单位任意延长试用期，是大学生在就业报到阶段经常遭遇的侵权行为。对此，《劳动合同法》第十九条规定："劳动合同期限三个月以上不满一年的，试用期不得超过一个月；劳动合同期限一年以上不满三年的，试用期不得超过二个月；三年以上固定期限和无固定期限的劳动合同，试用期不得超过六个月。同一用人单位与同一劳动者只能约定一次试用期。"用人单位违反本法规定与劳动者约定试用期的，由劳动行政部门责令改正；违法约定的试用期已经履行的，由用人单位以劳动者试用期满月工资为标准，按已经履行的超过法定试用期的期间向劳动者支付赔偿金。大学生可以根据《劳动合同法》的规定，通过仲裁或诉讼维护自己的合法权益。

小邹进入一家网站工作，试用期已超过大半年，尽管平时做的工作与正式员工无异，但公司每月只发给他 1 400 多元工资。本以为转正后工资会有所提高，但小邹得知，他还要经过 3 个月试用期才能转正，而且转正后公司才为其办理社会保险。

从上述案例可以看出，小邹的试用期已超过最长期限 6 个月，如果单位没有提出任何不能转正的理由，就明显违反试用期相关规定，小邹可向劳动保障监察部门

举报投诉。另外，根据社保法以及相关管理规定，用人单位应当自用工之日起 30 日内，为其职工申请办理社会保险登记并申报缴纳社会保险费。

另外，有的用人单位在第一次试用期快要结束时，以时间太短、考察不全面，还需继续努力为理由，对原来的试用期进行延长。《劳动合同法》规定，同一用人单位与同一劳动者只能约定一次试用期。也就是说，用人单位不得以任何理由与劳动者重复约定试用期，也不得对原来约定的试用期进行延长。

还需要提醒的是，劳动者在试用期的工资不得低于本单位相同岗位最低档工资或者劳动合同约定工资的 80%，并不得低于用人单位所在地的最低工资标准。

第四节　劳动关系中的权益维护

案例分析

【案例展示】

考勤记录作证加班服务员拿回万元加班费

李先生没有签订合同，就到某餐厅做服务员。工作一段时间后，李先生认为自己节假日经常都在上班，但餐馆却没有支付加班工资。而后，李先生要求餐馆订立书面劳动合同、补缴社会保险，并支付近两年的节假日、超时工作的加班费总计 1.4 万元。但餐馆称自己一直采取轮休制，有安排员工节假日休假，也有节假日补薪，是李先生不服管理，旷工违规，故而解除劳动关系。

双方诉至法院。经查，李先生和餐馆虽未签订书面劳动合同，但双方已形成事实劳动关系。餐馆管理考勤记录和李先生签名的工资表，可证明其出勤加班情况和工资构成，但餐馆没有证据证明其支付了加班工资。因此，餐馆应向李先生支付解除劳动关系的赔偿金 2 600 元，并支付加班工资约 1 万元。

【案例点评】

现在很多小型企业不执行每日 8 小时工作制或每周工作不超 44 小时的规定，又不支付加班工资。劳动者维权时，如果有考勤记录的就向用人单位举证加班事实，没有的则要注意收集加班证据。加班工资则主要看工资单等证据，看用人单位是否能证明发放的工资中包括了加班工资。

知 识 导 航

一、在劳动关系中用人单位的侵权行为

在实际履行劳动关系的过程中，用人单位如果有侵犯劳动者合法权益的行为，劳动者应该学会依法维护自己的合法权益。根据《劳动法》的规定，劳动者的合法权益被用人单位侵犯的，可以到用人单位所在地的劳动行政主管部门投诉，根据用人单位的具体侵权行为，比如没有缴纳社会保险，劳动者要到相应的主管部门去投诉，也可以申请劳动仲裁维权。概括起来，《劳动法》规定的用人单位侵犯劳动者合法权益的行为主要有以下几种情形：

（1）克扣或者无故拖欠劳动者工资的。

（2）拒不支付劳动者延长工作时间工资报酬的。

（3）低于当地最低工资标准支付劳动者工资的。

（4）解除劳动合同后，未依照本法规定给予劳动者经济补偿的。

（5）未依法缴纳养老、医疗、工伤等社会保险。

（6）强令劳动者违章冒险作业。

（7）发生工伤或安全事故不及时向有关部门申报。发生工伤或安全事故后，一般情况是由用人单位申请，如用人单位未按规定申请，则工伤职工或其近亲属、工会组织可以申请，单位不及时申报，相关费用由单位承担。

二、在劳动关系中大学生如何依法维权

在实际履行劳动关系的过程中，如果用人单位规章制度不健全，安全生产事故就有可能发生，劳动者因此可能遭受人身或财产损失。一旦发生工伤事故，劳动者可以依据国务院颁布的《工伤保险条例》享受保险待遇，但是，劳动者享受工伤保险待遇，必须具备一个前提条件即用人单位必须为劳动者缴纳工伤保险费（社会保险费的一种）。但是，有些用人单位虽然与劳动者建立了劳动关系，却没有为劳动

者依法缴纳社会保险费，这就违反了《劳动法》的规定，也侵犯了劳动者的合法权益。《劳动法》规定，用人单位和劳动者必须依法参加社会保险，缴纳社会保险费。用人单位无故不缴纳社会保险费的，由劳动行政部门责令其限期缴纳；逾期不缴的，可以加收滞纳金。

用人单位依法必须为劳动者缴纳工伤保险费，应当参加工伤保险而未参加工伤保险的用人单位职工发生工伤的，由该用人单位按照《工伤保险条例》规定的工伤保险待遇项目和标准支付费用。

在现实生活中，不少用人单位从节约用工成本角度出发，不给劳动者缴纳工伤保险，导致职工无法享受工伤保险待遇，但这不影响职工的工伤保险权益，工伤职工产生的符合规定的费用由用人单位支付。实际上，工伤保险属于应由用人单位缴纳的社会保险，可能在一定程度上增加用人单位的用工成本，但同时也降低了用人单位的用工风险，进而减少因工伤赔偿责任给企业带来的经济损失，用人单位应按法律规定为劳动者缴纳工伤保险，若未缴纳，一旦劳动者构成工伤，用人单位需按法律规定向劳动者支付工伤保险待遇。弄懂了这些法律规定和道理，劳动者一旦发生工伤，就可以依法维护自己的合法权益。

第五节　劳动争议的解决途径

案 例 分 析

【案例展示一】

考核倒数就是不胜任工作吗

刘某在一家合资公司工作，任业务部经理，2016年8月份，公司以刘某不胜任业务部经理工作，影响公司业务的推动和开展为由，向刘某发出了解除劳动合同的通知。刘某不服，把公司告到了劳动争议仲裁委员会。在仲裁调查中，公司称是以四个理由来认定刘某不胜任工作并对其解除劳动合同的。首先，刘某任职以来的考核成绩不佳，在公司七个部门经理中，刘某在全年12个月中有8个月排名第五，全年总成绩也排名第五。根据公司《考核制度》，该考核结果应判定为"一般"，达不到"中等"水平；其次，刘某工作纪律较差，经常迟到，全年共迟到 50 多次，最高纪录 1 个月迟到 14 次；再次，其他几个部门的经理均认为刘某的团队合作性差；最后，刘某在业务拓展上无任何思路、举措。

【案例点评一】

该案例涉及的主要问题是对不胜任工作的员工解除劳动合同的程序和方式，以及如何确定员工是否胜任工作。《合同劳动法》第四十条第 2 款规定，劳动者不能胜任工作，经过培训或者调整工作岗位，仍不能胜任工作的，用人单位可以单方解除劳动合同。由此可见，以不胜任工作为由解除劳动合同的前提必须是劳动者存在不胜任第一工作岗位的情形，然后经过用人单位培训或调整岗位以后，又出现了第二工作岗位不胜任的情形，用人单位才可以以不胜任工作为由解除员工的劳动合同。并且，用人单位对员工的两次不胜任工作需要承担举证责任。在这样的一个前提下，解除劳动合同还需要履行提前 30 日通知的程序义务。

在本案中，公司以不胜任工作为由解除与刘某的劳动合同，至少存在三个漏洞：一是不存在两次不胜任工作的前提；二是没有履行提前 30 日通知的义务；三是未征求公司工会意见。因此，公司解除刘某劳动合同的做法是不合法的。

关于如何确定员工是否胜任工作，《劳动法》以及《劳动合同法》没有明确的规定，是留给企业的"自留地"，如何确定员工是否胜任工作由企业自己来确定，这是企业用工自主权的体现。但是法律没有做出规定，并不是说企业就可以随意以不胜任工作为由来解除劳动合同。首先企业要有对员工考核的标准，即在企业的内部规章制度里，要有对工作业绩进行考核的标准；其次，考核标准需要履行向员工告知的程序；再次，企业要有员工不胜任工作的证据，并且这些证据要与考核标准相对应。这就是法律赋予企业自主权时也对企业进行合理限制，以防止企业单方面滥用权利。

在该案例中，公司的四个不胜任工作的理由是不成立的。对于第一个理由，刘某在公司七个部门经理中，全年考核位列第五，依照公司规定是工作一般或中等的水平，所以这样一个考核结果恰恰说明了刘某是称职的。以此来证明刘某不胜任工作，是站不住脚的。对于第二个理由，如果刘某全年多次违纪的确存在，并且公司对违纪也有规定的话，则刘某构成了严重违纪。但违纪与不胜任工作是两个不同的解除劳动合同的理由，公司可以以严重违纪为由解除与刘某的劳动合同，但严重违纪不能证明不胜任工作。至于第三个和第四个理由，也证明不了刘某不胜任工作的情况。

【案例展示二】

劳动者依法享有带薪年休假

2017年9月1日，邢某入职某服务公司从事会计工作。2019年8月25日19时许，邢某申请14天调休假。次日6时许，公司驳回其请假申请，但邢某一直未上班。2019年9月16日，公司发出《解除劳动合同告知书》，以邢某连续旷工三天以上、未完成工作任务、擅自删除客户数据等事由，解除双方的劳动合同。后邢某申请劳动仲裁，请求裁令公司支付2018年、2019年未休年假工资。仲裁委终结审理后，邢某诉至法院。诉讼中，公司主张邢某在2019年3月已休息16天，年休假已休完。经查，2019年3月8日，某医院出具病假证明书，因邢某早期人工流产建议休息一个月。

法院认为，根据邢某的工作年限，其2018年法定年休假有5天，2019年的年休假根据邢某当年在职时间折算为3天。邢某在2019年3月系因流产休假，并非法定年休假，公司未提供证据证明邢某已休法定年休假，故法院判决公司支付邢某2018年及2019年未休年休假工资差额。

【案例点评二】

休假是职工的基本权利。国务院《职工带薪年休假条例》第五条第三款规定，单位确因工作需要不能安排职工休年休假的，经职工本人同意，可以不安排职工休年休假。对职工应休未休的年休假天数，单位应当按照该职工日工资收入的300%支付年休假工资报酬。实践中，年休假制度的贯彻落实不尽如人意。

本案判决从以下几个方面体现了司法公平公正的价值取向：其一，正确定性原告因流产的休假并非法定年休假。其二，认定用人单位对其主张原告已休法定年休假负有举证责任但举证失败。其三，细致核算未休法定年休假天数和平均工资以正确计算出未休年假工资报酬的差额。

本案的重要意义在于针对女职工邢某主张在职期间未休年假工资的诉求，赋予了劳动者最后的"报酬补偿底线保护"，平衡了劳动者的休假权益和用人单位的长远发展；亦警示用人单位不可规避支付未休年假工资，尊重劳动者意愿让本就为数不多的年休假落到实处，既能节省企业的经济支出，也能调动职工工作积极性。

知识导航

一、劳动争议解决的途径

劳动者与用人单位由于存在利益冲突，是很容易发生劳动争议的，劳动争议属于普通的争议，双方当事人需要依据法律的规定和双方当事人的意愿来处理。那么，劳动争议的解决途径有哪几种？劳动争议的解决途径包括：

第一，协商。劳动争议发生后，尤其是工伤待遇争议发生后，双方当事人应当首先进行协商，以达成解决方案。这是最为常见的，也往往是双方都容易接受的。事实上，矛盾不太尖锐的工伤待遇争议，常常都是以这个程序来解决的。对职工来讲，尤其要注意使用协商的方式解决纠纷，因为发生工伤的职工，往往还要在该用人单位工作，如果过分强调用诉讼的方式解决问题，可能会为今后的工作带来不便。当然，并不是说要对用人单位做不恰当的妥协，而是想要强调，协商是双方最易接受、效果也最好的方式。

第二，调解。就是企业调解委员会对本单位发生的劳动争议进行调解。从法律、法规的规定看，这并不是必经的程序。但它对于劳动争议的解决却起到很大作用，特别是对希望继续留在本单位工作的职工来说，能够通过调解来解决劳动争议，也不失为一种理想的选择。

第三，仲裁。劳动争议调解不成的，当事人可以向劳动争议仲裁委员会申请仲裁。当事人也可以不经调解直接向劳动争议仲裁委员会申请仲裁。根据规定，当事人从知道或应当知道其权利被侵害之日起 60 日内，以书面形式向仲裁委员会申请仲裁。仲裁委员会应当自收到申请书之日起 7 日内作出受理或不予受理的决定。仲裁庭处理劳动争议自组成仲裁庭之日起 60 日内结束。对于案情复杂需要延期的，经报仲裁委员会批准，可以适当延期，但延长的期限不得超过 30 日。需要强调的是，仲裁是劳动争议处理的必经程序。就是说，当事人未经仲裁程序不得直接向人民法院起诉，否则，人民法院不予受理。

第四，诉讼。当事人对仲裁裁决不服的，可以自收到仲裁裁决书之日起 15 日内向人民法院起诉。人民法院民事审判庭则依据《民事诉讼法》和《劳动法》等的规定，受理和审理劳动争议案件。审理期限为 6 个月，如果有特殊情况需要延长的，经院长批准可以延长。当事人如果对人民法院的一审判决不服，可以提起上诉，二审判决是终审判决，当事人必须执行。

二、与大学生就业有关的法律法规

1.《劳动法》

1994 年 7 月 5 日，第八届全国人民代表大会常务委员会第八次会议通过了《劳动法》，自 1995 年 1 月 1 日起施行。这是一部保护劳动者合法权益、调整劳动关系的法律。大学毕业生在求职择业过程中必须掌握该法律的有关内容，才能避免自己的权益遭到侵害。

《劳动法》规定：劳动者享有平等就业和选择职业的权利、取得劳动报酬的权利、休息休假的权利、获得劳动安全卫生保护的权利、接受职业技能培训的权利、享受社会保险和福利的权利、提请劳动争议处理的权利以及法律规定的其他劳动权利。《劳动法》还对劳动者工作时间以及延长工作时间等做了相应的规定。

2.《劳动合同法》

2007 年 6 月 29 日，第十届全国人民代表大会常务委员会第二十八次会议通过了《劳动合同法》，自 2008 年 1 月 1 日起施行。这是一部调整平等主体的劳动者与用人单位之间订立和履行劳动合同的法律。大学毕业生正式报到后与用人单位签订的劳动合同也应符合《劳动合同法》的有关规定，因此，在与用人单位签订劳动合同前，应对《劳动合同法》的相关规定进行了解，特别是订立阶段的有关注意事项，以更好地维护自身的合法权益。

《劳动合同法》规定了其调整对象和适用主体，从相关法条可以看出，劳动合同法调整通过劳动合同建立的劳动关系，即凡是通过合同而形成的劳动关系，由《劳动合同法》调整，其他的则不予调整。需要特别注意的是，国家机关、事业单位、社会团体只有与劳动者建立劳动关系的，才适用《劳动合同法》。其次，《劳动合同法》的适用主体是劳动者与用人单位。此处的用人单位的地域范围是境内，所以外国企业的驻华代表如果在中国境内开展业务，也要受到《劳动合同法》的调整。

《劳动合同法》还对订立劳动合同的原则、形式、期限、劳动合同的生效以及文本的保管、劳动合同应具备的条款及试用期的有关条款、劳动合同中违约金的约定等都做了详细的规定，对保护劳动者的切身权益有着十分重要的作用。

3.《普通高等学校毕业生就业工作暂行规定》

《普通高等学校毕业生就业工作暂行规定》是指导毕业生就业工作的最根本、最原则性的规定，主要内容有：毕业生就业工作程序；毕业生就业指导与毕业生鉴定；供需见面和双向选择活动；就业计划的制定；调配、派遣工作；接收工作及毕业生待遇；违反规定的处理等方面。它对全国高校、毕业生、用人单位具有普遍约束力，是目前最为系统的就业规范。

本模块实践教学活动

本模块的实践教学活动共编制了三个具体项目，在具体的教学过程中，可以根据教学需要和学校的实际教学条件，选择一项或者两项开展活动。

项目一　法律咨询服务活动：高校就业法律援助在行动

项目二　模拟法庭活动：违反"三方协议"的责任

项目三　判例解读：山东××停车场管理有限公司（以下简称××公司）与李×确认劳动关系纠纷

项目一　法律咨询服务活动：高校就业法律援助在行动

【实践活动目的】

增强大学生就业中的维权意识，帮助大学生解决就业过程中遇到的相关法律问题，为大学生就业提供法律保障。

【实践活动方案】

1.本次法律咨询服务活动与学校招聘活动同步进行，采取在学校招聘会现场设点咨询服务的方式为学生提供法律服务，届时将邀请2到3名基础部（马克思主义学院）具有律师资格的老师亲临现场为同学们提供法律指导，再由 5 到 8 名学生组成服务队协助专业老师进行法律咨询服务。

2. 校招聘会开始前一周时间左右，在两个食堂门口以及男女生宿舍前张贴宣传海报，同时广播站进行广播宣传。

3. 制作三份喷绘或手绘宣传海报，并准备三块展板用于张贴宣传海报，一份关于《劳动法》的相关法条，一份关于《劳动合同法》的相关法条，一份关于各种就业劳动方面的案例。

4. 活动时所需桌椅均由基础部（马克思主义学院）联系相关系部协助解决。

5. 编印《大学生签订劳动合同应注意事项》《求职讲策略，帮您避风险》等宣传材料帮助提高毕业生法律维权意识，在活动现场向有就业法律援助需求的同学发放。

6. 服务工作尽可能做到准确、快捷地为大学生解决相关问题。

7. 法律服务工作不能对学校招聘会活动的进行造成影响。

项目二　模拟法庭活动：违反"三方协议"的责任

【实践活动目的】

1. 通过这次模拟法庭庭审活动让大学生了解法庭审理案件的整个流程和细节，对大学生进行模拟审判训练，在具备理论素养的基础上培养大学毕业生的实务操作能力、表达能力、应变能力和团结协作能力，提高专业素养和综合素养。

2. 本次模拟法庭活动精选了与大学毕业生息息相关的择业就业案例，为大学生将来完成学业、走向社会提供必要的知识和技能准备。一旦在社会生活中遇到困难和问题，那么大学生可以从容面对，避免在择业就业过程中走弯路、犯错误，影响自己人生事业的成长。

【实践活动方案】

本次模拟法庭活动按照筹划准备阶段、正式演出阶段、活动总结阶段三个阶段进行：

1. 筹划准备阶段。本次活动面向当年即将毕业的全体学生，全体学生自愿报名，公开选拔，最终确定参加模拟法庭活动的人员。然后，确定开庭审理案例，确定参加庭审人员及角色分配。

2. 正式演出阶段。正式演出将面向当年即将毕业的全体学生，其他年级的学生也可以自愿参加观摩。庭审程序按照以下顺序依次进行：庭前准备阶段、法庭调查阶段、法庭辩论阶段、法庭判决阶段。

3. 活动总结阶段。本次活动结束之后，我们将进行全面总结，找出优点与不足，在今后的系列活动中，注意扬长避短，使模拟法庭特色活动更进一步。将所有材料整理归档，以便以后查阅。

附件：模拟法庭活动拟采用的案例——违反"三方协议"的责任

违反"三方协议"的责任

【案例展示】

小王是北京某高校毕业生，2005年11月开始找工作。小王一直想在北京做一名公务员，但由于国家公务员的录取要在次年的5月才有结果，而北京市公务员的录取一般也要到次年的4、5月份才能有结果，为了"保底"，小王于去年12月与一家公司签订了《高校毕业生就业协议书》（俗称"三方协议"）。今年5月，小王被某国家机关通知录取，于是小王决定与原先签订了三方协议的公司解除协议，该公司要求小王按照双方的约定缴纳3 000元的违约金，小王找到就业指导办公室的老师咨询自己是不是必须得交3 000元的违约金。

【案例点评】

上述案例是因为一方当事人违反《高校毕业生就业协议书》而引起的对违约后果的疑问。《高校毕业生就业协议书》是由教育部或各省、自治区、直辖市就业主管部门统一印制，由毕业生、用人单位和学校三方签署，明确三方在毕业生就业中的权利义务的书面协议，一般称"三方协议"，该协议是根据原国家教育委员会1997年颁布的《普通高等学校毕业生就业工作暂行规定》的要求制作和签署的。《普通高等学校毕业生就业工作暂行规定》第二十四条规定："经供需见面和双向选择后，毕业生、用人单位和高等学校应当签订毕业生就业协议书，作为制定就业计划和派遣的依据。未经学校同意，毕业生擅自签订的协议无效。"

　　三方协议的签订程序是这样的，大学生和用人单位就该学生毕业后去该单位工作的有关事项达成一致之后，首先是大学生领取就业协议书并如实填写基本情况和应聘意见并签名；然后由用人单位签订意见；最后由学校就业指导中心或者就业主管部门签订意见。

　　三方协议是我国毕业生就业制度改革的产物。在20世纪90年代之前，我国的大学毕业生都是由国家统一分配的，因为是国家统一计划分配就没有必要签订由毕业生、用人单位、学校三方参与的就业协议，那个时期在大学生就业过程中起着至关重要作用的是派遣证。而随着我国大学毕业生就业制度的改革，大学毕业生的就业制度由原来的国家统一计划分配逐渐向市场化方向转变。政府和学校的毕业生就业指导部门鼓励和引导大学毕业生自主就业，在自愿、平等的原则下与用人单位就毕业后的工作问题达成一致。在毕业生就业工作从计划走向市场的过程中，在毕业生就业完全市场化还没有实现的情况下，政府和学校需要一个过渡性的手段来对大学生的就业过程进行监管，三方协议就是这种需要下的产物。

　　在三方协议里既包括了学校对学生的就业过程进行行政管理的内容，例如移转学生档案、发放派遣证等内容，也包括用人单位和学生平等自愿协商的内容，其中关于违约金的内容就是这种双方平等协商后约定的内容。违反这些内容的行为就是违约行为，应当承担违约责任。违约责任，也称违反合同的民事责任，是指合同当事人因违反合同义务所承担的责任。违约责任的产生以合同的有效存在为前提，合同一旦生效以后，将在当事人之间产生法律约束力，当事人应该按照合同的约定全面地、严格地履行合同义务，任何一方当事人因违反有效合同所规定的义务均应承担违约责任，所以违约责任是违反有效合同所规定义务的后果。我国《民法典》第五百七十七条规定："当事人一方不履行合同义务或者履行合同义务不符合约定的，应当承担继续履行、采取补救措施或者赔偿损失等违约责任。"因此，上述案例中的小王应当按照三方协议中的约定承担违约责任，缴纳违约金。在教育部关于《全国普通高等学校毕业生就业协议书》管理办法规定中也规定：毕业生在协议书上签署个人意见之后，用人单位或学校两方之中只要有一方在协议书上签字，毕业生即不得单方面终止协议的签订工作。毕业生违约时，必须办理完毕与原签约单位的解约手续，然后将原协议书交还招生就业工作处，并换取新的协议书。

项目三　判例解读：山东××停车场管理有限公司（以下简称××公司）与李×确认劳动关系纠纷

【判决书原文】

××市××区人民法院

民 事 判 决 书

（2021）鲁×民初×号

原告：山东××停车场管理有限公司

法定代表人：××，经理

被告：李×

山东××停车场管理有限公司（以下简称××公司）与李×确认劳动关系纠纷一案，本院立案后，依法适用简易程序，公开开庭进行审理。原告委托诉讼代理人高××，被告李×及其委托诉讼代理人陈××到庭参加诉讼。本案现已审理终结。

××公司向本院提出诉讼请求：

1. 确认李×与××公司2017年4月至2020年12月不存在劳动关系；

2. 本案的诉讼费用由李×承担。

事实及理由：××县劳动人事争议仲裁委员会所做出的仲裁裁决与事实不符。李×未曾与××公司签订劳动合同，双方不存在任何劳动关系，××公司也未向其发放过工资。李×陈述签订过劳动合同，××公司不清楚李某是与谁签订的，同时从××公司提供的个人银行流水也可以看出，其流水都为个人之间的转账记录。李×提供的证据不能证明李×与××公司存在劳动关系。为维护××公司的合法权益，特诉至法院，望依法裁判。

李×辩称：

1. ××公司和我方均符合法律规定的确立劳动关系的主体资格，我方自2017年4月至2020年12月一直在××公司处工作，一直受××公司管理考勤，××公司考勤工作制度需要李×遵守，××公司在××公司微信工作群里安排李×完成指定的工作，并担任财务记账工作，并负责将××公司在××县每天收入的停车费存入银行等财务工作。

2. ××公司自2017年4月至2020年12月通过银行每月给李×发放工资，××公司在微信工作群里安排李×从事的工作是××公司经营范围业务的组成部分。根据劳动和社会保障部《关于确立劳动关系有关事项的通知》第一项规定的确立劳动关系的三个条件，李×与××公司间完全符合存在劳动关系的各项条件。根据《劳动合同法》第七条关于"用人单位自用工之日起即与劳动者建立劳动关系"的规定，自李×到××公司处工作的用工之日起双方即建立起了劳动关系。因李×与××公司之间自2017年4月至2020年12月存在劳动关系，××县仲裁委也依法确认李×与××公司自2017年4月至2020年12月存在劳动关系，因此，××公司的诉讼请求不能成立，请法院依法驳回××公司的诉讼请求，依法确认李×与××公司自2017年4月至2020年12月存在劳动关系。

经审理查明：李×以××公司为被申请人向××县劳动人事争议仲裁委员会申请仲裁，请求：1. 确认李×与被申请人2017年4月至2020年12月存在劳动关系；2. 裁决××公司支付李×未签订劳动合同期间的二倍工资24 200元；3. 裁决××公司支付李×经济补偿金8 800元。2021年4月6日，该委受理。仲裁庭审笔录载明"……被申请人并未辞退申请人，申请人要求解除劳动合同的经济补偿没有法律依据，是申请人在请假之后并未回公司工作。被申请人多次要求申请人回公司工作申请人无故拒不回公司工作。……仲：请问被申请人，你方与申请人签订过劳动合同吗？被：签订过。仲：签订过几次？被：需核查。仲：请问被申请人，被申请人怎么给申请人发工资？被：发放现金。仲：需要签字吗？被：需要。……仲：被申请人认可申请人所述申请人为2017年4月入职吗？被：需核查。仲：申请人离职时间为2020年12月4日，被申请人对离职时间认可吗？被：不认可，申请人没有离职……"

该委于2021年5月11日作出×劳人仲案字〔20××〕第×号仲裁裁决书，裁决：1. 确认李×与××公司2017年4月至2020年12月存在劳动关系；2. 驳回李×其他仲裁请求。××公司不服该仲裁裁决，于法定期限内诉至本院。

××公司认可仲裁庭审中其陈述的内容。

本院认为，根据劳社部发〔2005〕12号《关于确立劳动关系有关事项的通知》第一条规定，"用人单位招用劳动者未订立书面劳动合同，但同时具备下列情形的，劳动关系成立。（一）用人单位和劳动者符合法律、法规规定的主体资格；（二）用人单位依法制定的各项劳动规章制度适用于劳动者，劳动者受用人单位的劳动管理，从事用人单位安排的有报酬的劳动；（三）劳动者提供的劳动是用人单位业务的组成部分。"本案仲裁阶段××公司认可李×系其公司员工，双方签订了劳动合同，工资以现金形式发放，且××公司主张至劳动仲裁前双方劳动关系仍未解除。现××公司又以未与李×签订劳动合同、未向李×发放工资为由提起诉讼主张双方不存在劳动关系，其前后主张自相矛盾，××公司未提供证据推翻仲裁阶段的主张，亦未进行合理解释，故××公司主张其与李×不存在劳动关系，缺乏事实及法律依据，本院不予支持。《中华人民共和国劳动争议调解仲裁法》第六条规定，"发生劳动争议，当事人对自己提出的主张，有责任提供证据。与争议事项有关的证据属于用人单位掌握管理的，用人单位应当提供；用人单位不提供的，应当承担不利后果。"第三十九条第二款规定，"劳动者无法提供由用人单位掌握管理的与仲裁请求有关的证据，仲裁庭可以要求用人单位在指定期限内提供。用人单位在指定期限内不提供的，应当承担不利后果。"据此，对于双方劳动关系的起始时间，李×主张其自 2017 年 4 月入职，××公司虽对此不予认可，但经本院依法告知，××公司未能在指定期限内提供公司员工名册、员工工资发放记录以及员工考勤记录等，应当承担举证不能的不利后果，本院对李×主张其 2017 年 4 月入职××公司予以支持。用人单位应当在解除或者终止劳动合同时出具解除或者终止劳动合同的证明，××公司述称至劳动仲裁前双方劳动关系未解除，2021 年 4 月 6 日××县劳动人事争议仲裁委员会受理了李×的仲裁申请，双方劳动关系至迟应自 2021 年 4 月 6 日解除，李×主张双方劳动关系存至 2020 年 12 月系对自身权利的处分，不违反法律规定，本院对此予以支持，故本院认定××公司与李×自 2017 年 4 月至 2020 年 12 月存在劳动关系。

对于××县劳动人事争议仲裁委员会驳回的李×要求××公司支付未订立劳动合同二倍工资 24 200 元的仲裁请求，因李×、××公司均未起诉，本院对仲裁结果予以确认。

对于××县劳动人事争议仲裁委员会驳回的李×要求××公司支付经济补偿金 8 800 元的仲裁请求，因李×、××公司均未起诉，本院对仲裁结果予以确认。

综上，依照《中华人民共和国劳动合同法》第五十条，《中华人民共和国劳动争议调解仲裁法》第六条、第三十九条第二款，《关于确立劳动关系有关事项的通知》（劳社部发〔2005〕12号）第一条，《中华人民共和国民事诉讼法》第六十四条之规定，判决如下：

原告山东××停车场管理有限公司与被告李×自2017年4月至2020年12月存在劳动关系。

驳回被告李×要求原告山东××停车场管理有限公司支付未签订劳动合同期间的二倍工资24 200元的仲裁请求。

驳回被告李×要求原告山东××停车场管理有限公司支付经济补偿金8 800元的仲裁请求。

案件受理费10元，减半收取计5元，由原告山东××停车场管理有限公司负担。

如不服本判决，可以在判决书送达之日起十五日内，向本院递交上诉状，并按照对方当事人或者代表人的人数提出副本，同时预缴上诉费，上诉于山东省××市中级人民法院。

审判员　李　某

书记员　田某某

二〇二一年十二月二十四日

【案例解读】

1. 本判例属于因用人单位与劳动者没有签订劳动合同引发的劳动纠纷。用人单位山东××停车场管理有限公司以没有与劳动者李×签订劳动合同为由，否认与劳动者李×存在劳动关系。但是，李×提供证据证明用人单位山东××停车场管理有限公司通过微信群给李×分派工作，并且通过银行向李×发放工资。而且，经法院依法告知，用人单位山东××停车场管理有限公司未能在指定期限内提供公司员工名册、员工工资发放记录以及员工考勤记录等，应当承担举证不能的不利后果。最终法院依法判决用人单位山东××停车场管理有限公司与劳动者李×存在劳动关系，依法维护了劳动者李×的合法权益。

2. 本判例涉及仲裁和诉讼两种劳动争议解决的途径。根据《劳动法》的规定，劳动争议发生后，当事人可以向本单位劳动争议调解委员会申请调解；调解不成，当事人一方要求仲裁的，可以向劳动争议仲裁委员会申请仲裁。当事人一方也可以直接向劳动争议仲裁委员会申请仲裁。对仲裁裁决不服的，可以向人民法院提起诉讼。也就是说，劳动争议的解决实行仲裁前置，劳动争议的处理必须先申请仲裁，对仲裁裁决不服时，可以向人民法院提起诉讼，但是当事人不可以直接向人民法院起诉。

模块五　大学生就业经历汇编

青春寄语

成功并不能用一个人达到什么地位来衡量，而是依据他在迈向成功的过程中，到底克服了多少困难和障碍。

——布克·华盛顿

作为推动国家经济社会发展的特殊群体和重要力量，大学生具有不同于其他社会群体的特点。从规模数量看，目前，在全国3 000多所高校中，在校大学生包括本、专科生和研究生多达3 000多万人，大学生群体人多量大。从年龄结构看，"00后"已成为大学生的主体部分，他们正经历经济社会的飞速发展、科技革命的快速推进及思想观念的加速变迁，是伴随改革开放成长起来的青年群体。从文化层次看，他们正接受高等教育，掌握了一定程度的科学文化知识，是国家培养的高级专业人才，是社会新技术的前沿群体。从思想观念看，他们正处于心理发展的过渡期和世界观、人生观、价值观形成的关键期，呈现出"高、快、强、大、新"（即开放包容程度高、思想活跃变化快、自我意识强、掌握信息量大、勇于探索创新）的特质。

2022年，我国高校毕业生数量首次突破1 000万人，"千禧青年"步入社会，为中国青年发展注入了新活力，但应届高校毕业生就业问题也逐渐凸显。青年大学生是中国青年人才的重要组成部分，是国家宝贵的人才资源，如何让更多的高校毕业生找到满意的工作，学有所用，是目前全社会共同努力的目标。

第一节　大学生成功求职记录

案例分析

【案例展示一】

跨专业也能成功求职

毕业于北京某大学的王小明（化名）同学所学的是工商管理专业，在一场大型招聘会上，他相中了一家国内著名的汽车代理公司提供的职位——营销员，但公司要求应聘者是市场营销专业毕业，王小明还是决定试一试。他询问招聘人员公司为何只招聘市场营销专业的学生，招聘人员告诉他，公司要扩大业务，所以需要有市场开拓能力的学生。听完介绍后，王小明随即表示自己具备市场开拓能力，并列举了自己在大四期间在某药厂实习时，参与开拓市场并取得不俗成绩的经历。听了王小明的自我介绍和具有专业水准的表述，招聘人员对他的"专业素养"很满意。三天后，王小明接到了面试通知并顺利通过面试。

【案例点评一】

在应聘过程中，很多应届毕业生一看到和自己专业不对口的工作，往往扭头就走。但在观念开放、人才流动频繁的现代社会，跨行求职已不是什么新鲜事，就业的压力迫使越来越多的大学生选择了跨专业求职，从事与自己所学专业不相关的工作。如果你非常喜欢并自认为适合这份工作，就应该勇敢地去应聘。专业不对口的王小明在面试的时候就采取了"先入为主"的策略：不先亮出自己的简历，以避免考官先发制人说"抱歉"，而是在与考官对话的过程中，充分展示了自己市场营销方面的才能，让考官相信自己具备胜任这个工作岗位的能力。

【案例展示二】

业余爱好是成功关键

某大学经济管理学院毕业生李明（化名）非常喜欢乒乓球运动，是大学校队的主力队员，曾多次代表学校参加比赛，获得多项殊荣。令李明没想到的是，体育方面的爱好和优势竟成为其求职优势，乒乓球成为他求职成功的关键。在一次招聘会上，李明看到某高校后勤集团"经理助理"一职，便投递了一份简历。公司经过面试，很快与他签订了就业意向。原来该高校各系部间每年都要举行一次乒乓球比赛，成绩作为各部门年终考核的一部分，而后勤集团多年来总是无缘进入决赛。于是公司领导让人事处在当年的招聘活动中优先考虑有打乒乓球特长者。因此，在诸多求职者中李明脱颖而出，受到公司的青睐。

【案例点评二】

用人单位有时不一定需要特别全面的人才，但急需合适的人才。在众多求职者中，李明不是最优秀的，但却是单位最需要的。大学生在求学期间要培养自己的业余特长，说不定这种业余特长恰能成为你日后求职成功的关键。

【案例展示三】

不同的工作给我不同的经验

刚毕业的张跃进（化名）在大学期间做过各种各样的工作，用他自己的话说就是，"大学生做的兼职，我几乎没有啥没做过的"。专科三年，本科两年，在五年时间里，张跃进摆过地摊、卖过电脑，但就读于播音主持专业的他做得更多的兼职工作是与自己特长和专业相关的商演、婚庆主持、培训老师等等。

直到现在，张跃进仍对自己最开始做兼职的事记忆犹新。"第一份兼职是师兄介绍的，当时，他因为有别的事情，让我替他做婚礼的主持。"五年前，张跃进上大一，第一份兼职让这位初出茅庐的"主持人"紧张万分，"现在还记得当时的心情，虽然早就在下面把台词背得特别熟了，上台之后，还是很胆怯，很生涩。"像这样，做过几次主持的工作之后，张跃进有了一定的经验，他的表现也得到了他人的认可，"从那以后，我没少做这样的兼职——商演、婚庆等，后来还在培训学校讲课，我对这类的工作也越来越喜欢。"

张跃进做的工作也不局限于自己的专业。专科毕业后的暑假，两个月的时间里，张跃进在数码城从事电脑维修和销售，"这份兼职让我学到了不少技能，现在谁的电脑出了问题，我基本上都能独立维修了，不仅让自己的生活多了很多便利，也能帮助身边的同学和朋友。"一年多来，张跃进已经踏踏实实地积累了不少经验，他现在所做的艺考培训和自己所学专业对口，也是自己的兴趣所在，虽然要经常出差，但并不会觉得累。

【案例点评三】

万事开头难，克服了自己内心的胆怯，利用大学的空闲时间，积累一些社会经验，在求职的过程中就会占有很大优势。每一分付出都有回报，不同的工作让我们接触到不同的人，不同的人会教给我们不同的人生阅历和经验。因此，正如张跃进几年的兼职生活，在大学里，只要不虚度光阴，不论做些什么，都是对自己的成长有益处的。

三个案例中的大学生虽有着不同的求职经历，但都充分发挥了作为青年学生的想象力、创造力和行动力，是创新创业的有生力量。

第二节　大学生防范风险记录

每年夏季，各高校应届毕业生正式走向社会，开启求职之路。然而，严峻的就业形势下，针对大学生就业的招聘欺诈逐渐增多，骗术手法的"日新月异"，令人防不胜防。由于长期生活在校园环境下，涉世不深，应届毕业生心地单纯且求职心切，一些不法机构便利用这些弱点和心理，设计陷阱，等大学生来跳。

案 例 分 析

【案例展示一】

利用招聘，诱骗大学生踏入非法"传销"陷阱

张某、吴某、李某是在同一高校上大三的美术专业的同班同学。2004年2月的一天，认识张某的周某从广州打来电话，说他现在是广州一家广告公司的业务副经理，近来因业务发展，急需招聘美术、广告设计方面的专业人才，希望张某和他的同学能利用寒假机会，来广州实习打工，月工资2 000多元。如果觉得可以，毕业后可去该公司工作。张某便与同学吴某、李某三人一起到了广州。第二天，周某拿来合同书让他们每人填写了一份，并说："你们现在已与公司签订了合同，明天就正式上班，但每人要交押金3 000元。如辞职离开公司，押金随时如数退还。"三人

一想，既有熟人，又有合同和承诺，便从准备交学费和生活费的钱里，拿出3 000元交了押金。当天下午，周某就带三人开始岗前"培训"。"培训"并不是讲广告设计等工作方面的事情，而是讲怎样赚钱，怎样暴富和赚钱要不择手段以及"发展下线、金字塔"理论等等。在这样几次的"培训""洗脑"中，主讲的这些人慢慢地就撕掉了遮羞布，"传销"的面目暴露无遗。经过几天"培训""洗脑"后，公司让他们"上班"，就是打电话、动员蒙骗他们认识的、想找工作的人来"工作"。他们三人就这样上了"贼船"。转眼到了开学，他们也没有回校上课。学校向家里打电话寻找时，家里才知道孩子还没去学校报到，吴某、李某的家长连忙从广州把二人追回送到学校。此时，他俩一分钱也没挣下，反而连押金也没有要回来，前后每人共被骗了4 000多元。而张某却铁了心，死心塌地走下去，最后被学校除名。

【案例点评一】

非法传销组织诱骗学生参与非法传销活动的途径主要有两种：一是通过已经参加非法传销的受骗者的同学、朋友向其灌输"金钱是多么重要""传销如何好""挣钱又快又多""要相信传销组织是不会骗人的"等等，把学生骗到外地。二是利用毕业生急于择业的心理，冒充用人单位与学生联系，骗得学生信任，将学生骗至外地。

非法传销组织诱骗学生的主要方法：将学生骗到外地后以高回报和"参与创业"为诱饵，采取洗脑、上课、谈心、感情交流等方式，骗取他们的高额传销培训费并诱使其参与非法传销，同时让已被"洗脑"的学生，诱骗更多的同学参加非法传销；对于不被其所诱的大学生就限制其人身自由，强迫学生给家人、同学打电话，称自己有病或联系工作寄钱到他们的账号。

大学生被非法传销组织所骗受困的原因主要有：一是大学生自身防范意识薄弱，轻信他人上当受骗；二是对同学、朋友的介绍过于信任，没想到熟人还会骗自己；三是就业压力过大，择业时放松了必要的警惕，轻信以用人单位身份出现的非法传销公司；四是个别学生存在不劳而获的思想，被非法传销组织宣传的高额回报引诱，甘愿从事非法传销活动。

【案例展示二】

收取保证金，诈骗大学毕业生

2004年5月中旬，马上要从甘肃省服装学校毕业的中专生韩小花（化名）开始为找工作忙活。为了找到一份合适的工作，韩小花连日奔波于各类人才市场。在找工作的过程中，一家名为"武汉市广彤贸易有限责任公司兰州分公司"的企业招聘启事进入了她的视野，经过初步了解，这家公司提供的岗位是商场里的营业员，两个月的实习期间，月工资600元加提成，转正后月工资800元加提成，如果营业情况好，每个月的收入可以达到2 000元左右。作为一名刚刚毕业的中专生，这样的待遇对她来说着实是很大的诱惑。但韩小花了解到，进这家公司，每人要收取200元的服装保证金，用于制作工作服，离开公司的时候，200元可以原封退还。韩小花想，现在社会上各种招工骗局比较多，都是要收各种保证金，会不会是骗局？但是又一想，广彤公司是在一家比较正规的人才市场发布的消息，应该不会有问题。为了慎重起见，韩小花决定等一等。接下来的几个星期里，韩小花发现，这家公司仍然一如既往地在人才市场上招聘工作人员，不仅如此，兰州市一家较有影响的地方报纸也发布了广彤公司的招聘启事。不愿放弃这样一个好机会的韩小花决定去试一试。5月下旬的一天，韩小花来到了位于兰州市城关区某大厦广彤公司的办公地点参加面试，同时前来应聘的人有100多名，有些还是重点大学的毕业生。据韩小花说，一些应聘者为了安全，还专门到工商部门看了广彤公司的营业执照，在没有发现问题的情况下，韩小花和许多应聘者对这个公司深信不疑。面试完以后，韩小花心甘情愿地交了200元服装保证金。6月5日，韩小花按照公司的约定来到广彤公司的办公地点参加培训，但却发现，广彤公司和主管人员早已经人去楼空。发现上当受骗，韩小花和被广彤公司"录用"的其他大学生向公安机关报了案。据了解，在广彤公司诈骗案中，有150多名像韩小花这样的求职者上当受骗，其中，大多数都是刚刚毕业的大学生。

【案例点评二】

国家有关部门早就明文规定，用人单位不得以任何名义向应聘者收取报名费、押金、保证金等费用，对员工的培训费用应当从成本中支出。可有些用人单位却对此置若罔闻，巧立名目向应聘者收费。毕业生们迫于对工作的需要往往只得就范。

可是不少企业在收取了费用后便为所欲为，或者怠于履行义务，或者向求职者得寸进尺提出更过分的要求。因此毕业生在求职时要区分用人单位哪些做法是合理的哪些做法是不合理的，对于各种名目的收费要坚决抵制。

【案例展示三】

利用求职者个人信息进行诈骗

近期以来，套取并利用求职者个人信息进行诈骗的案件屡见报端。毛先生日前在贵阳家中接到一个长途电话，称其在广州读大学的儿子在车祸中受伤，正在医院抢救，急需手术费5万元。毛先生闻讯立即拨打儿子手机却怎么也打不通，相信真的出事了。就在此时，一个自称是儿子学校领导的人又打来电话，证实确有其事，并留下一个账号。毛先生连忙筹集了5万元汇过去。几小时后，毛先生终于打通儿子电话，方知上当受骗。原来，毛先生儿子不久前在网上发了一则求职应聘信息，有人自称是某公司总经理，想招聘他做兼职。毛先生儿子便将贵阳家庭情况和电话号码告诉了对方。谁知道对方招聘是假，套取家庭信息诈骗是真。

无独有偶。贵州邹先生突然接到一个告知其子颅内出血入院抢救的电话。邹先生立即给远在北京工作的儿子联系，电话同样打不通。邹先生心急如焚，马上按对方要求筹集了10万元钱到邮局汇款。这一情况引起了邮局工作人员的警觉，问清缘由一看，发现对方提供的银行账号是重庆的，就明白了这是个骗局，才没有让骗子的阴谋得逞。原来，邹先生的儿子在事发当天接到多个电话，可就是没有声音。后来又有一个电话打来，自称是重庆市公安局，称他的手机号码正被一名犯罪嫌疑人盗用，为方便调查，请他关机半天。过一段时间，他觉得事情蹊跷，往家里打电话一问，方知上当受骗。

【案例点评三】

毕业生在求职时，会在相关领域如网络和求职材料上留下自己的信息资料，比如姓名、年龄、身高、学历、电话、身份证号等，这些信息属于个人隐私的一部分，未经本人同意不得公开、泄漏、出售。但可能因为各种原因，如工作人员的疏漏、网络软件的缺陷、不法分子的圈套等，这些信息被用来侵害当事人或谋求商业利益。因此，毕业生求职时不要随便将个人资料留给不可靠的单位和个人，在网络上投简历时要选择安全防范能力强和可靠性高的网站，同时注意保密设置内容的选项。在面试时，一些用人单位的提问会涉及个人隐私，如果与工作无关或者出于恶意，毕业生有权拒绝回答；如果是出于安排合适岗位的考虑或者考查应变能力，毕业生可以视情况回答。用人单位因此获得毕业生的个人隐私后，负有保密的义务，否则构成侵权。当应聘者发现个人信息被泄露时，要将案情及时通报给家人和亲友，告诫他们不要轻信，不要乱了方寸，可向单位、学校查实后再做出相应决定。

第三节　大学生法律维权记录

每逢毕业季，毕业生们便纷纷开始忙着找"饭碗"，毕业生精心地投递出一份又一份的简历，繁忙地参加一轮又一轮的招聘会、双选会。但是，目前各类招聘特别是网络招聘，鱼龙混杂，可以说是机会与陷阱并存。由于高校毕业生长期在校学习，社会经验不足，容易上当受骗，陷入纠纷。初涉职场，到底应如何维权？

案例分析

【案例展示一】

毕业的实习生，能否享受正式员工待遇

2009年5月，河南某大学与某市某企业签订了实习协议，双方约定：该大学向这家企业提供实习学生58名，该企业对实习学生进行实习教学，实习期限为2009年5月8日至11月7日。5月初郑某等3人被学校委派到该企业实习，从事技术员工作。7月1日，3位学生在学校正常领取了大学毕业证书。随后3人提出，他们已经属于毕业生，而不再是学校委派的实习生，企业应当给予他们正常的劳动者待遇，但此要求遭到企业拒绝。学校和企业都认为只有实习期满才能获得正式员工的待遇。9月24日，3位毕业生决定离开该企业，但该企业坚持不向3人发放9月份工资，双方为工资给付等问题产生了劳动争议。此后，3位毕业生向该市劳动争议仲裁委员会申请仲裁，该委员会认为此案不属于其受理范围，于10月23日发出不予受理通知书。10月26日，3人向该市人民法院提起诉讼。受理案件后，办案法官最终使双方达成调解协议。12月27日，郑某等3位毕业生拿到了应得的工资。

1995 年原劳动部颁发的《关于贯彻执行〈中华人民共和国劳动法〉若干问题的意见》第十二条规定："在校生利用业余时间勤工助学，不视为就业，未建立劳动关系，可以不签订劳动合同。"这一条文实际上明确否认了实习生的劳动者地位，因此在我国，实习生不享受正式劳动者地位、一般没有工资也就成了大家默认的一条"潜规则"。本案中，3 名大学生从 2009 年 5 月到 2009 年 6 月 30 日属于实习生，企业不按正式员工为其发放工资并不违法。但自 2009 年 7 月 1 日 3 名大学生拿到毕业证之日起，他们就属于毕业生，不再是学校委派的实习生，如果他们继续为该企业工作，那企业就必须给予他们正常的劳动者待遇。

【案例点评一】

《劳动合同法》第七条规定："用人单位自用工之日起即与劳动者建立劳动关系……"《劳动合同法》第十条规定："建立劳动关系，应当订立书面劳动合同。已建立劳动关系，未同时订立书面劳动合同的，应当自用工之日起一个月内订立书面劳动合同……"这一规定改变了以往以签订劳动合同作为建立劳动关系的标志，而以用工事实发生作为劳动关系的起始时间。因此，只要企业用工开始，即认为劳动者与企业已经确定了劳动关系，不管双方是否签订书面劳动合同，劳动者都应享受正式员工的待遇。

【案例展示二】

在校大学生签订的劳动合同是否有效

2006 年 2 月，某职业技术学院的毕业生小丽获悉一家公司欲招收一名办公室文员，就拿着该职业技术学院发给的《2006 届毕业生双向选择就业推荐表》前去报名应聘。此时，小丽的毕业论文及论文答辩尚未完成。经公司审核和面试，小丽被录用。一个星期后，公司通知小丽去上班。上班当天，公司就与小丽签订了《劳动合同协议书》，协议约定：小丽担任职务为办公室文员；合同期限为一年，其中试用期为三个月，试用期月薪为 500 元，试用期满后，按小丽技术水平、劳动态度、工作效益评定，根据评定的级别或职务确定月薪。上班两个月后，小丽发生了交通事故，之后未到公司上班。小丽在治疗和休息期间，经学校同意，以邮寄方式完成了论文及答辩，于 2006 年 7 月 1 日正式毕业。

2006 年 11 月，遭遇车祸的小丽向劳动争议仲裁委员会提出认定劳动工伤申请。

同时，公司也向劳动部门提出仲裁申请，要求确认公司与小丽签订的劳动合同无效。而小丽针对公司的仲裁申请提起反诉，请求确认合同约定试用期为三个月、试用期月薪 500 元等条款违法，要求月薪按社会平均工资标准执行。同时要求公司为自己办理社会保险，缴纳保险金。劳动争议仲裁委员会于 2007 年 4 月作出了仲裁裁决，认为小丽在签订劳动合同时仍属在校大学生，不符合就业条件，不具备建立劳动关系的主体资格，其与公司订立的《劳动合同协议书》无效，并驳回了小丽的反诉请求。

小丽对劳动争议仲裁委员会的裁决不服，遂向当地基层人民法院起诉，要求法院确认自己与公司签订的《劳动合同协议书》合法有效。小丽认为，自己已年满 16 周岁，就具有就业的权利能力和行为能力，学校已经向其发放了双向选择推荐表，就具有到社会上就业的资格，推荐表中已载明了自己的情况，包括尚未正式毕业的事实，公司录用时予以了审查，不存在隐瞒和欺诈，法律也没有禁止在校大学生就业的规定，因此自己具备劳动主体资格，签订的劳动合同应当有效。

公司辩称，小丽在签订劳动合同时仍为在校大学生，其应受学校的管理，不可能同时具有劳动者的身份，不可能成为企业成员，不具有劳动关系的主体资格，作为一个自然人不能同时拥有职工和学生两种身份，所以双方签订的劳动合同是无效的。小丽之所以要求确认劳动合同有效，其目的是其交通事故后要求公司办理劳动保险，而根据有关法律法规规定，劳动部门不可能为学生进行投保，所以，劳动争议仲裁委员会的裁决完全正确，请求法院驳回小丽的诉讼请求。

当地基层人民法院经审理认为，原告小丽已年满 16 周岁，已符合《劳动法》规定的就业年龄，其在校大学生的身份也非《劳动法》规定排除适用的对象。何况，原告已取得学校颁发的《2006 届毕业生双向选择就业推荐表》，已完全具备面向社会求职、就业的条件，被告公司在与原告签订劳动合同时，对原告的基本情况进行了审查和考核（面试），对原告至 2006 年 6 月底方才正式毕业的情况也完全知晓，在此基础之上，双方就应聘、录用达成一致意见而签订的劳动合同应是双方真实意思的表示，不存在欺诈、隐瞒事实或威胁等情形，双方签订的劳动合同也不违反法律、行政法规的有关规定，因此，该劳动合同应当有效，应对双方具有法律约束力。原告小丽持《2006 届毕业生双向选择就业推荐表》与被告公司签订的《劳动合同协议书》不具备法定无效的情形。因此，原告的诉讼请求，法院予以支持，依法判决原告小丽与被告公司签订的《劳动合同协议书》有效。

公司不服一审判决，向中级人民法院提出上诉。中级人民法院认为：小丽具备订立劳动合同的主体资格，其与公司订立的劳动合同合法有效。上诉人公司的上诉理由不能成立。判决驳回上诉，维持原判。

【案例点评二】

本案当事人小丽与公司订立劳动合同时已年满16周岁，具备与用工单位建立劳动关系的行为能力和责任能力，其虽未毕业，但其学生身份并不限制其作为普通劳动者加入劳动力团体，且学校没有禁止学生在即将毕业前与单位订立劳动合同，而是发给毕业生双向选择就业推荐表，鼓励其就业，故小丽为适格的劳动合同主体，她与公司存在劳动合同关系，该劳动合同合法有效。

【案例展示三】

培训期内因病遭辞退，女大学生如何维权

2010年1月30日，即将大学毕业的宋莉（化名）与上海市某外资企业签订书面的《上海高校毕业生、毕业研究生就业协议书》（以下简称就业协议），双方约定合同期限为1年，其中试用期为3个月，第一年的税后工资为每月2650元，试用期从报到之日起计算。同年2月2日，学校毕业生就业指导办公室就此协议进行了鉴证登记。3月5日，宋莉正式进入该公司，担任采购的工作。由于宋莉工作认真，公司一直派她到外地出差。7月1日，宋莉大学毕业，并获得经济学学士学位。随后，宋莉便和新同事一道开始参加公司举办的封闭式培训。可就在培训期间意外的事情发生了。7月20日，宋莉突然发高烧，并精神恍惚。后经医院诊断，宋莉被确诊为精神分裂症。这份诊断犹如晴天霹雳般砸向宋莉一家，一个刚刚踏上人生新征程的青年怎么就突患精神病了呢？宋莉的父母想到女儿是在参加公司培训时发病的，便决定去女儿的公司一探究竟。可让宋莉的父母没料到的是，6月下旬宋莉就已提交就业报到证，可这家公司一直未与宋莉签订正式的劳动合同。嗣后，当宋莉再一次提交就业报到证，并要求单位签订正式的劳动合同时，单位便以宋莉"放弃培训"、已无法胜任原岗位工作为由，拒绝与宋莉签订劳动合同。

2010年8月，宋莉申请劳动仲裁，要求确认与公司自2010年7月1日起劳动

关系成立并签订书面劳动合同，要求办理社会保险费缴纳手续并缴纳自 2010 年 7 月起的社会保险费。9 月 28 日，公司向宋莉发出终止劳动关系通知。10 月 26 日，劳动仲裁作出裁决支持了宋莉的申请。可公司不服仲裁，一纸诉状将宋莉告上法庭。

公司诉称，宋莉系大学应届毕业生，双方签订了就业协议。但公司尚未与其签订书面劳动合同，双方是事实劳动关系，公司已通知其终结劳动关系，现要求驳回劳动仲裁的裁决。

法庭上，宋莉的父母作为其法定代理人辩称，宋莉的月工资为 3 200 元，公司应当以 3 200 元为基数为其缴纳 2010 年 7 月至 9 月的社会保险费，并签订劳动合同，故不同意公司的诉讼请求。庭审中经法庭主持，宋莉所在公司同意以 3 200 元为基数为其缴纳 2010 年 7 月至 2010 年 9 月的社会保险费。但对于是否签订劳动合同，双方争论不下。

法院经审理后认为，根据法律规定，签订书面劳动合同需由双方当事人自愿协商，以双方合意为基础，在不违反法律法规禁止性规定的前提下，不能强制双方签订未经协商的劳动合同。因此，有关签订劳动合同的请求不属于法院处理范围，故对原告的该项请求法院不予处理。但是，为劳动者缴纳社会保险费系用人单位的法定义务，现用人单位同意以 3 200 元为基数为劳动者缴纳 2010 年 7 月至 2010 年 9 月的社会保险费，法院予以准许。据此，法院作出上述判决。

【案例点评三】

本案中，原、被告双方对签订书面的劳动合同存在较大分歧，宋莉表示自己在公司里工作了将近 5 个月，可公司直到她大学毕业也未曾表示过签订劳动合同的意思，也没有为其缴纳相关的社会保险费用。正是因为公司在录用新员工方面的不规范，才导致其目前无法像在职职工那样正常地就医。

对此，承办法官认为，本案中的劳资双方其实已存在事实劳动关系，即便公司未与劳动者签订书面的劳动合同，但事实上劳动者已在公司服务多时，并按月领取了相关的劳动报酬，可以认为他们双方已经存在事实的劳动关系。同时，根据相关劳动法律规定，签订书面劳动合同需由双方当事人自愿协商，以双方合意为基础，在不违反法律法规禁止性规定的前提下，不能强制双方签订未经协商的劳动合同。

因此，有关签订劳动合同的请求不属于法院处理范围，故公司的该项请求法院不予强制处理。

第四节　大学生就业法律援助项目记录

法律援助是国家建立的为经济困难公民和其他符合条件的当事人无偿提供法律咨询、代理、刑事辩护、民事、行政诉讼代理、非诉讼法律事务代理等法律服务的制度，目的是确保公民不会因缺乏经济能力或弱势处境而在法律面前处于不利地位，从而保护自己的合法权益。法律援助在维护当事人合法权益、保障法律正确实施和维护社会公平正义方面发挥着重要作用。2021 年 8 月《中华人民共和国法律援助法》颁布并于 2022 年 1 月 1 日实施，法律援助工作进入了新的发展阶段。

近年来，大学毕业生在就业过程中求职心切，屡屡发生被骗事件。由于缺乏社会经验，且一些用人单位骗术越来越高，虽然各高校就业处会给毕业生提供就业维权常识，但是远远不够。大学毕业生在求职中处于弱势地位，当他们在就业过程中发生权益侵害时往往投诉无门。针对大学毕业生就业侵权等事件，为进一步维护大学生合法权益，我国各地区法律援助组织相继成立，为大学生提供法律援助。

案 例 分 析

【案例展示一】

法律援助中心对在校生追讨实习费纠纷提供法律援助案

韩某、毕某二人系某职业技术学院在校大三学生，经学校同意二人联系了某代理记账公司进行毕业前的实习。2017 年 7 月，韩某、毕某与记账公司签订了自主实习协议，协议约定每月实习费 2 000 元。在工作一个月后，公司以单位有规定实习人员必须缴纳押金为由扣押了应当发放的实习费，无奈两位学生提出离职。在多次向公司追索实习费无果的情况下，韩某、毕某来到当地法律援助中心向接待律师咨询。中心接待人员在了解案件基本情况后，立即请人民调解委员会与记账公司取得联系，进行了初次调解。调解过程中，公司仍以实习学生应缴纳押金为由，只同意向两人各支付实习费 200 元，二位学生表示不能接受这一结果。不久，二位学生出具了经济困难证明，正式向法律援助中心提出法律援助申请。法律援助中心审查后认为该申请符合法律援助条件，遂指派当地一家法律服务所承办该案。法律援助承办人员王某某接受指派后，详细了解了案件基本情况。由于受援人系在校学生，学生实习期间与实习单位之间所形成的实习关系不属于劳动用工关系，产生的实习费纠纷应以劳务纠纷为由向人民法院起诉。承办人员在掌握初步证据后，代写了民事起诉状，向公司所在地的基层人民法院提起民事诉讼。

　　2017 年 10 月 16 日，法院组织双方进行诉前调解。公司仍强硬地以公司有规定，学生已在员工《入职登记表》签字为由，仅同意支付受援人实习费各 400 元，诉前调解无果，法院遂定于同年 12 月 5 日开庭审理此案。为使受援人能够降低诉讼成本，争取合法权益最大化，承办人员决定在开庭前两周，由法律援助中心出面再次联系人民调解委员会进行调解。同年 11 月 28 日，在调解过程中，法律援助承办人员指出，公司所主张的受援人入职时填写的由企业制作的《入职登记表》具有格式合同的形式，所显示的法律关系、工资标准等内容，及公司有权扣押职工工资的规定等方面内容与《劳动合同法》等相关法律规定不符，不具备法律约束力，强调公司这一做法不仅存在败诉风险，还影响公司的声誉。最终，公司在权衡利弊后同意了法律援助承办人员的意见，与受援人达成了调解协议，当场向韩某、毕某支付实习费共计 4 400 元。随后，受援人向法院提出了撤诉申请。

【案例点评一】

　　在校学生在勤工助学、顶岗实习、就业实习时，不能为图省事就不与用人单位签订协议。在签订协议时一定要明确用工期限、工作内容、劳动报酬、工作时间地点以及劳动保护等相关内容，一旦发生争议有利于维护自身合法权益。本案法律援助承办人员在初次调解未果的情况下，及时向法院提起民事诉讼，积极与公司一方沟通协调，促成第二次调解成功。

【案例展示二】

法律援助中心对吴某等 3 人劳动争议提供法律援助案

　　2019 年 6 月 30 日，即将毕业的吴某等 3 人通过签订三方协议，到用人单位宝贝艺术培训有限公司实习一年，从事幼儿教育工作，工作地点在××市某商业街的宝贝儿童成长中心，约定每月工资 1 800 元。实习协议到期后，吴某等 3 人继续在原工作地点工作，但用人单位未与其签订劳动合同。2021 年 6 月 26 日，吴某等 3 人所在的工作店面因经营困难突然关闭，失去工作的吴某等 3 人此时才发现用人单位并未依法为其缴纳社会保险。

2021 年 6 月 29 日，吴某等 3 人向当地法律援助中心提交法律援助申请。法律援助中心经审查后认为吴某等 3 人符合当地法律援助的条件，决定给予法律援助，并立即指派当地一家律师事务所律师承办此案。

承办律师接受指派后，立即约见受援人，详细了解情况，仔细分析案情。综合已有情况，承办律师分析后认为，该案的关键是证明受援人与用人单位之间存在劳动关系。

承办律师通过广泛走访调查、证据收集查找后了解到，吴某等 3 人实习阶段签订三方协议的用人单位为宝贝艺术培训有限公司，大量工作照片、单位合影及工作服装上均印制有"宝贝"字样，每月工资均由工作地的负责人龚某通过微信转账方式发放。而"宝贝"系萌芽文化发展有限公司申请的商标，萌芽文化发展有限公司法定代表人曾担任宝贝艺术培训有限公司法定代表人。而宝贝艺术培训有限公司已于 2021 年 1 月 29 日被列为失信被执行人，并被列入经营异常名录。相关情况表明，萌芽文化发展有限公司系实际的用人单位。

2021 年 7 月 6 日，承办律师协助吴某等 3 人依据《劳动合同法》第三十八条规定，向萌芽文化发展有限公司邮寄《解除劳动合同通知书》。通过邮件号查询，该《通知书》于 2021 年 7 月 9 日被签收。

2021 年 9 月 15 日，承办律师代吴某等 3 人向当地劳动人事争议仲裁委员会提交仲裁申请，请求裁决萌芽文化发展有限公司向其支付解除劳动关系经济补偿金，及 2020 年 8 月 2 日至 2021 年 7 月 1 日未签订劳动合同二倍工资差额。该委逾期未做出受理决定，并出具《证明》。

2021 年 9 月 29 日，承办律师代吴某等 3 人向当地基层人民法院提起诉讼。2021 年 11 月 12 日，法院公开开庭审理本案。

庭审中，萌芽文化发展有限公司辩称：经了解，原告系宝贝艺术培训有限公司员工。萌芽文化发展有限公司从未招聘、雇佣原告，也未与之建立劳动关系，该公司并非适格的被告，请求驳回原告诉讼。

承办律师也针对争议焦点发表了意见：

一、关于原、被告是否存在劳动关系的问题

1. 从个人所得税 APP 查询结果表明，萌芽文化发展有限公司从 2020 年 10 月至 2021 年 5 月期间每月均以该公司的名义依法向税务部门申报原告的工资，据此证明原告与该公司间存在劳动报酬支付关系，原告在该期间的劳动报酬也计入了该公司的用人成本费用。

2. 现有证据显示，以萌芽文化发展有限公司为运营主体的微信公众号中，曾发布过原告转正考核、参加公司活动照片等信息，也发布过原告工作地——宝贝儿童成长中心开学的相关文章，证明原告系为萌芽文化发展有限公司工作。

3. 企查查 APP 和国家知识产权局官网查询结果表明，"宝贝"系萌芽文化发展有限公司注册的文字商标，注册范围含幼教、培训等类别。此外，原告提供的其与萌芽文化发展有限公司法定代表人合影及工作服、工作场景照片上均有"宝贝"字样等相关证据，说明原告系萌芽文化发展有限公司员工。

4. 据被告所述，原告应为宝贝艺术培训有限公司员工。现有证明表明，宝贝艺术培训有限公司已于 2021 年 1 月因债务问题被纳入失信被执行人名单，而原告却正常工作至 2021 年 6 月，其间工资也一直正常发放，个税也一直由被告正常申报。因此，原告为宝贝艺术培训有限公司员工的说法不成立。

综上证明，原告于 2020 年 7 月 2 日起与被告建立了劳动关系。

二、关于经济补偿金的问题

根据《劳动合同法》第三十八条第三项和第四十六条第一项规定，原告于 2021 年 7 月 6 日以被告未依法缴纳社保提出解除劳动关系，符合法律规定，双方劳动关系于 2021 年 7 月 9 日被告收到邮件之日解除，故被告应支付原告经济补偿金 14 124 元（按每人补偿 1.5 个月工资计）。

三、关于二倍工资差额的问题

根据《劳动合同法》第十条和第八十二条规定，被告在与原告建立劳动关系后，应自用工之日起一个月内订立书面劳动合同，若"自用工之日起超过一个月不满一年未与劳动者订立书面劳动合同，应当向劳动者每月支付二倍的工资"。因此，原告请求被告支付 2020 年 8 月 2 日至 2021 年 7 月 1 日间未签订书面劳动合同二倍工资差额的要求于法有据。

法院经审理后，全部采纳了承办律师的意见，于 2021 年 11 月 23 日作出判决：由被告萌芽文化发展有限公司向原告吴某等 3 人支付经济补偿金 14 124 元，未签订书面劳动合同的二倍工资差额 105 855 元。本案办结。

【案例点评二】

这是一起典型的劳动争议法律援助案。现实中存在许多企业未与劳动者签订劳动合同的情况，而劳动合同是劳动关系的直接反映，是劳动者维权最有力的证据。本案中，受援人因未与企业签订劳动合同，缺少客观物证等，法律援助律师为维护当事人权益，充分运用电子证据（如知识产权局官网商标注册信息、个人所得税 APP 中的申报信息、微信支付记录、微信公众号发布的文案、图片等），充分证明受援人与用人单位的劳动关系，最大限度维护了受援人的合法权益。

【案例展示三】

法律援助中心对董某合同诈骗提供法律援助案

受援人董某是一名大学毕业生，其母亲无职业，是城市低保对象。2015 年，董某大学毕业后，急于找一份工作，以减轻家里的经济负担。他通过某网站投简历，被某拍卖有限公司聘用为业务员。董某的工作就是与客户沟通，让客户来公司付钱签合同，参加竞拍。

客户来源主要有两种：一是依靠公司的官网推送，客户看到介绍后，会留下联系电话，公司定期会将客户的电话交给业务员，由业务员和客户联系；二是公司付钱让业务员在相关的网站上发布拍卖信息和藏品信息，预留业务员的电话，客户看到后会主动和业务员联系。

董某工作一段时间后，发现客户的藏品拍卖都没有卖出去过，公司组织的拍卖会是公司花钱请人参与假竞买，拍卖会是假的。公司靠收取客户的藏品宣传费来牟利。董某与其他业务员闲聊时，得知公司是在骗客户的钱。但他们为了工资，没有选择离开公司。

2017 年 6 月，董某因涉嫌诈骗被当地公安机关刑事拘留。公安机关认定董某涉嫌诈骗，同年 7 月，董某因合同诈骗被逮捕。

同年 9 月，检察机关的起诉书认定董某于 2016 年 8 月至 2017 年 6 月间，先后以收取宣传费等名义骗得被害人张某某、钟某某、梁某某等 20 人钱款共计人民币 192 000 元。并认定董某与他人结伙，以非法占有为目的，在签订、履行合同过程中，虚构事实，骗取他人财物，数额较大。其行为已触犯《中华人民共和国刑法》第二百二十四条第（五）项，犯罪事实清楚，证据确实、充分，应以合同诈骗罪追究其刑事责任。

受援人之母覃某某代受援人向当地法律援助中心提出援助申请。法律援助中心受理后，及时指派当地一家律师事务所律师为董某提供法律援助，担任其辩护人。

承办律师接受委托后，迅速与受援人董某的亲属取得联系，认真听取了其亲属的情况介绍。随后，承办律师两次赶到看守所会见董某，并征得其书面委托，了解案情，到当地法院阅卷。查阅有关规定，分析案情，准备辩护词，并多次与家属沟通，建议家属想办法赔偿被害人的经济损失。家属东拼西凑了 31 500 元，承办律师又及时与当地法院联系，帮董某代缴了赔偿款。

2017 年 11 月 17 日，当地基层人民法院在审理上述案件时，承办律师提出：董某在案件中起次要作用，是从犯；他到案后如实供述自己的罪行，自愿认罪，积极要求赔偿被害人的经济损失，有悔改的表现（其亲属是城市低保对象，家里经济特别困难，但是他们还是到处借款，凑了 31 500 元，赔偿被害人的损失）。建议法院对董某从轻处罚，适用缓刑。

法院经审理后，全部采纳了承办律师的辩护意见，对董某判处有期徒刑二年，缓刑二年，并处罚金 20 000 元。

同年 11 月 30 日，法院宣判当天，受援人董某即被释放，家属非常满意。

合同诈骗罪，是指以非法占有为目的，在签订、履行合同过程中，采取虚构事实或者隐瞒真相等欺诈手段，骗取对方当事人的财物，数额较大的行为。本罪构成要件的内容为，在签订、履行合同过程中，使用欺诈手段，骗取对方当事人数额较大的财物。欺诈手段具体指下列情形：（1）以虚构的单位或者冒用他人名义签订合同的；（2）以伪造、变造、作废的票据或者其他虚假的产权证明作担保的；（3）没有实际履行能力，以先履行小额合同或者部分履行合同的方法，诱骗对方当事人继续签订和履行合同的；（4）收受对方当事人给付的货物、货款、预付款或者担保财产后逃匿的；（5）以其他方法骗取对方当事人财物的。本罪的责任要素除故意外，还必须具有非法占有目的。

本案中，受援人董某在与客户签订、履行合同的过程中采取的欺诈手段并非上述四种典型的手段，但并不意味着其不涉嫌合同诈骗罪，因为欺诈的手段多种多样，刑法列举的只是典型的表现形式，并不能穷尽列举所有手段，所以刑法第二百二十四条第（五）项规定了"以其他方法骗取对方当事人财物的"兜底条款。只要符合合同诈骗罪的犯罪构成，即可构成本罪。在本案事实认定、罪名确立没有争议的情况下，援助律师从量刑情节方面寻找突破口，力求使董某免受牢狱之苦，使其能够更好地回归社会。本案的有利之处在于，董某最终被指控合同诈骗罪，而非诈骗罪。不同于诈骗罪，合同诈骗罪的入罪门槛比较高。加之，董某有坦白、悔罪、从犯、积极赔偿等从轻处罚情节，人民法院最终依法公正地作出了宣告缓刑的判决。既有效地打击了犯罪，又有利于董某的改过自新，重返社会，很好地体现了罪责刑相适应的原则。

【案例点评三】

本案中董某的遭遇反映出当下大学生就业中存在的一些问题。自高校扩招以来，大学生的数量急剧上升，随之而来的是全国高校毕业生人数一年又一年的"永攀高峰"，史上的最难就业季一年赛过一年。一方面是工作不好找，一方面是涉世未深的大学毕业生分辨能力较弱，两方面的原因容易促使大学毕业生误入歧途。此类的社会新闻并不鲜见，如大学生求职被骗、求职大学生误入传销组织离奇死亡等等。有些人识破骗局后尚能全身而退，有些人却受利益的驱使骑虎难下，为虎作伥。因此，大学生在校期间，除了学习专业外，还应当加强法律的学习，增强法律意识，明辨违法行为及其后果，加强职业规划相关知识的学习，以便为毕业时踏入社会、走上工作岗位做好充分的准备。

本模块实践教学活动

实践项目　大学生就业情况调研

【实践活动目的】

通过调查了解大学生对就业所持的看法及对自身的认识，了解最真实的大学生就业现状及企业对毕业生的要求及需求，从而有针对性地为大学毕业生、学校、企业提供相关的有价值的信息；通过对就业现状的了解，让更多刚进校的大学生们提前为就业做好准备，而不会虚度光阴；了解到就业形势的严峻，要让更多的大学生应该想到、做到自主创业，为自己的前途开创一片新天地。

【实践活动方案】

一、调查主题

大学生就业情况。

二、调查对象

德州职业技术学院的在校学生以及部分往届毕业生。

三、调查内容

在校学生对就业形势所持的看法及对自身的认识和今后面对严峻的就业形势所做出来的决策；了解毕业生的就业状况，工作中遇到的问题，以及对学校教育教学环境的意见和建议。

四、调查方法

1. 问卷法：向在校生以及毕业生分别发放不同的调查问卷，然后回收调查问卷。

2. 访问法：走访部分毕业生，征询相关意见和建议，并做好相关记录，作为撰写调研报告的原始资料。

3. 座谈法：组织部分在校生进行座谈，征询相关意见和建议，并做好相关记录，作为撰写调研报告的原始资料。

4. 电话访谈法和邮寄问卷法：考虑到本次调研涉及的面广量大，为了有效节省时间和经费，针对部分比较偏远地区的毕业生，根据其详细的联系电话和联系地址，进行电话访问或邮寄问卷。

五、调查资料整理和分析方法

市场调查所得到的原始资料是杂乱无章的，这些资料使调查者无法观察到调查现象的本质，因此必须对这些原始资料进行加工整理，使现象的本质和规律清晰地呈现出来。

附录一 高校毕业生就业法律法规

附件一

《中华人民共和国劳动法》（内容略）

附件二

《中华人民共和国劳动合同法》（内容略）

附件三

《中华人民共和国社会保险法》（内容略）

附件四

关于审理劳动争议案件适用法律若干问题的解释（一）

《最高人民法院关于审理劳动争议案件适用法律若干问题的解释》已于 2001 年 3 月 22 日由最高人民法院审判委员会第 1165 次会议通过。现予公布，自 2001 年 4 月 30 日起施行。

最高人民法院

二〇〇一年四月十六日

为正确审理劳动争议案件，根据《中华人民共和国劳动法》（以下简称《劳动法》）和《中华人民共和国民事诉讼法》（以下简称《民事诉讼法》）等相关法律之规定，就适用法律的若干问题，作如下解释。

第一条　劳动者与用人单位之间发生的下列纠纷，属于《劳动法》第二条规定的劳动争议，当事人不服劳动争议仲裁委员会作出的裁决，依法向人民法院起诉的，人民法院应当受理：

（一）劳动者与用人单位在履行劳动合同过程中发生的纠纷；

（二）劳动者与用人单位之间没有订立书面劳动合同，但已形成劳动关系后发生的纠纷；

（三）劳动者退休后，与尚未参加社会保险统筹的原用人单位因追索养老金、医疗费、工伤保险待遇和其他社会保险费而发生的纠纷。

第二条　劳动争议仲裁委员会以当事人申请仲裁的事项不属于劳动争议为由，作出不予受理的书面裁决、决定或者通知，当事人不服，依法向人民法院起诉的，人民法院应当分别情况予以处理：

（一）属于劳动争议案件的，应当受理；

（二）虽不属于劳动争议案件，但属于人民法院主管的其他案件，应当依法受理。

第三条　劳动争议仲裁委员会根据《劳动法》第八十二条之规定，以当事人的仲裁申请超过六十日期限为由，作出不予受理的书面裁决、决定或者通知，当事人不服，依法向人民法院起诉的，人民法院应当受理；对确已超过仲裁申请期限，又无不可抗力或者其他正当理由的，依法驳回其诉讼请求。

第四条　劳动争议仲裁委员会以申请仲裁的主体不适格为由，作出不予受理的书面裁决、决定或者通知，当事人不服，依法向人民法院起诉的，经审查，确属主体不适格的，裁定不予受理或者驳回起诉。

第五条　劳动争议仲裁委员会为纠正原仲裁裁决错误重新作出裁决，当事人不服，依法向人民法院起诉的，人民法院应当受理。

第六条　人民法院受理劳动争议案件后，当事人增加诉讼请求的，如该诉讼请求与讼争的劳动争议具有不可分性，应当合并审理；如属独立的劳动争议，应当告知当事人向劳动争议仲裁委员会申请仲裁。

第七条　劳动争议仲裁委员会仲裁的事项不属于人民法院受理的案件范围，当事人不服，依法向人民法院起诉的，裁定不予受理或者驳回起诉。

第八条　劳动争议案件由用人单位所在地或者劳动合同履行地的基层人民法院管辖。

劳动合同履行地不明确的，由用人单位所在地的基层人民法院管辖。

第九条　当事人双方不服劳动争议仲裁委员会作出的同一仲裁裁决，均向同一人民法院起诉的，先起诉的一方当事人为原告，但对双方的诉讼请求，人民法院应当一并作出裁决。

当事人双方就同一仲裁裁决分别向有管辖权的人民法院起诉的，后受理的人民法院应当将案件移送给先受理的人民法院。

第十条　用人单位与其它单位合并的，合并前发生的劳动争议，由合并后的单位为当事人；用人单位分立为若干单位的，其分立前发生的劳动争议，由分立后的实际用人单位为当事人。

用人单位分立为若干单位后，对承受劳动权利义务的单位不明确的，分立后的单位均为当事人。

第十一条　用人单位招用尚未解除劳动合同的劳动者，原用人单位与劳动者发生的劳动争议，可以列新的用人单位为第三人。

原用人单位以新的用人单位侵权为由向人民法院起诉的，可以列劳动者为第三人。

原用人单位以新的用人单位和劳动者共同侵权为由向人民法院起诉的，新的用人单位和劳动者列为共同被告。

第十二条　劳动者在用人单位与其他平等主体之间的承包经营期间，与发包方和承包方双方或者一方发生劳动争议，依法向人民法院起诉的，应当将承包方和发包方作为当事人。

第十三条　因用人单位作出的开除、除名、辞退、解除劳动合同、减少劳动报酬、计算劳动者工作年限等决定而发生的劳动争议，用人单位负举证责任。

第十四条　劳动合同被确认为无效后，用人单位对劳动者付出的劳动，一般可参照本单位同期、同工种、同岗位的工资标准支付劳动报酬。

根据《劳动法》第九十七条之规定，由于用人单位的原因订立的无效合同，给劳动者造成损害的，应当比照违反和解除劳动合同经济补偿金的支付标准，赔偿劳动者因合同无效所造成的经济损失。

第十五条　用人单位有下列情形之一，迫使劳动者提出解除劳动合同的，用人单位应当支付劳动者的劳动报酬和经济补偿，并可支付赔偿金：

（一）以暴力、威胁或者非法限制人身自由的手段强迫劳动的；

（二）未按照劳动合同约定支付劳动报酬或者提供劳动条件的；

（三）克扣或者无故拖欠劳动者工资的；

（四）拒不支付劳动者延长工作时间工资报酬的；

（五）低于当地最低工资标准支付劳动者工资的。

第十六条　劳动合同期满后，劳动者仍在原用人单位工作，原用人单位未表示异议的，视为双方同意以原条件继续履行劳动合同。一方提出终止劳动关系的，人民法院应当支持。

根据《劳动法》第二十条之规定，用人单位应当与劳动者签订无固定期限劳动合同而未签订的，人民法院可以视为双方之间存在无固定期限劳动合同关系，并以原劳动合同确定双方的权利义务关系。

第十七条　劳动争议仲裁委员会作出仲裁裁决后，当事人对裁决中的部分事项不服，依法向人民法院起诉的，劳动争议仲裁裁决不发生法律效力。

第十八条　劳动争议仲裁委员会对多个劳动者的劳动争议作出仲裁裁决后，部分劳动者对仲裁裁决不服，依法向人民法院起诉的，仲裁裁决对提出起诉的劳动者不发生法律效力；对未提出起诉的部分劳动者，发生法律效力，如其申请执行的，人民法院应当受理。

第十九条　用人单位根据《劳动法》第四条之规定，通过民主程序制定的规章制度，不违反国家法律、行政法规及政策规定，并已向劳动者公示的，可以作为人民法院审理劳动争议案件的依据。

第二十条　用人单位对劳动者作出的开除、除名、辞退等处理，或者因其他原因解除劳动合同确有错误的，人民法院可以依法判决予以撤销。

对于追索劳动报酬、养老金、医疗费以及工伤保险待遇、经济补偿金、培训费及其他相关费用等案件，给付数额不当的，人民法院可以予以变更。

第二十一条　当事人申请人民法院执行劳动争议仲裁机构作出的发生法律效力的裁决书、调解书，被申请人提出证据证明劳动争议仲裁裁决书、调解书有下列情形之一，并经审查核实的，人民法院可以根据《民事诉讼法》第二百一十七条之规定，裁定不予执行：

（一）裁决的事项不属于劳动争议仲裁范围，或者劳动争议仲裁机构无权仲裁的；

（二）适用法律确有错误的；

（三）仲裁员仲裁该案时，有徇私舞弊、枉法裁决行为的；

（四）人民法院认定执行该劳动争议仲裁裁决违背社会公共利益的。

人民法院在不予执行的裁定书中，应当告知当事人在收到裁定书之次日起三十日内，可以就该劳动争议事项向人民法院起诉。

附件五
关于审理劳动争议案件适用法律若干问题的解释（二）

《最高人民法院关于审理劳动争议案件适用法律若干问题的解释（二）》已于2006年7月10日由最高人民法院审判委员会第1393次会议通过，现予公布，自2006年10月1日起施行。

最高人民法院

二〇〇六年八月十四日

为正确审理劳动争议案件，根据《中华人民共和国劳动法》、《中华人民共和国民事诉讼法》等相关法律规定，结合民事审判实践，对人民法院审理劳动争议案件适用法律的若干问题补充解释如下：

第一条　人民法院审理劳动争议案件，对下列情形，视为劳动法第八十二条规定的"劳动争议发生之日"：

（一）在劳动关系存续期间产生的支付工资争议，用人单位能够证明已经书面通知劳动者拒付工资的，书面通知送达之日为劳动争议发生之日。用人单位不能证明的，劳动者主张权利之日为劳动争议发生之日。

（二）因解除或者终止劳动关系产生的争议，用人单位不能证明劳动者收到解除或者终止劳动关系书面通知时间的，劳动者主张权利之日为劳动争议发生之日。

（三）劳动关系解除或者终止后产生的支付工资、经济补偿金、福利待遇等争议，劳动者能够证明用人单位承诺支付的时间为解除或者终止劳动关系后的具体日期的，用人单位承诺支付之日为劳动争议发生之日。劳动者不能证明的，解除或者终止劳动关系之日为劳动争议发生之日。

第二条　拖欠工资争议，劳动者申请仲裁时劳动关系仍然存续，用人单位以劳动者申请仲裁超过六十日为由主张不再支付的，人民法院不予支持。但用人单位能够证明劳动者已经收到拒付工资的书面通知的除外。

第三条　劳动者以用人单位的工资欠条为证据直接向人民法院起诉，诉讼请求不涉及劳动关系其他争议的，视为拖欠劳动报酬争议，按照普通民事纠纷受理。

第四条　用人单位和劳动者因劳动关系是否已经解除或者终止，以及应否支付解除或终止劳动关系经济补偿金产生的争议，经劳动争议仲裁委员会仲裁后，当事人依法起诉的，人民法院应予受理。

第五条　劳动者与用人单位解除或者终止劳动关系后，请求用人单位返还其收取的劳动合同定金、保证金、抵押金、抵押物产生的争议，或者办理劳动者的人事档案、社会保险关系等移转手续产生的争议，经劳动争议仲裁委员会仲裁后，当事人依法起诉的，人民法院应予受理。

第六条　劳动者因为工伤、职业病，请求用人单位依法承担给予工伤保险待遇的争议，经劳动争议仲裁委员会仲裁后，当事人依法起诉的，人民法院应予受理。

第七条　下列纠纷不属于劳动争议：

（一）劳动者请求社会保险经办机构发放社会保险金的纠纷；

（二）劳动者与用人单位因住房制度改革产生的公有住房转让纠纷；

（三）劳动者对劳动能力鉴定委员会的伤残等级鉴定结论或者对职业病诊断鉴定委员会的职业病诊断鉴定结论的异议纠纷；

（四）家庭或者个人与家政服务人员之间的纠纷；

（五）个体工匠与帮工、学徒之间的纠纷；

（六）农村承包经营户与受雇人之间的纠纷。

第八条　当事人不服劳动争议仲裁委员会作出的预先支付劳动者部分工资或者医疗费用的裁决，向人民法院起诉的，人民法院不予受理。

用人单位不履行上述裁决中的给付义务，劳动者依法向人民法院申请强制执行的，人民法院应予受理。

第九条　劳动者与起有字号的个体工商户产生的劳动争议诉讼，人民法院应当以营业执照上登记的字号为当事人，但应同时注明该字号业主的自然情况。

第十条　劳动者因履行劳动力派遣合同产生劳动争议而起诉，以派遣单位为被告；争议内容涉及接受单位的，以派遣单位和接受单位为共同被告。

第十一条　劳动者和用人单位均不服劳动争议仲裁委员会的同一裁决，向同一人民法院起诉的，人民法院应当并案审理，双方当事人互为原告和被告。在诉讼过程中，一方当事人撤诉的，人民法院应当根据另一方当事人的诉讼请求继续审理。

第十二条　当事人能够证明在申请仲裁期间内因不可抗力或者其他客观原因无法申请仲裁的，人民法院应当认定申请仲裁期间中止，从中止的原因消灭之次日起，申请仲裁期间连续计算。

第十三条　当事人能够证明在申请仲裁期间内具有下列情形之一的，人民法院应当认定申请仲裁期间中断：

（一）向对方当事人主张权利；

（二）向有关部门请求权利救济；

（三）对方当事人同意履行义务。

申请仲裁期间中断的，从对方当事人明确拒绝履行义务，或者有关部门作出处理决定或明确表示不予处理时起，申请仲裁期间重新计算。

第十四条　在诉讼过程中，劳动者向人民法院申请采取财产保全措施，人民法院经审查认为申请人经济确有困难，或有证据证明用人单位存在欠薪逃匿可能的，应当减轻或者免除劳动者提供担保的义务，及时采取保全措施。

第十五条　人民法院作出的财产保全裁定中，应当告知当事人在劳动仲裁机构的裁决书或者在人民法院的裁判文书生效后三个月内申请强制执行。逾期不申请的，人民法院应当裁定解除保全措施。

第十六条　用人单位制定的内部规章制度与集体合同或者劳动合同约定的内容不一致，劳动者请求优先适用合同约定的，人民法院应予支持。

第十七条　当事人在劳动争议调解委员会主持下达成的具有劳动权利义务内容的调解协议，具有劳动合同的约束力，可以作为人民法院裁判的根据。

当事人在劳动争议调解委员会主持下仅就劳动报酬争议达成调解协议，用人单位不履行调解协议确定的给付义务，劳动者直接向人民法院起诉的，人民法院可以按照普通民事纠纷受理。

第十八条　本解释自二〇〇六年十月一日起施行。本解释施行前本院颁布的有关司法解释与本解释规定不一致的，以本解释的规定为准。

本解释施行后，人民法院尚未审结的一审、二审案件适用本解释。本解释施行前已经审结的案件，不得适用本解释的规定进行再审。

附件六

关于审理劳动争议案件适用法律若干问题的解释（三）

《最高人民法院关于审理劳动争议案件适用法律若干问题的解释（三）》已于2010年7月12日由最高人民法院审判委员会第1489次会议通过，现予公布，自2010年9月14日起施行。

最高人民法院

二○一○年九月十三日

为正确审理劳动争议案件，根据《中华人民共和国劳动法》、《中华人民共和国劳动合同法》、《中华人民共和国劳动争议调解仲裁法》、《中华人民共和国民事诉讼法》等相关法律规定，结合民事审判实践，特作如下解释。

第一条　劳动者以用人单位未为其办理社会保险手续，且社会保险经办机构不能补办导致其无法享受社会保险待遇为由，要求用人单位赔偿损失而发生争议的，人民法院应予受理。

第二条　因企业自主进行改制引发的争议，人民法院应予受理。

第三条　劳动者依据劳动合同法第八十五条规定，向人民法院提起诉讼，要求用人单位支付加付赔偿金的，人民法院应予受理。

第四条　劳动者与未办理营业执照、营业执照被吊销或者营业期限届满仍继续经营的用人单位发生争议的，应当将用人单位或者其出资人列为当事人。

第五条　未办理营业执照、营业执照被吊销或者营业期限届满仍继续经营的用人单位，以挂靠等方式借用他人营业执照经营的，应当将用人单位和营业执照出借方列为当事人。

第六条　当事人不服劳动人事争议仲裁委员会作出的仲裁裁决，依法向人民法院提起诉讼，人民法院审查认为仲裁裁决遗漏了必须共同参加仲裁的当事人的，应当依法追加遗漏的人为诉讼当事人。

被追加的当事人应当承担责任的，人民法院应当一并处理。

第七条　用人单位与其招用的已经依法享受养老保险待遇或领取退休金的人员发生用工争议，向人民法院提起诉讼的，人民法院应当按劳务关系处理。

第八条　企业停薪留职人员、未达到法定退休年龄的内退人员、下岗待岗人员以及企业经营性停产放长假人员，因与新的用人单位发生用工争议，依法向人民法院提起诉讼的，人民法院应当按劳动关系处理。

第九条　劳动者主张加班费的，应当就加班事实的存在承担举证责任。但劳动者有证据证明用人单位掌握加班事实存在的证据，用人单位不提供的，由用人单位承担不利后果。

第十条　劳动者与用人单位就解除或者终止劳动合同办理相关手续、支付工资报酬、加班费、经济补偿或者赔偿金等达成的协议，不违反法律、行政法规的强制性规定，且不存在欺诈、胁迫或者乘人之危情形的，应当认定有效。

前款协议存在重大误解或者显失公平情形，当事人请求撤销的，人民法院应予支持。

第十一条　劳动人事争议仲裁委员会作出的调解书已经发生法律效力，一方当事人反悔提起诉讼的，人民法院不予受理；已经受理的，裁定驳回起诉。

第十二条　劳动人事争议仲裁委员会逾期未作出受理决定或仲裁裁决，当事人直接提起诉讼的，人民法院应予受理，但申请仲裁的案件存在下列事由的除外：

（一）移送管辖的；

（二）正在送达或送达延误的；

（三）等待另案诉讼结果、评残结论的；

（四）正在等待劳动人事争议仲裁委员会开庭的；

（五）启动鉴定程序或者委托其他部门调查取证的；

（六）其他正当事由。

当事人以劳动人事争议仲裁委员会逾期未作出仲裁裁决为由提起诉讼的，应当提交劳动人事争议仲裁委员会出具的受理通知书或者其他已接受仲裁申请的凭证或证明。

第十三条　劳动者依据调解仲裁法第四十七条第（一）项规定，追索劳动报酬、工伤医疗费、经济补偿或者赔偿金，如果仲裁裁决涉及数项，每项确定的数额均不超过当地月最低工资标准十二个月金额的，应当按照终局裁决处理。

第十四条　劳动人事争议仲裁委员会作出的同一仲裁裁决同时包含终局裁决事项和非终局裁决事项，当事人不服该仲裁裁决向人民法院提起诉讼的，应当按照非终局裁决处理。

第十五条　劳动者依据调解仲裁法第四十八条规定向基层人民法院提起诉讼，用人单位依据调解仲裁法第四十九条规定向劳动人事争议仲裁委员会所在地的中级人民法院申请撤销仲裁裁决的，中级人民法院应不予受理；已经受理的，应当裁定驳回申请。

被人民法院驳回起诉或者劳动者撤诉的，用人单位可以自收到裁定书之日起三十日内，向劳动人事争议仲裁委员会所在地的中级人民法院申请撤销仲裁裁决。

第十六条　用人单位依照调解仲裁法第四十九条规定向中级人民法院申请撤销仲裁裁决，中级人民法院作出的驳回申请或者撤销仲裁裁决的裁定为终审裁定。

第十七条　劳动者依据劳动合同法第三十条第二款和调解仲裁法第十六条规定向人民法院申请支付令，符合民事诉讼法第十七章督促程序规定的，人民法院应予受理。

依据劳动合同法第三十条第二款规定申请支付令被人民法院裁定终结督促程序后，劳动者就劳动争议事项直接向人民法院起诉的，人民法院应当告知其先向劳动人事争议仲裁委员会申请仲裁。

依据调解仲裁法第十六条规定申请支付令被人民法院裁定终结督促程序后，劳动者依据调解协议直接向人民法院提起诉讼的，人民法院应予受理。

第十八条　劳动人事争议仲裁委员会作出终局裁决，劳动者向人民法院申请执行，用人单位向劳动人事争议仲裁委员会所在地的中级人民法院申请撤销的，人民法院应当裁定中止执行。

用人单位撤回撤销终局裁决申请或者其申请被驳回的，人民法院应当裁定恢复执行。仲裁裁决被撤销的，人民法院应当裁定终结执行。

用人单位向人民法院申请撤销仲裁裁决被驳回后，又在执行程序中以相同理由提出不予执行抗辩的，人民法院不予支持。

附件七

关于审理劳动争议案件适用法律若干问题的解释（四）

《最高人民法院关于审理劳动争议案件适用法律若干问题的解释（四）》已于2012年12月31日由最高人民法院审判委员会第1566次会议通过，现予公布，自2013年2月1日起施行。

最高人民法院

2013 年 1 月 18 日

为正确审理劳动争议案件，根据《中华人民共和国劳动法》《中华人民共和国劳动合同法》《中华人民共和国劳动争议调解仲裁法》《中华人民共和国民事诉讼法》等相关法律规定，结合民事审判实践，就适用法律的若干问题，作如下解释：

第一条　劳动人事争议仲裁委员会以无管辖权为由对劳动争议案件不予受理，当事人提起诉讼的，人民法院按照以下情形分别处理：

（一）经审查认为该劳动人事争议仲裁委员会对案件确无管辖权的，应当告知当事人向有管辖权的劳动人事争议仲裁委员会申请仲裁；

（二）经审查认为该劳动人事争议仲裁委员会有管辖权的，应当告知当事人申请仲裁，并将审查意见书面通知该劳动人事争议仲裁委员会，劳动人事争议仲裁委员会仍不受理，当事人就该劳动争议事项提起诉讼的，应予受理。

第二条　仲裁裁决的类型以仲裁裁决书确定为准。

仲裁裁决书未载明该裁决为终局裁决或非终局裁决，用人单位不服该仲裁裁决向基层人民法院提起诉讼的，应当按照以下情形分别处理：

（一）经审查认为该仲裁裁决为非终局裁决的，基层人民法院应予受理；

（二）经审查认为该仲裁裁决为终局裁决的，基层人民法院不予受理，但应告知用人单位可以自收到不予受理裁定书之日起三十日内向劳动人事争议仲裁委员会所在地的中级人民法院申请撤销该仲裁裁决；已经受理的，裁定驳回起诉。

第三条　中级人民法院审理用人单位申请撤销终局裁决的案件，应当组成合议庭开庭审理。经过阅卷、调查和询问当事人，对没有新的事实、证据或者理由，合议庭认为不需要开庭审理的，可以不开庭审理。

中级人民法院可以组织双方当事人调解。达成调解协议的，可以制作调解书。一方当事人逾期不履行调解协议的，另一方可以申请人民法院强制执行。

第四条　当事人在人民调解委员会主持下仅就给付义务达成的调解协议，双方认为有必要的，可以共同向人民调解委员会所在地的基层人民法院申请司法确认。

第五条　劳动者非因本人原因从原用人单位被安排到新用人单位工作，原用人单位未支付经济补偿，劳动者依照劳动合同法第三十八条规定与新用人单位解除劳动合同，或者新用人单位向劳动者提出解除、终止劳动合同，在计算支付经济补偿或赔偿金的工作年限时，劳动者请求把在原用人单位的工作年限合并计算为新用人单位工作年限的，人民法院应予支持。

用人单位符合下列情形之一的，应当认定属于"劳动者非因本人原因从原用人单位被安排到新用人单位工作"：

（一）劳动者仍在原工作场所、工作岗位工作，劳动合同主体由原用人单位变更为新用人单位；

（二）用人单位以组织委派或任命形式对劳动者进行工作调动；

（三）因用人单位合并、分立等原因导致劳动者工作调动；

（四）用人单位及其关联企业与劳动者轮流订立劳动合同；

（五）其他合理情形。

第六条　当事人在劳动合同或者保密协议中约定了竞业限制，但未约定解除或者终止劳动合同后给予劳动者经济补偿，劳动者履行了竞业限制义务，要求用人单位按照劳动者在劳动合同解除或者终止前十二个月平均工资的30％按月支付经济补偿的，人民法院应予支持。

前款规定的月平均工资的30％低于劳动合同履行地最低工资标准的，按照劳动合同履行地最低工资标准支付。

第七条　当事人在劳动合同或者保密协议中约定了竞业限制和经济补偿，当事人解除劳动合同时，除另有约定外，用人单位要求劳动者履行竞业限制义务，或者劳动者履行了竞业限制义务后要求用人单位支付经济补偿的，人民法院应予支持。

第八条　当事人在劳动合同或者保密协议中约定了竞业限制和经济补偿，劳动合同解除或者终止后，因用人单位的原因导致三个月未支付经济补偿，劳动者请求解除竞业限制约定的，人民法院应予支持。

第九条　在竞业限制期限内，用人单位请求解除竞业限制协议时，人民法院应予支持。

在解除竞业限制协议时，劳动者请求用人单位额外支付劳动者三个月的竞业限制经济补偿的，人民法院应予支持。

第十条　劳动者违反竞业限制约定，向用人单位支付违约金后，用人单位要求劳动者按照约定继续履行竞业限制义务的，人民法院应予支持。

第十一条　变更劳动合同未采用书面形式，但已经实际履行了口头变更的劳动合同超过一个月，且变更后的劳动合同内容不违反法律、行政法规、国家政策以及公序良俗，当事人以未采用书面形式为由主张劳动合同变更无效的，人民法院不予支持。

第十二条　建立了工会组织的用人单位解除劳动合同符合劳动合同法第三十九条、第四十条规定，但未按照劳动合同法第四十三条规定事先通知工会，劳动者以用人单位违法解除劳动合同为由请求用人单位支付赔偿金的，人民法院应予支持，但起诉前用人单位已经补正有关程序的除外。

第十三条　劳动合同法施行后，因用人单位经营期限届满不再继续经营导致劳动合同不能继续履行，劳动者请求用人单位支付经济补偿的，人民法院应予支持。

第十四条　外国人、无国籍人未依法取得就业证件即与中国境内的用人单位签订劳动合同，以及香港特别行政区、澳门特别行政区和台湾地区居民未依法取得就业证件即与内地用人单位签订劳动合同，当事人请求确认与用人单位存在劳动关系的，人民法院不予支持。

持有《外国专家证》并取得《外国专家来华工作许可证》的外国人，与中国境内的用人单位建立用工关系的，可以认定为劳动关系。

第十五条　本解释施行前本院颁布的有关司法解释与本解释抵触的，自本解释施行之日起不再适用。

本解释施行后尚未终审的劳动争议纠纷案件，适用本解释；本解释施行前已经终审，当事人申请再审或者按照审判监督程序决定再审的，不适用本解释。

附件八

中华人民共和国劳动争议调解仲裁法

(2007年12月29日第十届全国人民代表大会常务委员会第三十一次会议通过)

目　录

第一章 总 则

第一条 为了公正及时解决劳动争议，保护当事人合法权益，促进劳动关系和谐稳定，制定本法。

第二条 中华人民共和国境内的用人单位与劳动者发生的下列劳动争议，适用本法：

（一）因确认劳动关系发生的争议；

（二）因订立、履行、变更、解除和终止劳动合同发生的争议；

（三）因除名、辞退和辞职、离职发生的争议；

（四）因工作时间、休息休假、社会保险、福利、培训以及劳动保护发生的争议；

（五）因劳动报酬、工伤医疗费、经济补偿或者赔偿金等发生的争议；

（六）法律、法规规定的其他劳动争议。

第三条 解决劳动争议，应当根据事实，遵循合法、公正、及时、着重调解的原则，依法保护当事人的合法权益。

第四条 发生劳动争议，劳动者可以与用人单位协商，也可以请工会或者第三方共同与用人单位协商，达成和解协议。

第五条 发生劳动争议，当事人不愿协商、协商不成或者达成和解协议后不履行的，可以向调解组织申请调解；不愿调解、调解不成或者达成调解协议后不履行的，可以向劳动争议仲裁委员会申请仲裁；对仲裁裁决不服的，除本法另有规定的外，可以向人民法院提起诉讼。

第六条 发生劳动争议，当事人对自己提出的主张，有责任提供证据。与争议事项有关的证据属于用人单位掌握管理的，用人单位应当提供；用人单位不提供的，应当承担不利后果。

第七条 发生劳动争议的劳动者一方在十人以上，并有共同请求的，可以推举代表参加调解、仲裁或者诉讼活动。

第八条 县级以上人民政府劳动行政部门会同工会和企业方面代表建立协调劳动关系三方机制，共同研究解决劳动争议的重大问题。

第九条 用人单位违反国家规定，拖欠或者未足额支付劳动报酬，或者拖欠工伤医疗费、经济补偿或者赔偿金的，劳动者可以向劳动行政部门投诉，劳动行政部门应当依法处理。

<h2 style="text-align:center">第二章　调　解</h2>

第十条　发生劳动争议，当事人可以到下列调解组织申请调解：

（一）企业劳动争议调解委员会；

（二）依法设立的基层人民调解组织；

（三）在乡镇、街道设立的具有劳动争议调解职能的组织。

企业劳动争议调解委员会由职工代表和企业代表组成。职工代表由工会成员担任或者由全体职工推举产生，企业代表由企业负责人指定。企业劳动争议调解委员会主任由工会成员或者双方推举的人员担任。

第十一条　劳动争议调解组织的调解员应当由公道正派、联系群众、热心调解工作，并具有一定法律知识、政策水平和文化水平的成年公民担任。

第十二条　当事人申请劳动争议调解可以书面申请，也可以口头申请。口头申请的，调解组织应当当场记录申请人基本情况、申请调解的争议事项、理由和时间。

第十三条　调解劳动争议，应当充分听取双方当事人对事实和理由的陈述，耐心疏导，帮助其达成协议。

第十四条　经调解达成协议的，应当制作调解协议书。

调解协议书由双方当事人签名或者盖章，经调解员签名并加盖调解组织印章后生效，对双方当事人具有约束力，当事人应当履行。

自劳动争议调解组织收到调解申请之日起十五日内未达成调解协议的，当事人可以依法申请仲裁。

第十五条　达成调解协议后，一方当事人在协议约定期限内不履行调解协议的，另一方当事人可以依法申请仲裁。

第十六条　因支付拖欠劳动报酬、工伤医疗费、经济补偿或者赔偿金事项达成调解协议，用人单位在协议约定期限内不履行的，劳动者可以持调解协议书依法向人民法院申请支付令。人民法院应当依法发出支付令。

<h2 style="text-align:center">第三章　仲　裁</h2>

<h3 style="text-align:center">第一节　一般规定</h3>

第十七条　劳动争议仲裁委员会按照统筹规划、合理布局和适应实际需要的原

则设立。省、自治区人民政府可以决定在市、县设立；直辖市人民政府可以决定在区、县设立。直辖市、设区的市也可以设立一个或者若干个劳动争议仲裁委员会。劳动争议仲裁委员会不按行政区划层层设立。

第十八条　国务院劳动行政部门依照本法有关规定制定仲裁规则。省、自治区、直辖市人民政府劳动行政部门对本行政区域的劳动争议仲裁工作进行指导。

第十九条　劳动争议仲裁委员会由劳动行政部门代表、工会代表和企业方面代表组成。劳动争议仲裁委员会组成人员应当是单数。

劳动争议仲裁委员会依法履行下列职责：

（一）聘任、解聘专职或者兼职仲裁员；

（二）受理劳动争议案件；

（三）讨论重大或者疑难的劳动争议案件；

（四）对仲裁活动进行监督。

劳动争议仲裁委员会下设办事机构，负责办理劳动争议仲裁委员会的日常工作。

第二十条　劳动争议仲裁委员会应当设仲裁员名册。

仲裁员应当公道正派并符合下列条件之一：

（一）曾任审判员的；

（二）从事法律研究、教学工作并具有中级以上职称的；

（三）具有法律知识、从事人力资源管理或者工会等专业工作满五年的；

（四）律师执业满三年的。

第二十一条　劳动争议仲裁委员会负责管辖本区域内发生的劳动争议。

劳动争议由劳动合同履行地或者用人单位所在地的劳动争议仲裁委员会管辖。双方当事人分别向劳动合同履行地和用人单位所在地的劳动争议仲裁委员会申请仲裁的，由劳动合同履行地的劳动争议仲裁委员会管辖。

第二十二条　发生劳动争议的劳动者和用人单位为劳动争议仲裁案件的双方当事人。

劳务派遣单位或者用工单位与劳动者发生劳动争议的，劳务派遣单位和用工单位为共同当事人。

第二十三条　与劳动争议案件的处理结果有利害关系的第三人，可以申请参加仲裁活动或者由劳动争议仲裁委员会通知其参加仲裁活动。

第二十四条　当事人可以委托代理人参加仲裁活动。委托他人参加仲裁活动，应当向劳动争议仲裁委员会提交有委托人签名或者盖章的委托书，委托书应当载明委托事项和权限。

第二十五条　丧失或者部分丧失民事行为能力的劳动者，由其法定代理人代为参加仲裁活动；无法定代理人的，由劳动争议仲裁委员会为其指定代理人。劳动者死亡的，由其近亲属或者代理人参加仲裁活动。

第二十六条　劳动争议仲裁公开进行，但当事人协议不公开进行或者涉及国家秘密、商业秘密和个人隐私的除外。

第二节　申请和受理

第二十七条　劳动争议申请仲裁的时效期间为一年。仲裁时效期间从当事人知道或者应当知道其权利被侵害之日起计算。

前款规定的仲裁时效，因当事人一方向对方当事人主张权利，或者向有关部门请求权利救济，或者对方当事人同意履行义务而中断。从中断时起，仲裁时效期间重新计算。

因不可抗力或者有其他正当理由，当事人不能在本条第一款规定的仲裁时效期间申请仲裁的，仲裁时效中止。从中止时效的原因消除之日起，仲裁时效期间继续计算。

劳动关系存续期间因拖欠劳动报酬发生争议的，劳动者申请仲裁不受本条第一款规定的仲裁时效期间的限制；但是，劳动关系终止的，应当自劳动关系终止之日起一年内提出。

第二十八条　申请人申请仲裁应当提交书面仲裁申请，并按照被申请人人数提交副本。

仲裁申请书应当载明下列事项：

（一）劳动者的姓名、性别、年龄、职业、工作单位和住所，用人单位的名称、住所和法定代表人或者主要负责人的姓名、职务；

（二）仲裁请求和所根据的事实、理由；

（三）证据和证据来源、证人姓名和住所。

书写仲裁申请确有困难的，可以口头申请，由劳动争议仲裁委员会记入笔录，并告知对方当事人。

第二十九条 劳动争议仲裁委员会收到仲裁申请之日起五日内，认为符合受理条件的，应当受理，并通知申请人；认为不符合受理条件的，应当书面通知申请人不予受理，并说明理由。对劳动争议仲裁委员会不予受理或者逾期未作出决定的，申请人可以就该劳动争议事项向人民法院提起诉讼。

第三十条 劳动争议仲裁委员会受理仲裁申请后，应当在五日内将仲裁申请书副本送达被申请人。

被申请人收到仲裁申请书副本后，应当在十日内向劳动争议仲裁委员会提交答辩书。劳动争议仲裁委员会收到答辩书后，应当在五日内将答辩书副本送达申请人。被申请人未提交答辩书的，不影响仲裁程序的进行。

第三节 开庭和裁决

第三十一条 劳动争议仲裁委员会裁决劳动争议案件实行仲裁庭制。仲裁庭由三名仲裁员组成，设首席仲裁员。简单劳动争议案件可以由一名仲裁员独任仲裁。

第三十二条 劳动争议仲裁委员会应当在受理仲裁申请之日起五日内将仲裁庭的组成情况书面通知当事人。

第三十三条 仲裁员有下列情形之一，应当回避，当事人也有权以口头或者书面方式提出回避申请：

（一）是本案当事人或者当事人、代理人的近亲属的；

（二）与本案有利害关系的；

（三）与本案当事人、代理人有其他关系，可能影响公正裁决的；

（四）私自会见当事人、代理人，或者接受当事人、代理人的请客送礼的。

劳动争议仲裁委员会对回避申请应当及时作出决定，并以口头或者书面方式通知当事人。

第三十四条 仲裁员有本法第三十三条 第四项规定情形，或者有索贿受贿、徇私舞弊、枉法裁决行为的，应当依法承担法律责任。劳动争议仲裁委员会应当将其解聘。

第三十五条 仲裁庭应当在开庭五日前，将开庭日期、地点书面通知双方当事人。当事人有正当理由的，可以在开庭三日前请求延期开庭。是否延期，由劳动争议仲裁委员会决定。

第三十六条　申请人收到书面通知，无正当理由拒不到庭或者未经仲裁庭同意中途退庭的，可以视为撤回仲裁申请。

被申请人收到书面通知，无正当理由拒不到庭或者未经仲裁庭同意中途退庭的，可以缺席裁决。

第三十七条　仲裁庭对专门性问题认为需要鉴定的，可以交由当事人约定的鉴定机构鉴定；当事人没有约定或者无法达成约定的，由仲裁庭指定的鉴定机构鉴定。

根据当事人的请求或者仲裁庭的要求，鉴定机构应当派鉴定人参加开庭。当事人经仲裁庭许可，可以向鉴定人提问。

第三十八条　当事人在仲裁过程中有权进行质证和辩论。质证和辩论终结时，首席仲裁员或者独任仲裁员应当征询当事人的最后意见。

第三十九条　当事人提供的证据经查证属实的，仲裁庭应当将其作为认定事实的根据。

劳动者无法提供由用人单位掌握管理的与仲裁请求有关的证据，仲裁庭可以要求用人单位在指定期限内提供。用人单位在指定期限内不提供的，应当承担不利后果。

第四十条　仲裁庭应当将开庭情况记入笔录。当事人和其他仲裁参加人认为对自己陈述的记录有遗漏或者差错的，有权申请补正。如果不予补正，应当记录该申请。

笔录由仲裁员、记录人员、当事人和其他仲裁参加人签名或者盖章。

第四十一条　当事人申请劳动争议仲裁后，可以自行和解。达成和解协议的，可以撤回仲裁申请。

第四十二条　仲裁庭在作出裁决前，应当先行调解。

调解达成协议的，仲裁庭应当制作调解书。

调解书应当写明仲裁请求和当事人协议的结果。调解书由仲裁员签名，加盖劳动争议仲裁委员会印章，送达双方当事人。调解书经双方当事人签收后，发生法律效力。

调解不成或者调解书送达前，一方当事人反悔的，仲裁庭应当及时作出裁决。

第四十三条　仲裁庭裁决劳动争议案件，应当自劳动争议仲裁委员会受理仲裁申请之日起四十五日内结束。案情复杂需要延期的，经劳动争议仲裁委员会主任批准，可以延期并书面通知当事人，但是延长期限不得超过十五日。逾期未作出仲裁裁决的，当事人可以就该劳动争议事项向人民法院提起诉讼。

仲裁庭裁决劳动争议案件时，其中一部分事实已经清楚，可以就该部分先行裁决。

第四十四条　仲裁庭对追索劳动报酬、工伤医疗费、经济补偿或者赔偿金的案件，根据当事人的申请，可以裁决先予执行，移送人民法院执行。

仲裁庭裁决先予执行的，应当符合下列条件：

（一）当事人之间权利义务关系明确；

（二）不先予执行将严重影响申请人的生活。

劳动者申请先予执行的，可以不提供担保。

第四十五条　裁决应当按照多数仲裁员的意见作出，少数仲裁员的不同意见应当记入笔录。仲裁庭不能形成多数意见时，裁决应当按照首席仲裁员的意见作出。

第四十六条　裁决书应当载明仲裁请求、争议事实、裁决理由、裁决结果和裁决日期。裁决书由仲裁员签名，加盖劳动争议仲裁委员会印章。对裁决持不同意见的仲裁员，可以签名，也可以不签名。

第四十七条　下列劳动争议，除本法另有规定的外，仲裁裁决为终局裁决，裁决书自作出之日起发生法律效力：

（一）追索劳动报酬、工伤医疗费、经济补偿或者赔偿金，不超过当地月最低工资标准十二个月金额的争议；

（二）因执行国家的劳动标准在工作时间、休息休假、社会保险等方面发生的争议。

第四十八条　劳动者对本法第四十七条规定的仲裁裁决不服的，可以自收到仲裁裁决书之日起十五日内向人民法院提起诉讼。

第四十九条　用人单位有证据证明本法第四十七条规定的仲裁裁决有下列情形之一，可以自收到仲裁裁决书之日起三十日内向劳动争议仲裁委员会所在地的中级人民法院申请撤销裁决：

（一）适用法律、法规确有错误的；

（二）劳动争议仲裁委员会无管辖权的；

（三）违反法定程序的；

（四）裁决所根据的证据是伪造的；

（五）对方当事人隐瞒了足以影响公正裁决的证据的；

（六）仲裁员在仲裁该案时有索贿受贿、徇私舞弊、枉法裁决行为的。

人民法院经组成合议庭审查核实裁决有前款规定情形之一的，应当裁定撤销。

仲裁裁决被人民法院裁定撤销的，当事人可以自收到裁定书之日起十五日内就该劳动争议事项向人民法院提起诉讼。

第五十条　当事人对本法第四十七条规定以外的其他劳动争议案件的仲裁裁决不服的，可以自收到仲裁裁决书之日起十五日内向人民法院提起诉讼；期满不起诉的，裁决书发生法律效力。

第五十一条　当事人对发生法律效力的调解书、裁决书，应当依照规定的期限履行。一方当事人逾期不履行的，另一方当事人可以依照民事诉讼法的有关规定向人民法院申请执行。受理申请的人民法院应当依法执行。

第四章　附　则

第五十二条　事业单位实行聘用制的工作人员与本单位发生劳动争议的，依照本法执行；法律、行政法规或者国务院另有规定的，依照其规定。

第五十三条　劳动争议仲裁不收费。劳动争议仲裁委员会的经费由财政予以保障。

第五十四条　本法自 2008 年 5 月 1 日起施行。

附录二 国家级和省级(山东)高校毕业生就业政策

附件一

人力资源社会保障部
关于职业院校毕业生参加事业单位公开招聘有关问题的通知

人社部发〔2021〕82号

各省、自治区、直辖市及新疆生产建设兵团人力资源社会保障厅（局），国务院各部委、各直属机构人事部门：

为深入贯彻习近平总书记在中央人才工作会议上的重要讲话精神和对职业教育、技能人才工作的重要指示精神，落实党中央、国务院关于积极推动职业院校毕业生在参加事业单位招聘等方面与普通高校毕业生享受同等待遇的要求，促进职业教育事业发展和技能人才队伍建设，根据《事业单位人事管理条例》和《事业单位公开招聘人员暂行规定》，现就职业院校（含技工院校，下同）毕业生参加事业单位公开招聘有关问题通知如下。

一、事业单位公开招聘要树立正确的选人用人理念，破除唯名校、唯学历的用人导向，建立以品德和能力为导向、以岗位需求为目标的人才使用机制。要合理制定公开招聘资格条件要求，不得将毕业院校、国（境）外学习经历、学习方式作为限制性条件，切实维护、保障职业院校毕业生参加事业单位公开招聘的合法权益和平等竞争机会。

二、事业单位公开招聘资格条件中的专业条件要求，应当以完成岗位职责任务所需具备的管理能力、专业素质或者技能水平为依据，按照事业单位公开招聘专业指导目录设置，或者参考考试录用公务员、高等学校、职业教育、技工院校等专业

172

目录设置，并将所参考目录在招聘公告中予以明确。

三、事业单位公开招聘中有职业技能等级要求的岗位，可以适当降低学历要求，或者不再设置学历要求。在符合专业等其他条件的前提下，技工院校预备技师（技师）班毕业生可报名应聘学历要求为大学本科的岗位，高级工班毕业生可报名应聘学历要求为大学专科的岗位。

四、事业单位公开招聘主要以技能操作或技能指导履行职责任务的岗位，实际操作能力测试在考试中的比重原则上不低于50%。职业院校毕业生为世界技能大赛国家集训选手、全国技能大赛优胜奖以上选手、全国行业职业技能竞赛获奖选手（一类职业技能大赛中获决赛单人赛项前10名、双人赛项前7名、三人赛项前5名的选手）的，可作为高技能人才按规定采取直接考察的方式公开招聘到与所获技能奖项相关的岗位工作。

五、鼓励引导职业院校毕业生积极投身乡村振兴事业，职业院校毕业生与普通高校毕业生同等享受艰苦边远地区基层事业单位公开招聘倾斜政策。乡村振兴重点帮扶县基层事业单位工勤技能岗位补充急需紧缺技能人才的，可面向职业院校毕业生专项招聘。

各地各部门要进一步提高政治站位，从贯彻新发展理念、服务国家经济社会高质量发展的高度，充分认识做好职业院校毕业生参加事业单位公开招聘的重要性、必要性，认真履职尽责，按照本通知要求抓好贯彻落实，促进公共服务事业发展和技能人才队伍建设，助力营造人人皆可成才、人人尽展其才的良好社会环境。

人力资源社会保障部

2021 年 10 月 22 日

附件二

人力资源社会保障部
关于开展 2021 年高校毕业生就业服务行动的通知

各省、自治区、直辖市及新疆生产建设兵团人力资源社会保障厅（局）：

为深入实施高校毕业生就业创业促进计划，进一步促进未就业高校毕业生实现就业，人力资源社会保障部决定实施"2021 年高校毕业生就业服务行动"。现就有关事项通知如下：

一、总体要求和目标

以习近平新时代中国特色社会主义思想为指导，贯彻落实党中央、国务院决策部署，把促进未就业高校毕业生就业作为"我为群众办实事"的重要举措，聚焦未就业毕业生求职关切和期盼，政策支持与服务保障并举，普遍服务与特别帮扶并行，统筹资源力量，全力开展攻坚，用心用情用力帮助解决求职中的困难和问题，集中促进就业创业。

通过实施实名服务，确保有就业意愿的 2021 届未就业毕业生就业服务不断线；通过实施常态化失业管理服务，使有求职意愿的失业青年及时得到针对性就业帮扶；通过实施服务攻坚，力争青年失业水平稳中有降。

二、行动主题

暖心助航 就创青春。

三、行动时间

2021 年 9 月 1 日至 12 月 31 日。

四、服务对象

（一）2021 届离校未就业高校毕业生，对象信息通过与教育部门信息交接、求职登记小程序、基层走访等渠道获取。

（二）35 岁以下登记失业青年，对象信息通过线上失业登记服务平台、线下失业登记、求职登记小程序等渠道获取。

上述两类服务对象以下统称毕业生。

五、主要措施

点对点推介岗位信息，根据登记毕业生意愿、专业、技能等特点，精准推荐适合的岗位信息。加密线上线下招聘，丰富行业专业、直播带岗等特色招聘，根据疫情防控要求灵活组织现场招聘，覆盖全省的大型综合招聘至少举办 1 次，地级以上城市小型专场招聘每周 1 次。常态化归集发布岗位信息，做好学历、专业等信息筛查，剔除无效信息，提升招聘精准度。

组织一次职业指导师对口联系社区活动，重点针对慢就业、缓就业毕业生，了解分析原因，分类指导引导。开展一次制造业职业体验活动，筛选一批先进制造、智能制造等实体经济企业，为毕业生提供观摩交流、跟岗学习机会，增强职业认知、感受职业发展。

　　高质量开展职业培训，充分调动企业、培训机构优质资源，引导毕业生参加新型学徒制培训、创业培训、新职业培训等，增强职业发展能力。密集组织见习对接，发布见习目录清单，动员用人单位增设一批适合毕业生的管理、技术、科研类岗位，拓展实践机会。

　　就业困难毕业生帮扶台账，针对不同困难状况和需求，分类制定帮扶计划，探索建立跟踪回访制度。完善精细化帮扶举措，提供必要的托底安置，确保零就业家庭毕业生至少一人就业，一对一帮助一批残疾毕业生就业，支持一批长期失业毕业生融入就业市场。

　　加强对企业用工监督检查，督促用人单位与招用的毕业生签订劳动合同，依法约定试用期，规范劳务派遣用工。规范招聘市场秩序，依法查处虚假招聘、"黑职介"等违法行为，及时纠正招聘中的各类就业歧视和不合理限制性招聘条件，配合有关部门依法查处以求职、培训、创业为名义的非法借贷行为。

　　至少开展一次毕业生就业政策集中宣传，采取多种形式将政策清单、补贴标准、申领流程、受理机构等向毕业生和用人单位广而告之。便利政策申请享受，对毕业生就业补贴政策依申请发放，推广运用线上补贴申领平台，对符合条件、提出申请的，及时兑现政策。

　　六、工作要求

　　各地要把实施高校毕业生就业服务行动作为贯彻落实党史学习教育"我为群众办实事"的重要载体，将抓落实、求实效、解难题贯穿服务全程，高度重视，精心组织。结合本地实际细化措施安排，分解落实任务，科学调配力量，确保行动顺利推进。紧扣行动主题组织专题宣传，及时发布行动安排、活动预告和服务成效，推广一批毕业生自强自立、就业创业的先进典型，扩大行动参与度和影响力。行动结束后，认真总结工作情况，提出改进措施，形成书面报告，并填写《2021年高校毕业生就业服务行动情况汇总表》（从 http://www.job.mohrss.gov.cn/wdxz/index.jhtml 下载），于 2022 年 1 月 10 日前报我部。

人力资源社会保障部

2021 年 8 月 20 日

附件三

山东省人民政府
关于进一步强化就业优先政策做好稳就业保就业工作的通知

鲁政字〔2021〕136 号

各市人民政府,各县(市、区)人民政府,省政府各部门、各直属机构,各大企业,各高等院校:

为深入贯彻落实党中央、国务院决策部署,推动实现更加充分更高质量就业,现就进一步强化就业优先政策、做好稳就业保就业工作通知如下。

一、坚持经济发展就业导向。将稳定和扩大就业作为制定经济增长目标的基准,强化城镇新增就业、调查失业率刚性约束。构建以更加充分更高质量就业为取向的经济增长方式,推动财政、金融、投资、消费、产业、外贸等政策聚焦稳就业综合发力。精准谋划实施补链延链强链项目,打造具有国际竞争力的"十强"现代优势产业集群,对带动就业作用大的行业企业和重点项目实施差别化资源要素配置。发挥开发区吸纳就业作用,打造区域经济发展和就业增长极。扩大短期出口信用保险承保规模,根据市场化原则适度降低保险费率。各级各类涉企评选表彰要把就业贡献度、用工规范度、安置残疾人就业作为重要参考。对就业与社会保障表现突出民营企业给予表扬激励。(省发展改革委、省工业和信息化厅、省财政厅、省人力资源社会保障厅、省自然资源厅、省农业农村厅、省商务厅、省国资委、省地方金融监管局、人民银行济南分行、省工商联等按职责分工负责)

二、延续稳岗扩岗政策。阶段性降低失业、工伤保险费率政策延续实施至 2022 年 4 月 30 日。统筹地区 2020 年末失业保险基金滚存结余具备 1 年以上备付能力的,继续实施稳岗返还政策,中小微企业按企业及其职工上年度实际缴纳失业保险费的 60%、大型企业按 30%返还,社会团体、基金会、社会服务机构、律师事务所、会计师事务所、以单位形式参保的个体经济组织参照实施,政策受理期截至 2021 年 12 月 31 日。对 2021 年 1 月至 12 月,新吸纳就业(新吸纳时间以本年度首次在本企业缴纳社会保险时间为准)并组织开展以工代训的中小微企业,按吸纳人数给予企业每月 500 元/人、最长 6 个月的职业培训补贴;受疫情影响较大的外贸、住宿餐饮、文化旅游、交通运输、批发零售行业,补贴范围扩大到大型企业。(省工业和信息化厅、省财政厅、省税务局、省人力资源社会保障厅等按职责分工负责)

三、优化用工保障服务。开展企业用工保障服务专项行动，健全重点企业常态化用工服务机制，缓解企业用工难。组织人力资源服务机构帮助企业解决用工问题，省级对作出突出贡献的人力资源服务机构给予 50 万元奖补。完善跨区域劳务协作机制，加强沿黄流域省际人力资源合作，吸引省外劳动力来鲁就业。加强共享用工指导服务，促进用工余缺调剂合作。优化企业用工生态，对劳动关系和谐企业开展联合激励。为符合条件的新就业无房职工发放住房租赁补贴。有条件的市可在开发区、高新区等企业密集区域建设人才公寓或青年公寓，以低于市场租金标准向符合条件的青年职工提供。（省人力资源社会保障厅、省工业和信息化厅、省教育厅、省财政厅、省住房城乡建设厅、省总工会等按职责分工负责）

四、加强重点群体就业支持。实施高校毕业生（含海归毕业生，下同）留鲁来鲁就业创业推进行动，提高应届毕业生留鲁率。国有企业新增岗位招聘应届高校毕业生比例不低于 50％。加大机关、事业单位应届毕业生招录（招聘）力度。扩大教师特岗计划、"三支一扶"计划、"西部计划"等基层项目招募规模。2021 年 1 月至 12 月，对见习期未满与高校毕业生签订劳动合同的，给予见习单位剩余期限见习补贴。健全就业困难人员即时援助、"零就业"家庭动态消零机制，扩大城市公益性岗位开发规模。使用专项公益性岗位对符合条件的下岗失业、就业困难退役士兵提供帮扶。推动落实按比例安排残疾人就业，加大对辅助性就业、集中就业和残疾人自主创业、灵活就业、居家就业扶持。（省委组织部、省人力资源社会保障厅、省教育厅、省财政厅、省国资委、省退役军人厅、省残联、团省委等按职责分工负责）

五、助力脱贫攻坚与乡村振兴有效衔接。在农业农村基础设施建设领域推广以工代赈方式，优先吸纳脱贫人口、即时帮扶人口和农村低收入人口参与。开发一批农村护路、管水、保洁、治安、植树造林等乡村公益性岗位，兜底安置脱贫人口。优化对口支援和东西部协作劳务帮扶方式，吸引中西部省份脱贫人口到我省就业。构建现代乡村产业体系，培育家庭农场、农民合作社，促进农村劳动力就地就近就业。高质量建设一批县域返乡入乡创业园，完善财政、税费减免、金融保险、用地保障等扶持政策，吸引农民工、高校毕业生和退役军人等人员返乡入乡创业。（省人力资源社会保障厅、省农业农村厅、省乡村振兴局、省发展改革委等按职责分工负责）

六、完善创业带动就业保障制度。围绕企业全生命周期，推出 100 件高频事项极简办、集成办、全域办。拓宽创业担保贷款担保基金补充渠道，各市在控制风险前提下，可按照担保基金放大 5 至 10 倍的规模提供担保服务。逐步将创业带动就业扶持资金纳入财政预算，优化支出方向。支持建设创业载体，经认定的省级创业载体，应安排一定比例的场地，向应届高校毕业生、返乡创业农民工、残疾人等群体免费提供。深化创业型城市、街道、社区创建，开展创业服务展示交流、创业大赛、创业典型人物选树活动。实施大学生创业引领计划，每年扶持 2 万名以上大学生创业。开发特色创业实训项目，健全省、市、县三级创业导师队伍，推进建设创业诊所、创业指导专家工作室。（省政府办公厅、省发展改革委、省市场监管局、省财政厅、省人力资源社会保障厅、省科技厅、人民银行济南分行等按职责分工负责）

七、健全多层次职业技能提升体系。聚焦"十强"产业高质量发展，大力发展职业技术教育，扩大招生规模，深化职普融通、产教融合、校企合作。支持各类企业特别是规模以上企业、职工规模较大企业设立职工培训中心，与职业院校、技工院校共建实训中心、教学工厂。创新开展"行校合作"，按规定给予培训补贴。实施行业性、群体性专项培训、新就业形态技能提升培训、专项职业能力培训，加大培训补贴资金直补企业力度。继续实施困难人员培训生活费补贴，技能提升补贴申领条件继续放宽至企业在职职工参加失业保险 1 年以上，政策受理期截至 2021 年12 月 31 日。（省人力资源社会保障厅、省教育厅、省工业和信息化厅、省财政厅等按职责分工负责）

八、提高人力资源市场化配置水平。发展专业性、行业性人力资源市场，畅通劳动力要素流动渠道。实施人力资源服务业高质量发展行动，省级安排专项扶持资金，鼓励有条件的地方采取政府股权投入、建立产业基金等方式加大资金支持，培育引进一批人力资源服务头部企业、骨干企业，推动人力资源服务业集聚发展。依托知名高校、人力资源服务企业，多层次、多渠道培养人力资源服务业急需人才。鼓励政府向社会力量购买人力资源服务。开展人力资源服务行业促就业行动。探索运用大数据、云计算等现代技术创新监管方式，规范网络招聘，构建人力资源服务机构守信激励和失信惩戒机制。（省人力资源社会保障厅、省财政厅、省市场监管局等按职责分工负责）

九、增强失业风险防范治理能力。开展省级月度调查失业率统计，探索建立市级调查失业率统计制度。将防范应对规模性失业风险列入经济社会发展综合考核。加强对产能调整、经贸摩擦、专项治理等对就业影响和失业风险评估，对可能引发规模性失业风险的，提前制定工作预案和应对措施。一个企业一次性裁员超过 100 人以上的，市级政府应及时向省政府报告。畅通线上线下失业登记，精准开展岗位推荐和就业服务。设立一批基层就业服务专员，缓解街道（乡镇）、社区（村）就业服务力量薄弱问题，使用就业补助资金给予补贴。继续实施失业保险扩围政策，保障范围调整为 2021 年 1 月 1 日之后新发生的参保失业人员，政策受理期截至 2021 年 12 月 31 日。（国家统计局山东调查总队、省统计局、省发展改革委、省工业和信息化厅、省商务厅、省财政厅、省人力资源社会保障厅、省税务局等按职责分工负责）

十、强化就业优先保障。政府主要负责人要定期听取情况汇报、开展调查研究，加强对就业工作的组织领导和统筹协调。健全省市县就业和农民工工作议事协调机制，领导小组成员单位每年要推出一批稳就业扩就业政策举措。加强就业督导考核，建立约谈制度，推动解决就业领域重大问题和隐患风险。加大各级财政就业补助资金投入，健全完善就业补助资金直达机制。加大失业保险基金省级调剂，2023 年年底前实现失业保险省级统筹。开展就业创业先进集体、个人表彰，加大正向激励。各级新闻宣传部门要加大对基层就业、自主创业、灵活就业、技能成才典型人物宣传，引导劳动者特别是青年群体转变就业观念。健全就业政策、就业形势新闻发布制度，讲好就业优先"山东篇"。（各市政府，省人力资源社会保障厅、省财政厅、省委宣传部等按职责分工负责）

山东省人民政府

2021 年 7 月 31 日

附件四

山东省创业带动就业扶持资金管理办法

第一章　总　则

第一条　为加强创业带动就业扶持资金管理，确保资金使用规范高效，根据《山东省人民政府关于进一步稳定和扩大就业的若干意见》（鲁政发〔2018〕30 号）、省委经济运行应急保障指挥部《保居民就业工作方案》（〔2020〕20 号）、《山东省人民政府印发关于积极应对新冠肺炎疫情做好稳就业工作的若干措施的通知》（鲁政发〔2020〕5号）等有关规定，制定本办法。

第二条　本办法所称创业带动就业扶持资金，是指各级人民政府根据有关规定，在留足本级支付失业保险待遇的资金和应对失业风险的资金基础上，从失业保险基金滚存结余中安排用于扶持创业带动就业的专项资金。

如国家出台涉及上述资金管理的政策法规或取消东部七省市扩大失业保险基金支出范围试点，按照国家有关规定及时调整资金支持政策。

第三条　创业带动就业扶持资金的支付管理，按照《财政部人力资源社会保障部 国家卫生计生委关于印发〈社会保险基金财务制度〉的通知》（财社〔2017〕144号）、《山东省财政厅 山东省人力资源和社会保障厅关于印发〈山东省就业补助资金管理办法〉的通知》（鲁财社〔2018〕86号）有关规定执行。

第四条　创业带动就业扶持资金按照现行失业保险基金管理使用层次，分级负责，分级管理。

第五条　各级要统筹使用一般公共预算安排的就业补助资金和创业带动就业扶持资金，形成支持就业创业资金合力，提高资金整体效率。

失业保险基金备付能力不足、无法从失业保险基金滚存结余中足额安排创业带动就业扶持资金的，可以通过增加一般公共预算予以保障。

第六条　创业带动就业扶持资金专款专用，资金申领程序要科学、严密，支付程序要阳光、透明、快捷，要与就业补助资金分账管理，严格按规定用途、范围和程序使用。

第二章　资金筹集与使用

第七条　根据失业保险基金结余状况，失业保险统筹地区可以从本级失业保险基金结余中安排创业带动就业扶持资金。

第八条　创业带动就业扶持资金主要用于职业培训补贴、一次性创业补贴、一次性创业岗位开发补贴、创业场所租赁补贴、创业师资培训补贴、创业担保贷款贴息及奖补、省级创业创新示范综合体奖补、创业型城市和街道（社区）奖补、创业训练营补助、创业典型人物奖励（创业大赛奖补）、省级创业孵化示范基地（创业示范园区）运营补贴、创业孵化补贴、乡村振兴劳务基地一次性奖补、家庭服务业职业培训省级示范基地奖补、创业服务补助、扶持人力资源服务业发展以及省政府批准的其他支出。

第九条 职业培训补贴、一次性创业补贴、一次性创业岗位开发补贴、创业场所租赁补贴、创业师资培训补贴。各级可以统筹就业补助资金和创业带动就业扶持资金用于落实职业培训补贴、一次性创业补贴、一次性创业岗位开发补贴、创业场所租赁补贴、创业师资培训补贴，补贴对象及申请、审核、拨付程序按照《山东省财政厅、山东省人力资源和社会保障厅关于印发〈山东省就业补助资金管理办法〉的通知》（鲁财社〔2018〕86号）有关规定执行。市级具体实施办法由各市（设区的市，下同）自行制定。

申领一次性创业补贴、一次性创业岗位开发补贴，所需材料中的财务报表，可更换为企业所得税纳税申报表（或个人所得税经营所得纳税申报表）。小微企业认定按照市场监管部门公布的小微企业名录进行查验比对，划型标准参照《工业和信息化部 国家统计局 国家发展和改革委员会 财政部关于印发中小企业划型标准规定的通知》（工信部联企业〔2011〕300号）规定执行（下同）。

第十条 创业担保贷款贴息及奖补。2021年1月1日起，新发放的个人和小微企业创业担保贷款利息，LPR-150BP以下部分，由借款人和借款企业承担，剩余部分按规定贴息。对当年新发放的创业担保贷款（含中央及省市县政府出台的扶持创业担保贷款），按照贷款总额的1%给予奖励。

创业担保贷款贴息和奖补资金的省级承担部分，由省级创业带动就业扶持资金安排。中央和省级分担比例、具体扶持内容及资金申请拨付办法，根据国家和省有关规定执行。

第十一条 省级创业创新示范综合体补助。对依据《山东省省级创业创新示范综合体认定和培育奖励实施细则》认定的省级创业创新示范综合体，根据其就业创业服务成果给予最高不超过5000万元的一次性奖补。奖补资金主要用于为各类创业群体和机构提供就业创业服务、经营场地租金减免、创业创新服务机构引进补助以及综合体管理运行经费，不得用于人员经费和基本建设支出。

有条件的市可以参照省里做法，制定市级创业创新示范综合体认定培育及奖补办法，所需奖补资金从市级创业带动就业扶持资金中安排。

第十二条 创业型城市、街道（社区）奖补。对认定的国家级创业型城市、省级创业型城市、省级创业型街道（乡、镇）、省级创业型社区，分别给予一次性奖补 100 万元、50 万元、20 万元、5 万元，所需资金从省级创业带动就业扶持资金安排。创业型城市、街道（社区）奖补资金主要用于落实各项创业扶持政策和开展创业工作，不得用于人员经费和基本建设支出。

各市可以结合本地实际，对评估认定的市级创业型县（市、区）、创业型街道（乡、镇）和创业型社区给予一次性奖补，所需资金从市级创业带动就业扶持资金安排。

第十三条　创业训练营补助。选拔有持续发展和领军潜力的初创企业经营者，开展以一对一咨询、理论培训、观摩实训和对接服务为主要内容的创业训练营活动。省级创业训练营按照每人不超过 1.5 万元的标准给予补助，所需资金从省级创业带动就业扶持资金安排。承担省级创业训练的机构申请创业训练营补助时，应当提供培训人员报名申请表、培训人员花名册和身份证复印件、培训合格证书复印件等资料，经省人力资源社会保障厅审核后，按照规定将补贴资金拨付到培训机构在银行开立的基本账户。

市级人力资源社会保障部门组织的创业训练营活动，补贴标准和拨付程序由各市自行制定，所需资金从市级创业带动就业扶持资金安排。

第十四条　创业典型人物奖励（创业大赛奖补）。对每年新评选的"山东省大学生十大创业之星""山东省十大返乡创业农民工""山东省十大创业导师"分别给予 5 万元奖励，对"山东优秀大学生创业者"给予每人 1 万元奖励；对"山东省创业大赛"前十名，根据获奖等次（特等奖、一等奖、二等奖、三等奖）由高到低分别给予 20 万、10 万、8 万、5 万元奖励。创业典型人物奖励资金经省人力资源社会保障厅审核后，按照规定支付到获奖人员个人银行账户。

各市可以结合本地实际，制定市级创业典型人物奖励办法，所需资金从市级创业带动就业扶持资金安排。

第十五条　省级创业孵化示范基地、创业示范园区运营补贴。对经年度考评合格的省级创业孵化示范基地、创业示范园区，根据运营情况给予最高 50 万元的运营补贴，具体考评办法和资金拨付办法另行制定。省级创业孵化示范基地、创业示范园区运营补贴主要用于为入驻单位（实体）提供创业服务、经营场地租金减免以及管理运行经费，不得用于人员经费和基本建设支出。

有条件的市可以制定市级创业孵化示范基地、创业示范园区运营补贴办法，所需资金从市级创业带动就业扶持资金中安排。

第十六条　创业孵化补贴。对地方依法设立并经人力资源社会保障部门认定，提供创业孵化服务的创业孵化基地、创业园区，可按实际孵化成功企业户数给予创业孵化补贴，具体办法由各市自行制定，所需资金从市级创业带动就业扶持资金中安排。

第十七条　乡村振兴劳务基地一次性奖补。根据国家和省脱贫攻坚与乡村振兴衔接部署要求，各市可以认定一批吸纳乡村低收入人员的乡村振兴劳务基地，使用市级创业带动就业扶持资金给予一次性奖补，具体实施办法由各市自行制定。

第十八条　家庭服务业职业培训省级示范基地奖补。对认定的家庭服务业职业培训省级示范基地，给予 50 万元的一次性奖补。奖补资金主要用于基地项目培训及规范化、职业化发展，不得用于人员经费和基本建设支出。

第十九条　创业服务补助。各市可以根据创业服务效果，对人力资源社会保障部门认定的返乡创业服务站、创业导师，以及通过购买服务方式委托第三方机构组织开展的创业大赛等创业活动给予补助，所需资金从市级创业带动就业扶持资金中安排。具体办法由各市自行制定。

第二十条　人力资源服务业发展扶持资金。每年从省级创业带动就业扶持资金中安排一定资金，用于扶持全省人力资源服务业发展。资金的使用按照山东省省级人力资源服务业发展扶持资金管理办法执行。

第三章　管理与控制

第二十一条　加强信息审核。各级人力资源社会保障部门负责对上述各项补贴支出申请材料的全面性、真实性进行审核。各市通过部门内部、系统内部或与其他部门信息共享可以获取相关信息的，不得要求申请人重复提供证明材料。

第二十二条　加强预算管理。各级财政和人力资源社会保障部门应当按照社会保险基金预算编制要求和程序编制创业带动就业扶持资金预算，经审核后列入年度失业保险基金预算并按照规定程序报批。

第二十三条　加强预算执行。各级人力资源社会保障部门按照资金使用要求对有关支出项目进行审核后，会同级财政部门下达项目补助资金文件，从失业保险基金财政专户拨付失业保险基金支出户后，按照规定支付。省级创业带动就业扶持资金通过省级失业保险基金支出户拨付至各市失业保险基金收入户，再按照规定拨入同级财政专户，根据支出需求，通过各市失业保险基金支出户安排支出或对下级拨款。省本级项目支出，通过省级失业保险基金支出户拨付至项目单位。各级财政、人力资源社会保障部门要加强创业带动就业扶持资金预算执行管理工作，建立完善预算执行责任制，及时审核拨付资金，提高预算执行的均衡性。强化资金绩效管理，对绩效低下项目及时清退。

第二十四条　加强决算管理。各级人力资源社会保障部门在年度结束后，要认真做好创业带动就业扶持资金的清理和对账工作，及时向同级财政部门报送创业带动就业扶持资金年度使用情况和说明，确保内容完整、数据真实。各级财政、人力资源社会保障部门要将审核汇总后的创业带动就业扶持资金支出列入失业保险基金决算"其他促进就业支出"，并在相应明细附表中填列，按照规定报送上级财政、人力资源社会保障部门。

第二十五条　加强绩效管理。建立科学规范的绩效评价指标体系，积极推进创业带动就业扶持资金的绩效管理。省人力资源社会保障厅负责组织开展省级创业带动就业扶持资金绩效评价。评价结果作为下年度资金预算安排与创业带动就业扶持项目设置重要依据。

第四章　监督检查

第二十六条　创业带动就业扶持资金不得用于部门（单位）人员经费、公用经费、差旅费、会议费或者变相用于房屋建筑购建、租赁、交通工具购置等支出。个人按照本办法申领获得的补贴奖励资金，具体用途由申请人确定，不受本条规定限制。

各级人力资源社会保障、财政部门要密切配合，定期或不定期检查创业带动就业扶持资金管理使用情况并及时进行通报，共同研究解决创业带动就业扶持资金使用过程中存在的问题，并自觉接受监察、审计部门和社会监督。

第二十七条　对违规使用创业带动就业扶持资金、存在下列情形的单位和个人，按照《财政违法行为处罚处分条例》（国务院令第427号）有关规定进行严肃处理，相关信息记入全省公共信用信息平台，实行联合惩戒；对构成犯罪的，依法追究其刑事责任。

（一）截留、挤占、挪用、贪污创业带动就业扶持资金的；

（二）擅自改变创业带动就业扶持资金用途的；

（三）擅自改变支出范围和标准的；

（四）虚报、冒领、骗取创业带动就业扶持资金的；

（五）其他违反国家有关法律、法规的。

第五章　附　则

第二十八条　各市可以根据本办法，结合本地实际情况制定具体实施细则。

第二十九条　本办法自 2021 年 5 月 1 日起施行，有效期至 2026 年 4 月 30 日。

附件五

山东省人民政府办公厅
关于支持多渠道灵活就业二十条措施的通知

鲁政办发〔2020〕19 号

各市人民政府，各县（市、区）人民政府，省政府各部门、各直属机构，各大企业：

为深入贯彻落实习近平新时代中国特色社会主义思想和党的十九大精神，进一步拓宽劳动者就业增收渠道，做好稳就业、保居民就业工作，根据《国务院办公厅关于支持多渠道灵活就业的意见》（国办发〔2020〕27 号）要求，经省政府同意，现就支持多渠道灵活就业有关事项通知如下：

一、创造更多灵活就业机会

1. 发展小店经济。开展小店经济推进行动，增加商业资源供给，加强基础设施建设，发展城市商业综合体、商联体平台，打造升级社区、批发市场、现代商圈、特色街区等小店集聚区。引导电商平台为小店提供批发、广告营销、移动支付等数字化服务，鼓励采取降低门槛、发展增值服务等方式减免小店佣金、基本服务费。支持品牌供应商开放产品和渠道资源，鼓励减免小店代理费用。（省商务厅、省财政厅、省人力资源社会保障厅、省住房城乡建设厅、省税务局、省市场监管局、山东银保监局负责）

2. 支持夜经济等特色经营方式发展。按照合理布局、集中经营、确保安全原则，规划建设夜市、便民市场、集中摊点群等经营场所，并对经营种类、经营时间、环卫保洁等作出规定。经营场所优先安排低收入群体、家庭困难人员。支持因地制宜、因城而宜，丰富夜经济业态。（省住房城乡建设厅负责）

3. 扩大新就业形态规模。培育引进一批网络零售、网络预约出租汽车、物流配送、线上教育培训等互联网平台企业，带动增加灵活就业岗位。鼓励兼职就业、副业创新。支持微商电商、网络直播等多样化的自主就业、分时就业。（省发展改革委、省商务厅、省交通运输厅、省教育厅、省工业和信息化厅、省人力资源社会保障厅负责）

二、鼓励支持自主创业

4. 放宽准入限制。通过网络平台开展经营活动的灵活就业人员可使用网络经营场所登记个体工商户。在政府指定场所、时间内从事农副产品、日常生活用品销售及从事依法无须取得许可的便民劳务活动，无须办理营业执照。（省市场监管局负责）

5. 减轻税费负担。退役士兵、贫困人口、失业人员、高校毕业生等从事个体经营的，按规定限额依次扣减增值税、城市维护建设税、教育费附加、地方教育附加和个人所得税。个体工商户免征不动产登记费。对参加拖拉机（联合收割机）驾驶许可考试的农民，暂免收取考试费。（省税务局、省自然资源厅、省农业农村厅、省财政厅负责）清理整治中介机构、行业协会商会违规收费问题。（省发展改革委、省市场监管局、省民政厅负责）

6. 发放创业补贴。鼓励有条件的市对正常经营且按规定缴纳职工养老保险费一定期限的新注册个体工商户，给予一次性创业补贴。（省人力资源社会保障厅、省财政厅负责）

7. 提供贷款贴息。对符合条件的个人创业、合伙创业，可分别申请最高 20 万元、60 万元的创业担保贷款，财政按规定给予贴息。2020 年 12 月 31 日前，将符合贷款条件的个体工商户、贷款购车专门用于出租运营的个人、贷款购车加入网络约车平台的专职司机、平台就业人员及入驻我省各类创业孵化基地（创业园区）符合贷款条件的个人纳入创业担保贷款扶持范围。对符合条件的借款人，免除反担保要求。对非全日制劳动者较为集中的保洁绿化、批发零售、建筑装修等行业，实施普惠小微贷款阶段性延期还本付息。（省财政厅、省人力资源社会保障厅、人民银行济南分行负责）

三、优化灵活就业供需匹配

8. 提供免费公共就业服务。市、县级公共就业服务机构要建立健全灵活就业岗位信息库、人员信息库和线上求职招聘平台"两库一平台"，加强岗位征集，动态发布灵活就业供求信息。通过网络、电话、短信等方式精准推动"岗位找人"。设置招聘专区、举办灵活就业专场招聘，提供岗位撮合、就业指导、政策咨询等服务。推动在社区、村设置灵活就业信息发布栏。（省人力资源社会保障厅负责）

9. 发挥人力资源服务机构作用。鼓励人力资源服务机构搭建线上线下信息服务平台、建立用工余缺调剂平台，广泛发布短工、零工、兼职及自由职业等需求信息，为阶段性缺工企业提供供需对接服务。在给予相关奖励补贴、享受入驻园区政策、确定诚信服务机构、入选行业骨干企业等方面，优先支持发挥作用突出的人力资源服务机构。（省人力资源社会保障厅负责）

10. 规范设立零工市场。在零工聚集地规划设置零工市场，提供遮雨、遮阳和信息发布等便利服务，完善停车管理，方便招工车辆短时停靠、即停即走。（省人力资源社会保障厅、省公安厅负责）

11. 发展村级劳务中介。推广邹城市做法，支持有条件的村居，采取村集体或个人出资等方式，设立劳务中介、劳务合作社等人力资源服务机构，引入市场化机制，促进农村富余劳动力有组织灵活就业，按规定给予就业创业服务补助。（省人力资源社会保障厅负责）

四、开展针对性职业培训

12. 扩大灵活就业人员培训规模。将符合条件的灵活就业人员纳入职业技能提升行动补贴范围。推进"互联网＋职业技能培训"。灵活就业人员的职称可通过人事代理机构申报，各地也可结合实际进一步畅通职称申报渠道，做好兜底服务。选择可就业创业的最小技能单元，加快推进专项职业能力考核。（省人力资源社会保障厅、省财政厅负责）

13. 提升新就业形态从业人员技能水平。开发新职业和专项职业能力项目。开展新就业形态技能提升和就业促进项目试点，将试点地区通过企业平台提供服务获取劳动报酬的网约配送员、网约车驾驶员、直播带货员等新就业形态重点群体纳入培训补贴范围，落实职业培训补贴。支持新业态平台企业开发相关行业职业标准、行业企业评价规范、培训课程标准等，给予一定补贴。（省人力资源社会保障厅、省财政厅负责）

五、维护灵活就业人员劳动保障权益

14. 规范劳动报酬支付。统筹疫情防控和经济社会发展，稳慎调整最低工资标准。探索发布新就业形态、灵活就业人员较为集中的职业（工种）市场工资价位。加大对拖欠劳动报酬行为监察执法力度。（省人力资源社会保障厅负责）

15. 完善社会保险制度。以个人身份参加企业职工基本养老保险的个体工商户和各类灵活就业人员，可按月、季、半年或年缴费，缴费基数在当地个人缴费基数上下限范围内自主确定。在两个或两个以上用人单位同时就业的非全日制从业人员，各用人单位应当分别为其缴纳工伤保险费，依法享有工伤保险待遇。坚持先参保、后开工，持续推进工程建设领域农民工按项目参加工伤保险。按照国家部署，指导开展新业态从业人员职业伤害保障试点。各级公共就业人才服务机构应免费为灵活就业人员提供档案托管服务。（省人力资源社会保障厅、省财政厅负责）

16. 推动新业态行业集体协商。在快递、外卖、网络预约出租汽车等新业态领域行业推进集体协商，引导双方就劳动定额标准、工时标准、劳动保障等内容开展集体协商，签订行业性集体合同。（省总工会、省企业联合会〈省企业家协会〉、省工商联、省人力资源社会保障厅负责）

17. 发放灵活就业社会保险补贴。对就业困难人员、离校 2 年内未就业高校毕业生灵活就业的，按照"先缴后补"的原则，按规定期限给予不超过其缴纳职工社会保险费 2/3 的社会保险补贴。（省人力资源社会保障厅负责）

18. 建立新就业形态灵活就业意外伤害保险补贴。对依托电子商务、网络预约出租汽车、外卖、快递等新业态平台灵活就业且办理就业登记人员购买意外伤害保险的，按照购买保险费数额一定比例给予平台或个人补贴，每人每年不高于 100 元，所需资金从就业补助资金中列支。各市出台的意外伤害保险补贴政策要与职业伤害保障试点政策相衔接，避免重复补贴。（省人力资源社会保障厅、省财政厅、山东银保监局负责）

六、营造重视支持灵活就业良好环境

19. 加强引导服务。各级政府要将支持灵活就业作为稳就业、保就业重要举措，全面清理取消对灵活就业的不合理限制和收费。因城施策，加大对灵活就业特别是新就业形态发展政策支持、服务供给。健全部门间协调推进机制，着力解决影响制约灵活就业发展的痛点、堵点。优化灵活就业人员就业登记服务制度。

将支持灵活就业纳入省级文明城市创建测评内容。（省人力资源社会保障厅、省文明办负责）

20. 选树灵活就业典型。在技能人才评选中扩大灵活就业比例，激励灵活就业人员岗位成才。加大对灵活就业典型、吸纳灵活就业示范平台企业宣传力度，营造良好舆论氛围，鼓励劳动者自谋职业、自主创业。（省人力资源社会保障厅负责）

山东省人民政府办公厅

2020 年 10 月 29 日

附件六

中共山东省委组织部山东省人力资源和社会保障厅等 10 部门
关于做好 2020 年高校毕业生"三支一扶"计划实施工作的通知

鲁人社发〔2020〕6 号

各市党委组织部、编办和政府人力资源社会保障局、教育（教体）局、民政局、财政局、水利（水务）局、农业农村局、卫生健康委，共青团各市委，各高等院校：

为贯彻落实党中央、国务院及省委、省政府有关文件精神，现就做好我省 2020 年高校毕业生"三支一扶"计划实施工作通知如下：

一、工作目标

深入贯彻落实习近平总书记关于"打造乡村振兴齐鲁样板"的重要指示精神，紧紧围绕建设高素质基层人才队伍的总体要求，坚持"扩大规模、改进管理、加强培养、提升质量、强化保障"的基本思路，确保在空岗空编的前提下，每个乡镇有 2 个岗位用于高校毕业生"三支一扶"招募计划。2020 年全省选拔不少于 2000 名高校毕业生到基层从事支教、支农（水利）、支医、扶贫等相关领域服务，为促进基层经济社会发展提供人才支撑。

二、主要任务

（一）聚焦乡村振兴，合理确定岗位需求。各市（指设区的市，下同）要结合实施乡村振兴战略、打赢脱贫攻坚战、推进农业供给侧结构性改革等重点任务。充分考虑基层需要和编制岗位空缺情况，在确保"三支一扶"人员服务期满、考核合格、在原服务岗位聘用的前提下，做好基层服务岗位需求的征集工作。允许设有村委会的街道办事处参照乡镇在编制和岗位空缺数额内招募"三支一扶"人员。要参照事业单位公开招聘相关规定和要求科学设置招募条件，贯彻落实人力资源社会保障部等7部委《关于应对新冠肺炎疫情影响实施部分职业资格"先上岗、再考证"阶段性措施的通知》（人社部发〔2020〕24号）。

（二）严控招募范围，提高招募质量。本次招募范围原则上为28周岁以下省内普通高校全日制大学本科及以上学历毕业生，以及省外普通高校和国家承认学历的海外高校全日制大学本科及以上学历的山东户籍及湖北户籍毕业生（含非全日制研究生和年龄超过28周岁的2018—2020届毕业生）。各市根据岗位特点和基层需求可适当将部分岗位学历要求放宽到专科。对于省委组织部等11部门《关于鼓励引导人才向基层流动的若干意见》（鲁组字〔2019〕32号）明确的重点扶持区域，可按不超过50％的比例面向具有本地户籍或本地生源高校毕业生招募。取得高级工、预备技师职业资格的高级技校或技师学院全日制毕业生，可报考符合条件的岗位。各市在征集岗位过程中，对贫困边远地区、专业限制较高的岗位可予以合并。

（三）严把"入口关"，确保招募公平。要按照公开、平等、竞争、择优的原则，规范招募流程，实施"阳光招募"。坚决杜绝选人用人的不正之风。招募包括网上报名、笔试、面试、体检等环节，全省统一发布招募公告、统一组织报名、统一组织笔试、统一组织阅卷、统一公示拟招募名单等，各市自行组织面试、体检、考察等。各市可在全省招募公告、面试公告的基础上，就有关具体程序及事项制定补充通知。招募全过程参照事业单位公开招聘相关规定执行。各市要抽调精干力量，加强教育培训，准确把握有关政策，做好网上报名、资格审查、考试体检等工作。要耐心细致做好政策答疑，对不符合报考条件的人员，要依据政策加强正面思想引导，防止出现不良舆情。要严肃考试纪律，确保招募工作公开公正进行。对招募过程中违反操作规程、徇私舞弊、渎职失职的人员，依法依纪处理。

（四）强化教育培养，提升能力素质。各市要组织做好岗前等培训，强化理想信念教育，丰富培训形式和内容，帮助新招募人员尽快转变角色、适应基层工作。各行业主管部门要将"三支一扶"人员纳入行业人才培训对象范围。支持有条件的"三支一扶"人员积极参与开展网络扶贫工作，为返乡下乡创业人员提供必要的技术和信息支持。

（五）加强关心关爱，完善保障机制。各级教育、卫生健康、农业农村等部门和基层服务单位要关心关爱本系统和本单位内"三支一扶"人员，定期或不定期开展座谈、走访慰问等活动，密切与"三支一扶"人员联系，了解他们思想动态和工作生活情况，帮助解决实际困难，创造更多机会增强他们的成就感、归属感。各级人力资源社会保障部门要会同财政部门结合实际加大配套资金支持力度，按时足额发放工作生活补贴，全面落实社会保险政策，确保"三支一扶"人员在岗期间的工作生活补贴基本达到当地乡镇机关或事业单位从高校毕业生中新聘用工作人员试用期满后工作收入水平。鼓励有条件的地方为"三支一扶"人员办理补充医疗保险，重大疾病、人身意外伤害等商业保险以及住房公积金，建立年度考核奖励机制。各地要按规定严格管理使用中央及省级补助资金，提高资金使用效益。

三、工作要求

（一）加强组织领导。高校毕业生"三支一扶"计划是引导和鼓励高校毕业生到基层工作的重要载体和平台，是引导人才向基层一线流动、为基层事业发展提供人才支持的有效措施。各市、各部门要切实增强责任意识、大局意识，通力合作，充分发挥职能优势，深入推进"三支一扶"计划实施，为我省实施乡村振兴、新旧动能转换重大工程、深入推进供给侧结构性改革提供强有力的人才支撑。

（二）把握工作进度。各市要于6月5日前将《2020年高校毕业生"三支一扶"计划招募岗位需求表》（见附件1）报送至省"三支一扶"工作协调管理办公室。省"三支一扶"协调管理办公室将根据疫情防控情况适时统一发布招募公告，组织招募笔试。全省统一笔试完成后，各市根据笔试成绩及时确定面试人选、组织资格复审、面试、体检、确定拟招募人员等环节。人员上岗前组织填写《2020年高校毕业生"三支一扶"计划登记表》（见附件2），并签订《协议书》。9月底前完成2018年招募人员期满考核考察，组织填写《"三支一扶"人员期满考核登记表》（见附件3），报送服务期满人员聘用情况报告并维护管理信息系统。12月底前报送年度工作情况总结。

（三）加大宣传力度。各市各高校要通过政策宣讲进校园等活动，鼓励发动符合条件的高校毕业生投身基层干事创业。要结合疫情防控工作，深入挖掘先进典型，组织开展宣传报道活动，大力弘扬"三支一扶"精神，展示新时代大学生投身基层、勇于实践的新风貌，营造引导鼓励高校毕业生到基层工作的良好氛围。

中共山东省委组织部

中共山东省委机构编制委员会办公室

山东省人力资源和社会保障厅

山东省教育厅

山东省民政厅

山东省财政厅

山东省水利厅

山东省农业农村厅

山东省卫生健康委员会

共青团山东省委

2020 年 5 月 22 日

附件七

山东省人民政府

关于进一步稳定和扩大就业的若干意见

鲁政发〔2018〕30 号

各市人民政府，各县（市、区）人民政府，省政府各部门、各直属机构，各大企业，各高等院校：

为深入学习贯彻习近平新时代中国特色社会主义思想和党的十九大精神，全面落实党中央、国务院关于稳就业的重大决策部署，进一步做好稳定和扩大就业工作，按照《国务院关于做好当前和今后一个时期促进就业工作的若干意见》（国发〔2018〕39 号）要求，结合我省实际，制定如下意见。

一、支持企业稳定就业

1. 降低企业社会保险费和进出口企业成本。企业职工基本养老保险单位缴费比例继续按 18％执行。对用人单位和职工失业保险缴费比例总和从 3％阶段性降至 1％的现行政策，2019 年 4 月底到期后延续实施。（省人力资源社会保障厅、省财政厅牵头负责）2019 年 1 月 1 日至 2020 年 12 月 31 日，对连续 3 个月以上无力支付职工最低工资或无法正常生产经营 3 个月以上、仅为职工发放生活费的企业，企业可按缓缴社会保险费有关规定提出申请，经批准后暂缓缴纳社会保险费，缓缴期间免收滞纳金。（省人力资源社会保障厅、省医保局、省税务局牵头负责）清理规范涉企收费，2018 年年底前公示口岸政府性收费目录清单，清单外一律不得收费。〔省政府办公厅（省口岸办）、省发展改革委牵头负责〕进一步降低进出口企业成本，完善出口退税政策，加快出口退税进度，扩大出口信用保险覆盖面。（省商务厅、省税务局、青岛海关、济南海关牵头负责）

2. 实施积极失业保险稳岗返还政策。上年度失业保险基金结余具备两年以上失业保险待遇支付能力的统筹地区（含省本级），对依法参保缴费、不裁员或少裁员的参保企业，可返还企业上年度实际缴纳失业保险费的 50％；对 2019 年 1 月 1 日至 2019 年 12 月 31 日面临暂时性生产经营困难且恢复有望、坚持不裁员或少裁员的参保企业，可按上年度 6 个月的企业及其职工缴纳社会保险费的 50％返还，返还按现行稳岗补贴政策规定办理。企业享受返还政策时，不再享受失业保险稳岗补贴政策。上述资金由失业保险基金列支。（省人力资源社会保障厅、省财政厅牵头负责）

3. 支持企业稳定劳动关系。支持困难企业与工会开展集体协商，采取调整薪酬、在岗培训、弹性工时、轮岗轮休等方式，稳定就业岗位和劳动关系。规范裁员行为，裁减 20 人以上或裁减不足 20 人但占企业职工总数 10％以上的，裁减人员方案须提交企业职代会审议通过，向当地人力资源社会保障部门报告，并按规定支付经济补偿、清偿拖欠被裁减职工的工资。（省人力资源社会保障厅、省总工会牵头负责）

二、发展经济扩大就业

4. 提高经济发展的就业弹性。把就业作为宏观调控的下限，加强经济政策与就业政策协调，形成有利于就业增长的经济发展模式。全面推进新旧动能转换重大工程，提高"十强"产业吸纳就业能力，做好化解过剩产能职工分流安置工作，促进新旧动能转换与扩大就业联动。（省发展改革委、省人力资源社会保障厅牵头负责）

5. 拓宽就业渠道。巩固民营经济、小微企业就业主渠道，支持实体经济、民营经济高质量发展，稳住就业基本盘。（省发展改革委、省工业和信息化厅牵头负责）推动就业创业、社会保险政策服务向新就业形态覆盖。（省人力资源社会保障厅、省医保局、省税务局牵头负责）加快发展现代服务业，支持发展家庭服务业，提高服务业从业人员比重。（省商务厅、省人力资源社会保障厅牵头负责）大力培育专业大户、家庭农场、农民合作社、农业企业等新型农业经营主体，扩大职业农民就业规模。（省农业农村厅牵头负责）

6. 鼓励企业吸纳就业。2019 年 12 月 31 日前，对商贸企业、服务型企业、劳动就业服务企业中的加工型企业和街道社区具有加工性质的小型企业实体招用自主就业退役士兵和登记失业人员，符合规定条件的，在 3 年内按自主就业退役士兵每人每年 6 000 元标准、登记失业人员每人每年 5 200 元标准，定额扣减增值税、城市维护建设税、教育费附加、地方教育附加和企业所得税，到期未享受满 3 年的，可继续享受至 3 年期满。（省财政厅、省税务局、省人力资源社会保障厅牵头负责）2019 年 1 月 1 日起，对招用就业困难人员的社会保险补贴，扩大到五项社会保险，增加工伤保险、生育保险。（省人力资源社会保障厅、省财政厅、省医保局牵头负责）

三、鼓励创业带动就业

7. 促进创业环境升级。进一步提升企业开办便利度，全面推进企业简易注销登记改革。在不违背相关规定的前提下，允许小微企业和自由职业者，将住宅、公寓登记注册为营业场所。（省市场监管局、省住房城乡建设厅牵头负责）推动创新创业高质量发展，打造"双创"升级版，培育更多充满活力、持续稳定经营的市场主体，创造更多就业岗位，实现创新、创业、就业良性循环。（省发展改革委、省科技厅、省人力资源社会保障厅牵头负责）2019 年起，省政府每年继续从失业保险基金结余中安排不少于 10 亿元的创业带动就业扶持资金，支持创业带动就业。（省人力资源社会保障厅、省财政厅牵头负责）各市在按规定留足支付失业保险待遇资金和应对失业风险资金基础上，可继续从失业保险基金结余中安排创业带动就业扶持资金。（各市人民政府负责）创业带动就业扶持资金政策执行至国务院修订的《失业保险条例》正式实施之日。

8. 加大创业金融支持。发挥政府性融资担保机构作用，引导更多金融资源支持创业就业。各地政府性融资担保机构应积极为符合条件的小微企业提供低费率的担保支持，提高小微企业贷款可获得性。（省地方金融监管局、省工业和信息化厅、省财政厅、人民银行济南分行、山东银保监局按职责分工负责）加大创业担保贷款支持，将个人创业担保贷款最高贷款额度由 10 万元提高至 15 万元；小微企业当年新招用符合创业担保贷款申请条件的人员数量达到企业现有在职职工人数的 25%（超过 100 人的企业达到 15%）并与其签订 1 年以上劳动合同的，可申请最高不超过 300 万元的创业担保贷款。完善创业担保贷款激励机制，按各地当年新发放创业担保贷款总额的 1%，奖励经办银行、创业担保贷款基金运营管理机构等单位，引导其进一步提高服务创业就业的积极性。（省财政厅、省人力资源社会保障厅、人民银行济南分行牵头负责）

9. 构筑创业发展高地。鼓励省属企业、科研院所、高校和相关公共服务机构建设具有独立法人资格的孵化机构，为初创期、早中期企业提供公共技术、检验检测、财税会计等服务。（省国资委、省科技厅、省教育厅牵头负责）运用省级创业带动就业扶持资金，支持建设省级创业创新示范综合体，推动人才链、资金链、产业链、创新链全要素集聚。（省人力资源社会保障厅牵头负责）支持科技孵化载体建设，打造"众创空间＋孵化器＋加速器"科技创业孵化链条。（省科技厅牵头负责）鼓励各地建设重点群体创业孵化载体，为创业者提供低成本场地支持、指导服务和政策扶持，按照购买服务方式给予创业孵化载体最长 3 年奖补。支持稳定就业压力较大地区免费为失业人员自主创业提供经营场地。（各市人民政府负责）鼓励建设"互联网＋"创业培训平台，加大创业教材资源开发，加强创业导师队伍建设，提高创业服务水平。（省人力资源社会保障厅牵头负责）

10. 完善创业税收及补贴政策。2019 年 12 月 31 日前，对从事个体经营的自主就业退役士兵和持《就业创业证》（或《就业失业登记证》）人员，按规定在 3 年内按每户每年 9 600 元为限额依次扣减当年实际应缴纳的增值税、城市维护建设税、教育费附加、地方教育附加和个人所得税。到期未享受满 3 年的，可继续享受至 3 年期满为止。（省财政厅、省税务局、省退役军人厅、省人力资源社会保障厅牵头负责）2019 年起，降低一次性创业补贴、创业岗位开发补贴申领门槛，取消社会保险费缴费时限要求。推动小微企业名录系统信息共享，扩大创业补贴受益面。

（省人力资源社会保障厅、省财政厅、省市场监管局牵头负责）

11. 鼓励支持各类群体创业。支持鼓励事业单位专业技术人员在职创办企业、离岗创业，离岗创业期间保留人事关系，发放国家规定的基本工资。（省人力资源社会保障厅、省财政厅、省科技厅、省教育厅牵头负责）引导鼓励大学生创业，把创新创业教育和实践课程纳入高校必修课，允许大学生用创业成果申请相应专业学位论文答辩。（省教育厅、省人力资源社会保障厅牵头负责）支持农民工等人员返乡下乡创业，扩大结合新型城镇化开展支持农民工等人员返乡创业试点，将农村自主创业农民纳入创业担保贷款支持范围。（省发展改革委、省农业农村厅、省人力资源社会保障厅、省财政厅牵头负责）定期举办创业大赛，组织开展"大学生十大创业之星""十大返乡创业农民工""十大创业导师"等创业典型选树活动，营造大众创业浓厚氛围。（省人力资源社会保障厅牵头负责）

四、扩大培训改善就业

12. 推行终身职业技能培训制度。适应新旧动能转换要求、劳动者就业创业需要，建立推行覆盖城乡全体劳动者、贯穿劳动者学习工作终身的职业技能培训制度，全面提升劳动者就业创业能力。（省人力资源社会保障厅、省教育厅牵头负责）深化产教融合，推动学科专业与"十强"产业精准对接，提高行业企业参与办学程度。（省发展改革委、省教育厅牵头负责）

13. 加强企业职工在岗培训。2019 年 1 月 1 日至 12 月 31 日，困难企业组织开展职工在岗培训，所需经费按规定从企业职工教育经费中列支，不足部分经所在地人力资源社会保障部门审核评估合格后，可由就业补助资金给予适当支持，人均补助金额不超过当地职业培训补贴标准。生产经营出现较严重亏损的、连续 3 个月不能正常发放工资的或有 20% 以上职工处于待岗状态的，可认定为困难企业。2019 年 1 月 1 日至 2020 年 12 月 31 日，将技术技能提升补贴申领条件由企业在职职工参加失业保险 3 年以上放宽至参保 1 年以上；将 59 项专业技术人员职业资格证书纳入补贴范围。所需资金由失业保险基金列支。（省人力资源社会保障厅、省财政厅牵头负责）

14. 面向失业人员开展培训。鼓励省内高校、职业院校、技工院校、职业培训机构和企业积极承担政府开展的失业人员就业技能培训和创业培训。对培训合格的失业人员给予职业培训补贴，具体标准由设区的市根据不同培训职业（工种）的成本、紧缺程度、培训时间等因素确定；2019 年 1 月 1 日至 2020 年 12 月 31 日，对其中就业困难人员和零就业家庭成员，在培训期间再给予生活费补贴，补贴标准由设区的市参照当地最低工资标准的 60% 或最低生活保障线确定，补贴期限最长不超过 30 天，所需资金由就业补助资金列支。生活费补贴政策每人每年只享受一次，且不可同时领取失业保险金。（省人力资源社会保障厅、省财政厅牵头负责）

五、聚焦重点群体促进就业

15. 加大失业人员就业帮扶。实行失业登记常住地服务，失业人员可在常住地办理失业登记，申请享受当地就业创业服务、就业扶持政策、重点群体创业就业税收优惠政策，其中大龄、残疾、低保家庭等劳动者可在常住地申请认定为就业困难人员，享受就业援助。（省人力资源社会保障厅、省财政厅、省税务局，各市人民政府按职责分工负责）对符合条件的失业人员，及时发放失业保险金，其个人应缴纳的基本医疗保险费从失业保险基金中列支。2019 年，对生活困难又不符合失业保险金领取条件的下岗失业人员，给予一次性临时生活补助，补助标准根据家庭困难程度、地区消费水平等综合确定，最高不超过当地月失业保险金标准的 2 倍，所需资金从就业补助资金中列支。对符合最低生活保障条件的，及时纳入最低生活保障范围。对符合临时救助条件的，加大临时救助力度。通过综合施策，帮助困难群众解困脱困。（省人力资源社会保障厅、省民政厅、省财政厅等有关部门和单位，各市人民政府按职责分工负责）

16. 促进以高校毕业生为重点的青年就业。实施高校毕业生基层成长计划，建立完善教育培训、实践锻炼、职业发展、管理服务全链条扶持措施，鼓励引导高校毕业生到基层就业创业、成长成才。（省委组织部、省人力资源社会保障厅、省教育厅、省财政厅、团省委按职责分工负责）将高校毕业生职业培训补贴范围，由毕业学年高校毕业生扩大至在校大学生。实施青年见习计划，2019 年 1 月 1 日至 2021 年 12 月 31 日，将就业见习补贴范围由择业派遣期内离校未就业山东生源高校毕业生扩展至 16～24 岁失业青年，组织失业青年参加 3～12 个月的就业见习，按规定给予就业见习补贴，并适当提高补贴标准。（省人力资源社会保障厅、省财政厅、省教育厅、团省委牵头负责）规范用人单位和人力资源服务机构招聘行为，加大对

"求职贷""培训贷"等侵害高校毕业生就业权益行为打击力度。（省公安厅、省人力资源社会保障厅、省教育厅、省市场监管局牵头负责）

17. 促进农民工稳定就业。运用就业创业服务补助政策，动员各类市场主体和公共就业服务机构开展有组织的劳务输出，提高劳务组织化程度。（省人力资源社会保障厅牵头负责）农民工较为集中的地区，要加强对农民工的公共就业服务，帮助农民工留在当地、稳定就业。开展清理欠薪专项检查，严肃查处拖欠农民工工资案件。（省人力资源社会保障厅、省住房城乡建设厅、省交通运输厅、省水利厅，各市人民政府按职责分工负责）

六、压实责任保障就业

18. 压实各方责任。强化政府稳定和扩大就业主体责任，各级政府要提高政治站位，建立由政府负责人牵头、相关部门共同参与的工作机制。健全就业目标责任制，对真抓实干、成效突出的，给予表扬激励；对政策落实不到位、工作推进效果差、就业创业资金管理使用问题突出的，按相关规定追究责任。（各市人民政府负责）人力资源社会保障部门要统筹协调政策制定、督促落实、统计监测等工作。财政部门要加大资金支持力度，保障政策落实。其他有关部门和单位要立足职能职责，积极出台促进就业创业的政策措施，开展有利于促进就业的专项活动，共同做好稳定和扩大就业工作。引导企业特别是困难企业更多运用市场机制、经济手段，多渠道分流安置职工，依法处理劳动关系。引导广大劳动者树立正确就业观，通过自身努力实现就业创业。广泛调动社会各界积极性，形成稳定和扩大就业的合力。（各有关部门按职责分工负责）

19. 加强形势监测。强化底线思维，密切关注外部发展环境变化、企业生产经营及用工情况，建立重点城市、重点企业、重点群体就业监测制度，制定完善工作预案，提高风险应对能力。对企业生产经营困难停产停工、减时降薪等引发的群体性事件，要第一时间向上级人民政府和人力资源社会保障部门报告。（省发展改革委、省人力资源社会保障厅、省商务厅，各市人民政府按职责分工负责）

20. 完善政策执行方式。各级、各有关部门要积极开展政策宣传，向社会公布政策清单、申办流程、补贴标准、服务机构联系方式、监督投诉电话，深入企业宣讲政策、了解困难、做好帮扶。建立实名制管理服务信息系统，对申请享受就业创业扶持政策和就业创业服务的困难企业、下岗失业人员进行实名制管理服务。深化"一次办好"改革，推进就业失业登记、社会保险登记、劳动用工备案统一登记，进一步优化流程，精简证明，加强监管，确保各项政策资金规范便捷惠及享受对象。（各有关部门、各市人民政府按职责分工负责）

各市人民政府要完善工作推进机制，确保各项政策尽快落地。需要制定实施细则或办法的，相关部门要于本意见印发之日起 30 日内发布实施。

山东省人民政府

2018 年 12 月 16 日

附件八

山东省就业补助资金管理办法

鲁财社〔2018〕86 号

第一章 总 则

第一条 为规范就业补助资金管理，提高资金使用效益，根据《中华人民共和国预算法》《中华人民共和国就业促进法》《山东省就业促进条例》等相关法律法规，按照《财政部 人力资源社会保障部关于印发〈就业补助资金管理办法〉的通知》（财社〔2017〕164 号）和《山东省人民政府关于进一步稳定和扩大就业的若干意见》（鲁政发〔2018〕30 号）等有关规定，制定本办法。

第二条 就业补助资金是县级以上人民政府通过一般公共预算安排的用于促进就业创业的专项资金，由本级财政部门会同人力资源社会保障部门管理。

第三条 就业补助资金管理遵循以下原则：

——注重普惠，重点倾斜。落实国家和省普惠性就业创业政策，重点支持就业困难群体就业，适度向就业工作任务重、财力薄弱地区倾斜，促进不同群体、不同地区间公平就业。

——奖补结合，激励相容。优化机制设计，奖补结合，充分发挥各级政策执行部门、政策对象的积极性。

——易于操作，精准效能。提高政策可操作性和精准性，加强监督与控制，以绩效导向、结果导向强化就业补助资金管理。

第二章 资金支出范围

第四条 就业补助资金分为对个人和单位的补贴、公共就业服务能力建设补助两类。

对个人和单位的补贴资金用于职业培训补贴、职业技能鉴定补贴、社会保险补贴、公益性岗位补贴、就业见习补贴、求职创业补贴、一次性创业补贴、一次性创业岗位开发补贴、创业场所租赁补贴、创业师资培训补贴、家政服务业从业人员意外伤害保险补贴等支出；公共就业服务能力建设补助资金用于就业创业服务补助和高技能人才培养补助等支出。

同一项目就业补助资金补贴与失业保险待遇有重复的，个人和单位优先享受失业保险待遇，不可重复享受。

第五条 职业培训补贴。享受职业培训补贴的人员范围包括贫困家庭子女、全日制高等院校在校学生（含技师学院高级工班、预备技师班和特殊教育院校职业教育类在校学生）、城乡未继续升学的应届初高中毕业生、农村转移就业劳动者（含建档立卡的适龄贫困人口）、登记失业人员（以下简称五类人员），以及即将刑满释放人员（刑期不足两年的，下同）、强制隔离戒毒人员、符合条件的企业在职职工。全日制高等院校在校学生在校期间只能享受一次职业培训补贴，其他符合条件人员每人每年只能享受一次职业培训补贴。

（一）五类人员就业技能培训或创业培训。对五类人员参加就业技能培训或创业培训，培训后取得职业资格证书的（或职业技能等级证书、专项职业能力证书、培训合格证书，下同），给予一定标准的职业培训补贴，具体标准由设区的市根据不同培训职业（工种）的成本、紧缺程度、培训时间等因素合理确定。各市应当精准对接产业发展需求和受教育者需求，定期发布重点产业职业培训需求指导目录，对指导目录内的职业培训，可适当提高补贴标准。

对为城乡未继续升学的应届初高中毕业生垫付劳动预备制培训费的培训机构，给予一定标准的职业培训补贴。其中农村学员和城市低保家庭学员参加劳动预备制培训的，同时给予一定标准的生活费补贴，具体标准可参照中等职业学校国家助学金标准，由设区的市自行确定。

省人力资源社会保障厅每年下达省级就业创业培训示范项目计划，职业培训补贴标准不低于 1 800 元/人。

（二）符合条件的企业在职职工岗位技能培训。对企业新录用的五类人员，与企业签订 1 年以上期限劳动合同并于签订劳动合同之日起 1 年内参加由企业依托所属培训机构或政府认定的培训机构开展岗位技能培训的，在取得职业资格证书后给予职工个人或企业一定标准的职业培训补贴。对按国家有关规定参加企业新型学徒制培训、技师（高级技师）培训的企业在职职工，培训后取得职业资格证书的，给予职工个人或企业一定标准的职业培训补贴。

新型学徒制培训补贴标准按企业支付给培训机构培训费用（以培训机构收费标准和培训费发票为准）的 60% 确定，原则上控制在 4 000—6 000 元之间，补贴期限不超过 2 年。

技师（高级技师）培训补贴标准，按照相同或可参照职业（工种）补贴标准的 80% 执行。

（三）符合条件人员项目制培训。人力资源社会保障、财政部门可通过项目制方式，向政府认定的培训机构整建制购买就业技能培训或创业培训项目，为化解钢铁煤炭煤电行业过剩产能企业失业人员、建档立卡贫困劳动力免费提供就业技能培训或创业培训；为黄河滩区迁建居民、即将刑满释放人员和强制隔离戒毒人员提供就业技能培训或创业培训。对承担项目制培训任务的培训机构，给予一定标准的职业培训补贴。

第六条　职业技能鉴定补贴。对通过初次职业技能鉴定并取得职业资格证书（不含培训合格证）的五类人员和参加项目制培训的人员，给予职业技能鉴定补贴。

职业技能鉴定补贴标准，按照省有关部门规定的职业技能鉴定收费标准的 80% 确定。对纳入重点产业职业资格和职业技能等级评定指导目录的，可将补贴标准提高至职业技能鉴定收费标准的 90%。

第七条　社会保险补贴。享受社会保险补贴的人员范围包括符合《山东省就业促进条例》规定的就业困难人员和符合条件的高校毕业生。

（一）就业困难人员社会保险补贴。对招用就业困难人员并为其缴纳职工社会保险费的单位，以及通过公益性岗位安置就业困难人员并为其缴纳职工社会保险费的单位，按其为就业困难人员实际缴纳的社会保险费给予补贴（不包括个人应缴纳部分）。

对就业困难人员灵活就业后缴纳的职工社会保险费，给予一定数额的社会保险补贴，补贴标准不超过其实际缴费的 2/3。

就业困难人员社会保险补贴期限，除对距法定退休年龄不足 5 年的可延长至退休外，其余人员最长不超过 3 年（以初次核定其享受社会保险补贴时年龄为准）。

（二）高校毕业生社会保险补贴。对招用毕业年度高校毕业生（含技师学院高级工班、预备技师班和特殊教育院校职业教育类毕业生，下同），与之签订 1 年以上劳动合同并为其缴纳职工社会保险费的小微企业，按其实际缴纳的社会保险费，给予最长不超过 1 年的社会保险补贴（不包括个人应缴纳的部分）。

对离校 1 年内未就业的高校毕业生灵活就业后缴纳的职工社会保险费，给予一定数额的社会保险补贴，补贴标准原则上不超过其实际缴费的 2/3，补贴期限最长不超过 2 年。

高校毕业生社会保险补贴不能与就业困难人员社会保险补贴重复享受。

第八条　公益性岗位补贴。享受公益性岗位补贴的人员范围为就业困难人员，重点是大龄失业人员、零就业家庭人员、建档立卡的适龄贫困人员。

对公益性岗位安置的就业困难人员给予公益性岗位补贴，标准参照当地最低工资标准执行。有条件的市可适当提高补贴标准。

公益性岗位补贴期限，除对距法定退休年龄不足 5 年的就业困难人员可延长至退休外，其余人员最长不超过 3 年（以初次核定其享受补贴时年龄为准）。对家庭生活特别困难、在公益性岗位工作期满后仍难以就业，且工作期间考核优秀的女性 45 周岁、男性 55 周岁以上的人员，经设区的市人力资源社会保障局审核、公示，省人力资源社会保障厅备案后，可适当延长工作期限，续签劳动合同，续签合同最长期限不得超过 3 年。

有条件的市可参照公益性岗位补贴政策，对招用就业困难人员的用人单位给予岗位补贴，补贴标准由各市确定，补贴期限按照公益性岗位补贴管理规定执行。

第九条　就业见习补贴。享受就业见习补贴的人员范围为择业派遣期内未就业山东生源高校毕业生以及三年百万青年见习计划（2019—2021 年）确定的 16—24 岁失业青年。对吸纳符合条件的人员参加就业见习并支付见习人员见习期间基本生活费（不低于当地最低工资标准）的单位，给予一定标准的就业见习补贴，用于见习单位支付见习人员见习期间基本生活费、为见习人员办理人身意外伤害保险，以及对见习人员的指导管理费用。就业见习补贴期限一般为3~6个月，最长不超过12个月。补贴标准为当地最低工资标准的50%，对见习期满留用率达到70%以上的见习单位，见习补贴比例提高10个百分点。

第十条　求职创业补贴。对在毕业年度有就业创业意愿并积极求职创业的城乡低保家庭、特困人员、孤儿、重点困境儿童、建档立卡贫困家庭、贫困残疾人家庭、有残疾人证的高校毕业生，以及在校期间已获得国家助学贷款的高校毕业生，给予一次性求职创业补贴。其中，城乡低保家庭毕业生、特困人员毕业生、孤儿、重点困境儿童毕业生、建档立卡贫困家庭毕业生、贫困残疾人家庭毕业生、有残疾人证的毕业生补贴标准为1 000元/人，其他人员补贴标准为600元/人。

第十一条　一次性创业补贴。对首次领取小微企业营业执照（2013年10月1日以后登记注册）、正常经营12个月以上，在创办企业缴纳职工社会保险费的创业人员（企业法人）、离岗或在职创业的乡镇事业单位专业技术人员，给予一次性创业补贴，补贴标准不低于1.2万元，每名创业人员、每个企业只能领取一次。有条件的市可将一次性创业补贴政策放宽到符合条件的新注册个体工商户，补贴标准不低于2 000元。对在高附加值产业创业的劳动者，有条件的市可适当提高补贴标准。

第十二条　一次性创业岗位开发补贴。对2013年10月1日以后注册成立，吸纳登记失业人员和毕业年度高校毕业生（不含创业者本人，下同）并与其签订1年及以上期限劳动合同，按月向招用人员支付不低于当地最低工资标准的工资报酬，并按规定为其缴纳职工社会保险费的小微企业，按照申请补贴时创造就业岗位数量和每个岗位不低于2 000元的标准给予一次性创业岗位开发补贴。

第十三条　创业场所租赁补贴。有条件的市对高层次高技能人才、返乡农民工、就业困难人员、毕业5年内全日制高等院校毕业生租用经营场地创业，并且未享受场地租赁费用减免的，可给予创业场所租赁补贴，补贴期限最长不超过3年，具体标准由设区的市确定。

第十四条　创业师资培训补贴。对参加省、市人力资源社会保障部门组织的创业培训讲师培训、创业咨询师培训，取得培训合格证书的学员，给予每人1 800元创业师资培训补贴。符合条件人员参加省人力资源社会保障部门组织的培训，每人只能享受一次补贴。

第十五条　家政服务业从业人员意外伤害保险补贴。家政服务机构为已办理就业失业登记、法定劳动年龄内家政服务业从业人员购买意外伤害保险，经注册地人力资源社会保障部门审核后，按照购买意外伤害保险费数额 50% 的标准给予补贴，每人每年不高于 60 元。家政服务业从业人员意外伤害保险由设区的市通过招标选定 2 家左右商业保险公司承办，具体实施办法由设区的市自行制定，并报省人力资源社会保障厅备案。

第十六条　就业创业服务补助。用于加强公共就业创业服务机构服务能力建设，重点支持公共就业创业服务信息化建设，公共就业创业服务机构及其与高校开展的招聘活动和创业服务，对创业孵化基地给予奖补，创业大赛奖励以及向社会购买基本就业创业服务成果。各地要严格控制就业创业服务补助的支出比例。

第十七条　高技能人才培养补助。重点用于高技能人才培训基地建设和技能大师工作室建设等支出。

第十八条　其他支出是指经省政府批准，符合中央及我省专项转移支付相关管理规定，确需新增的项目支出。

第十九条　小微企业认定标准按照工业和信息化部、国家统计局、国家发展和改革委员会、财政部《关于印发中小企业划型标准规定的通知》（工信部联企业〔2011〕300 号）规定执行。

第二十条　就业补助资金不得用于以下支出：

（一）办公用房建设支出。

（二）职工宿舍建设支出。

（三）购置交通工具支出。

（四）发放工作人员津贴补贴等支出。

（五）"三公"经费支出。

（六）普惠金融项下创业担保贷款（原小额担保贷款，下同）贴息及补充创业担保贷款基金相关支出。

（七）部门预算已安排支出。

（八）法律法规禁止的其他支出。

个人、单位按照本办法申领获得的补贴资金，具体用途可由申请人或申请单位确定，不受本条规定限制。

第三章　资金分配与下达

第二十一条　省级（含中央补助）就业补助资金中用于对个人和单位的补贴资金及公共就业服务能力建设补助中的就业创业服务补助资金，实行因素法分配。

分配因素包括基础因素、投入因素、绩效因素三类。基础因素主要根据劳动力人口等指标，重点考核就业工作任务量；投入因素主要根据各市、县（市、区）就业补助资金的安排使用等指标，重点考核地方投入力度和支出进度；绩效因素主要根据各地失业率和新增就业人数以及就业目标责任考核结果等指标，重点考核落实各项就业政策的成效。每年分配资金选择的因素、权重、方式，可根据年度就业整体形势和工作任务重点适当调整。

省人力资源社会保障厅对中央和省就业补助资金提出分配意见，商省财政厅同意后下达补助资金。

第二十二条　公共就业服务能力建设补助资金中的高技能人才培养补助资金，实行项目管理。省、市人力资源社会保障部门编制高技能人才培养中长期规划，确定本地区支持的高技能人才重点领域。

省人力资源社会保障厅组织专家对拟实施国家级高技能人才项目进行评审，评审结果报人力资源社会保障部和财政部备案。省人力资源社会保障厅会同省财政厅根据评审结果给予定额补助。

第二十三条　省级按规定提前通知各市、县（市）下一年度就业补助资金，除据实结算项目外，每年在省人代会审查批准省级预算后60日内，正式下达省级财政就业补助资金预算。

第二十四条　各市应在收到省级就业补助资金后30日内，正式下达到县级人力资源社会保障和财政部门；市、县级应当将本级政府预算安排给下级政府的就业补助资金在本级人民代表大会批准预算后60日内正式下达到下级。各级人力资源社会保障部门、财政部门应对其使用的就业补助资金提出明确的资金管理要求，及时组织实施各项就业创业政策。

第二十五条　就业补助资金应按照国家和省关于专项转移支付绩效目标管理的有关规定，做好绩效目标的设定、审核、下达工作。

第四章　资金申请与使用

第二十六条　职业培训补贴。实行"先垫后补"和"信用支付"等办法。有条件的地区应探索为劳动者建立职业培训个人信用账户，鼓励劳动者自主选择培训机构和课程，并通过信用账户支付培训费用。

（一）个人申领职业培训补贴。五类人员向当地人力资源社会保障部门申请职业培训补贴，应提供以下材料：身份证（或《社会保障卡》，港澳台人员可持港澳台居民居住证、港澳居民来往内地通行证、台湾居民来往大陆通行证，下同）、职业资格证书复印件、培训机构开具的行政事业性收费票据（或税务发票）等，全日制高等院校在校学生还需提供学生证复印件。申请补贴人员《就业创业证》（或《就业失业登记证》，下同）等信息由人力资源社会保障部门核查。

（二）培训机构代领职业培训补贴或项目制培训职业培训补贴。承担培训任务的机构向当地人力资源社会保障部门申请职业培训补贴，应提供以下材料：培训人员花名册、身份证复印件、全日制高等院校在校学生学生证复印件、培训人员与培训机构签订的代领职业培训补贴协议书、职业资格证书复印件、培训机构开具的行政事业性收费票据（或税务发票）等。相关人员《就业创业证》等信息由人力资源社会保障部门核查。

培训机构为参加劳动预备制培训的农村学员和城市低保家庭学员代为申请生活费补贴的，除上述资料外，还应提供培训人员与培训机构签订的代领生活费补贴协议书、劳动预备制培训人员初高中毕业证书复印件、城市低保家庭学员的最低生活保障证明材料。

培训机构代为申请职业培训补贴或开展项目制培训的，应在开班前将培训计划和大纲、培训人员花名册等有关材料报当地人力资源社会保障部门备案。

（三）符合条件的企业在职职工向当地人力资源社会保障部门申请技能培训补贴，应提供以下材料：职业资格证书复印件、培训机构出具的行政事业性收费票据（或税务发票）等。企业为在职职工申请技能培训补贴、新型学徒制培训补贴或技师（高级技师）培训补贴，应提供以下材料：职业资格证书复印件、培训机构出具的行政事业性收费票据（或税务发票）等。

企业在开展新型学徒制培训和技师（高级技师）培训前，应将培训计划、培训人员花名册、劳动合同复印件等有关材料报当地人力资源社会保障部门备案。其中，经企业所在地人力资源社会保障部门审核后列入当地学徒培训计划的，可按规定向企业预支不超过50％的补贴资金，培训任务完成后经考核拨付其余补贴资金。

上述申请材料经人力资源社会保障部门审核后，对个人申请的职业培训补贴或生活费补贴资金，按规定支付到申请者本人社会保障卡银行账户、个人银行账户或个人信用账户；对企业和培训机构代为申请职业培训补贴、生活费补贴或项目制职业培训补贴，按规定支付到企业和培训机构在银行开立的基本账户。

第二十七条　职业技能鉴定补贴。可由本人申请，也可由培训机构代为申请。符合条件的人员向当地人力资源社会保障部门申请职业技能鉴定补贴，应提供以下材料：身份证、职业资格证书复印件、职业技能鉴定机构开具的行政事业性收费票据（或税务发票）等。培训机构向当地人力资源社会保障部门申请职业技能鉴定补贴，除上述材料外，还应提供培训人员与培训机构签订的代领职业技能鉴定补贴协议书。申请补贴人员《就业创业证》等信息由人力资源社会保障部门核查。

经人力资源社会保障部门审核后，按规定将补贴资金支付到申请者本人社会保障卡银行账户、个人银行账户，或代为申请培训机构在银行开立的基本账户。

第二十八条　社会保险补贴。实行"先缴后补"，并根据资金具体用途分别遵循以下要求：

（一）招用就业困难人员或通过公益性岗位安置就业困难人员的单位和招用毕业年度高校毕业生的小微企业，向当地人力资源社会保障部门申请社会保险补贴，应提供以下材料：符合条件人员名单、银行代单位发放工资明细账（单）等，招用毕业年度高校毕业生的还应提供毕业证书复印件。就业人员《就业创业证》、劳动合同签订、社会保险缴费、享受社会保险补贴年限等信息由人力资源社会保障部门核查。经人力资源社会保障部门审核后，按规定将补贴资金支付到单位在银行开立的基本账户。

（二）灵活就业的就业困难人员和灵活就业的离校1年内未就业高校毕业生，向当地人力资源社会保障部门申请社会保险补贴，应提供身份证，高校毕业生还应提供毕业证书复印件。灵活就业人员《就业创业证》、社会保险缴费、享受社会保险补贴年限等信息由人力资源社会保障部门核查。经人力资源社会保障部门审核后，按规定将补贴资金支付到申请者本人社会保障卡银行账户或个人银行账户。

第二十九条　公益性岗位补贴。通过公益性岗位安置就业困难人员的单位，向当地人力资源社会保障部门申请公益性岗位补贴，需提供银行代单位发放工资明细账（单）等材料。就业困难人员《就业创业证》、享受公益性岗位补贴年限等信息由人力资源社会保障部门核查。

经人力资源社会保障部门审核后，按规定将补贴资金支付到单位在银行开立的基本账户。有条件的地方，可将补贴资金直接支付到就业困难人员本人社会保障卡银行账户或个人银行账户。

岗位补贴申请程序和提供材料参照公益性岗位补贴有关规定执行。

第三十条　就业见习补贴。吸纳符合条件人员参加就业见习的单位向当地人力资源社会保障部门申请就业见习补贴，应提供以下材料：参加就业见习的人员名单、就业见习协议书、单位发放基本生活补助明细账（单）、为见习人员办理人身意外伤害保险发票复印件等，高校毕业生还应提供毕业证书复印件。见习人员《就业创业证》等信息由人力资源社会保障部门核查。经人力资源社会保障部门审核后，按规定将补贴资金支付到单位在银行开立的基本账户。

第三十一条　求职创业补贴。符合条件的高校毕业生，通过山东高校毕业生就业信息网自愿填写求职创业补贴申请信息，申请人信息将与省民政厅社会救助信息管理系统、省残联残疾人信息库和省教育厅获得国家助学贷款信息库核对，核对通过者免予上传证照材料。核对不通过的，上传证照材料。通过网络核验及证照材料核对无误的，经省人力资源社会保障厅审核后，按规定将补贴资金支付到毕业生本人社会保障卡银行账户或个人银行账户。

省属技师学院高级工班、预备技师班和特殊教育院校职业教育类毕业生申请求职创业补贴，具体办法由省人力资源社会保障厅另行制定。

第三十二条　一次性创业补贴。符合条件的小微企业或个体工商户向注册地人力资源社会保障部门申请一次性创业补贴，应提供以下材料：营业执照原件及复印件、财务报表等。创业者《就业创业证》、社会保险缴费等信息由人力资源社会保障部门核查。经人力资源社会保障部门审核后，按规定将补贴资金支付到单位在银行开立的基本账户。

第三十三条 一次性创业岗位开发补贴。符合条件的小微企业向注册地人力资源社会保障部门申请一次性创业岗位开发补贴，应提供以下材料：营业执照原件及复印件、招用人员名单、银行代单位发放工资明细账、财务报表等，高校毕业生还应提供毕业证书复印件。吸纳就业人员《就业创业证》、劳动合同签订、社会保险缴费等信息由人力资源社会保障部门核查。经人力资源社会保障部门审核后，按规定将补贴资金支付到单位在银行开立的基本账户。

第三十四条 创业场所租赁补贴。出台创业场所租赁补贴政策的市、县（市、区），符合条件的创业人员申请此项补贴需提供的资料，由各地根据实际确定。经人力资源社会保障部门审核后，按规定将补贴资金支付到创业者本人社会保障卡银行账户或个人银行账户。

第三十五条 家政服务业从业人员意外伤害保险补贴。符合条件的家政服务机构向注册地人力资源社会保障部门申请法定劳动年龄内从业人员意外伤害保险补贴，应提供以下材料：从业人员与企业签订的劳务协议、商业保险机构出具的保险费收费发票和被保险人员名单复印件、家政服务机构营业执照原件及复印件。从业人员《就业创业证》等信息由人力资源社会保障部门核查。经人力资源社会保障部门审核后，按规定将补贴资金支付到家政服务机构在银行开立的基本账户。

第三十六条 创业师资培训补贴。承担培训任务的机构申请创业师资培训补贴时，应提供以下材料：培训人员报名申请表、培训人员花名册和身份证复印件、培训合格证书复印件等，经省或市人力资源社会保障部门审核后，按规定将补贴资金支付到承担培训任务机构在银行开立的基本账户。

第三十七条 就业创业服务补助。县级以上财政、人力资源社会保障部门可从上级补助和本级安排的就业补助资金中，统筹安排不高于20％的资金用于就业创业服务补助。主要用于：

（一）支持公共就业创业服务机构按照省级统一规划加强公共就业创业服务标准化、信息化建设，推进就业创业管理服务信息省级集中。

（二）对县级及以下基层公共就业创业服务机构承担的免费公共就业创业服务，

根据工作量和成效等，给予适当补助。

（三）对公共就业创业服务机构及其与高校开展的招聘活动和就业创业服务，根据服务人数、成效和成本等，给予适当补助。

（四）对创业孵化基地开展的创业孵化服务，根据孵化成功、带动就业等因素给予最长不超过 3 年的奖补。

（五）对创业大赛获奖的优秀创业项目、创业团队，给予奖励。

（六）向社会购买基本就业创业服务成果，重点用于职业介绍、职业指导、创业指导、信息咨询、就业创业测评和辅导、就业失业动态监测、有组织劳务输出、返乡创业服务活动、开展就业失业信息统计和城乡劳动力调查等。其中职业介绍补贴标准不高于每人每年 120 元，就业失业动态监测按照每户监测企业每年 2400 元给予补贴。

第三十八条　高技能人才培养补助。各市、县（市、区）要结合区域经济发展、产业振兴发展规划和新兴战略性产业发展的需要，依托具备高技能人才培训能力的培训机构和公共实训基地，建设高技能人才培训基地，重点开展高技能人才研修提升培训、高技能人才评价、职业技能竞赛、高技能人才课程研发、高技能人才成果交流等活动。

各市、县（市、区）要发挥高技能领军人才在带徒传技、技能攻关、技艺传承、技能推广等方面的重要作用，选拔行业、企业生产、服务一线的优秀高技能人才，依托其所在单位建设技能大师工作室，开展培训、研修、攻关、交流等技能传承提升活动。

第三十九条　各级人力资源社会保障部门负责对上述各项补贴支出申请材料的全面性、真实性进行审核。对单位和个人补贴的项目实行实名制管理，申请人或单位提交的各类补贴申请材料，由人力资源社会保障部门扫描保存资料电子文档，通过公共就业人才管理服务信息系统、山东高校毕业生就业信息网等信息平台，全程进行信息化审核审批，建立和完善各项就业补贴资金信息数据库和发放台账。

各级人力资源社会保障、财政部门应当按照"一次办好"改革要求，进一步优化业务流程，积极推进网上申报、网上审核、联网核查。对能依托管理信息系统或与相关单位信息共享、业务协同获得个人及单位信息、资料的，可直接审核拨付补贴资金，不再要求单位及个人报送纸质材料。

第四十条　就业补助资金的支付，按财政国库管理制度相关规定执行。各级财政部门不得设立就业补助资金财政专户，也不得通过其他财政专户核算就业补助资金。

第五章　资金管理与监督

第四十一条　各级财政、人力资源社会保障部门要建立健全财务管理规章制度，强化内部财务管理，优化业务流程，加强内部风险防控。

各级人力资源社会保障部门要健全完善就业补助资金审核发放机制，做好补助资金使用管理的基础工作，加强与公安、市场监管、民政、教育等部门的信息共享，有效甄别享受补贴政策的人员、单位的真实性，防止出现造假行为。落实好政府采购等法律法规的有关规定，规范采购行为；要切实加强信息化建设，全面推动业务财务一体化管理，将享受补贴人员、项目补助单位、资金标准及预算安排及执行等情况及时纳入管理信息系统，动态反映就业补助资金预算执行进度，并实现与财政部门的信息共享。

第四十二条　各级要建立科学规范的绩效评价指标体系，积极推进就业补助资金的绩效管理。省根据各地就业工作情况，定期委托第三方进行就业补助资金绩效评价。市、县（市、区）要对本地区就业补助资金使用情况进行绩效评价，并将评价结果作为就业补助资金分配的重要依据。

第四十三条　各级财政部门应当加快资金拨付进度，减少结转结余。人力资源社会保障部门要按照本办法规定积极推动落实就业创业扶持政策，确保资金用出成效。

第四十四条　各级财政、人力资源社会保障部门要将就业补助资金管理使用情况列入重点监督检查范围，自觉接受审计等部门的检查和社会监督。有条件的地方，可按政府购买服务相关规定，聘请具备资质的社会中介机构开展第三方监督检查。

第四十五条　各级财政、人力资源社会保障部门要按照财政预决算管理的总体要求，做好年度预决算工作。

第四十六条　各级人力资源社会保障部门要做好信息公开工作，通过当地媒体、部门网站等向社会公开年度就业工作总体目标、工作任务完成、各项补贴资金的使用等情况。

各项补贴资金的使用情况公开内容包括：享受各项补贴的单位名称或人员名单（含隐藏部分字段的身份证号）、补贴标准及具体金额等。其中，职业培训补贴还应公示培训的内容、取得的培训成果等；公益性岗位补贴和岗位补贴还应公示岗位名称、设立单位、安置人员名单、享受补贴时间等；求职创业补贴应在各高校初审时先行在校内公示。

第四十七条　各级财政、人力资源社会保障部门应当建立就业补助资金"谁使用、谁负责"的责任追究机制。

各级财政、人力资源社会保障部门及其工作人员在就业补助资金的分配审核、使用管理等工作中，存在违反本办法规定的行为，以及其他滥用职权、玩忽职守、徇私舞弊等违法违纪行为的，依照《中华人民共和国预算法》《中华人民共和国公务员法》《中华人民共和国行政监察法》等国家有关法律法规追究相应责任。涉嫌犯罪的，依法移送司法机关处理。对有关单位和个人弄虚作假、骗取套取就业补助资金的，按照《财政违法行为处罚处分条例》等有关规定作出处理，相关信息记入全省公共信用信息平台，实行联合惩戒。

对疏于管理、违规使用资金的地区，省级将相应扣减其下一年度就业补助资金；情节严重的，取消下年度该地区获得就业补助资金的资格，并在全省范围内予以通报。

第六章　附　则

第四十八条　设区的市财政、人力资源社会保障部门可依据本办法，制定就业补助资金管理和使用的具体实施细则。其中，劳务派遣、电商等新型用工企业享受政策条件由设区的市自行确定。

第四十九条　《山东省人民政府关于进一步稳定和扩大就业的若干意见》（鲁政发〔2018〕30号）规定的困难企业职工在岗培训补助、就业困难人员和零就业家庭成员培训生活费补贴、符合条件的生活困难下岗失业人员一次性临时生活补助，以及《山东省人力资源社会保障厅　山东省财政厅关于进一步加大就业扶贫政策支持力度提升劳务组织化程度和就业质量的通知》（鲁人社规〔2018〕18号）规定的企业吸纳外地贫困劳动力社会保险补贴等、就业扶贫车间等生产经营主体以工代训培训补贴、就业扶贫基地一次性奖补、有组织劳务输出一次性求职创业补贴、参加职业培训贫困劳动力生活费补贴，所需资金可从就业补助资金中列支，具体办法及审核要求由各设区市根据实际制定。政策实施期限按照上述文件规定执行。

第五十条 本办法由省财政厅和省人力资源社会保障厅负责解释。

第五十一条 除有明确实施期限的政策外，本办法自 2019 年 1 月 1 日起施行，有效期至 2024 年 12 月 31 日。

附件九

德州市高校毕业生就业创业优惠政策

一、就业见习补贴政策

1. 政策内容：对吸纳符合条件的人员参加就业见习并支付见习人员见习期间基本生活费（不低于当地最低工资标准）的青年见习单位，给予一定标准的就业见习补贴，补贴标准为当地最低工资标准的 60%，用于见习单位支付见习人员见习期间基本生活费、为见习人员办理人身意外伤害保险，以及对见习人员的指导管理费用。就业见习补贴期限一般为 3—6 个月，最长不超过 12 个月。见习人员参加就业见习满 3 个月后，第 4 个月起用人单位可为其缴纳社会保险，并继续享受就业见习补贴至见习协议规定的就业见习补贴期满。

2. 适用对象：择业派遣期内（自毕业之日起 3 年内）离校未就业高校毕业生、毕业前 3 个月尚未落实工作单位的高校毕业生和 16—24 周岁青年。

二、求职创业补贴政策

1. 发放范围

毕业年度有就业创业意愿并积极求职创业的城乡低保家庭、特困人员、孤儿、重点困境儿童、建档立卡贫困家庭、贫困残疾人家庭、有残疾人证的高校毕业生，以及在校期间已获得国家助学贷款的高校毕业生。

2. 发放标准

城乡低保家庭毕业生、特困人员毕业生、孤儿、重点困境儿童毕业生、建档立卡贫困家庭毕业生、贫困残疾人家庭毕业生、有残疾人证的毕业生补贴标准为 1000

元/人，其他人员补贴标准为 600 元/人。省属技师学院高级工班、预备技师班和特殊教育院校职业教育类毕业生申请求职创业补贴，具体办法由省人力资源社会保障厅另行制定。

3. 政策依据

关于印发《德州市就业创业资金管理使用实施细则》的通知（德人社发〔2019〕7 号）

三、离校未就业高校毕业生实名登记管理服务

1. 登记范围

省内、外毕业未就业的德州生源。主要来源于省人社厅下发的离校未就业德州生源毕业生。

2. 享受政策

登记的高校毕业生可享受职业培训、技能培训、就业见习补贴、创业培训、创业担保贷款贴息、社会保险补贴等政策。

3. 政策依据

《关于贯彻落实人社厅发〔2015〕111 号文件做好我省离校未就业高校毕业生实名制就业服务工作的通知》

四、一次性创业岗位开发补贴政策

1. 发放范围

对 2013 年 10 月 1 日以后注册成立，吸纳登记失业人员和毕业年度高校毕业生（不含创业者本人，下同）并与其签订 1 年及以上期限劳动合同，按月向招用人员支付不低于当地最低工资标准的工资报酬，并按规定为其缴纳职工社会保险费的小微企业，给予一次性创业岗位开发补贴。

2. 发放标准

按照申请补贴时创造就业岗位数量和每个岗位 3000 元的标准给予一次性创业岗位开发补贴。

3. 办理流程

符合条件的小微企业向注册地人力资源社会保障部门申请一次性创业岗位开发补贴时，应提供以下材料：营业执照复印件、招用人员名单、工资发放表或银行代

单位发放工资明细账（单）、财务报表等，高校毕业生还应提供毕业证书复印件。吸纳就业人员的《就业创业证》、劳动合同签订、社会保险缴费等信息由人力资源社会保障部门核查。经人力资源社会保障部门审核后，按规定将补贴资金支付到单位在银行开立的基本账户。

4. 政策依据

关于印发《德州市就业创业资金管理使用实施细则》的通知（德人社发〔2019〕7 号）

五、高校毕业生社会保险补贴政策

政策内容：对招用离校 2 年内未就业高校毕业生，与之签订 1 年以上劳动合同并缴纳职工社会保险费的小微企业，按其实际缴纳的社会保险费，给予最长不超过 1 年的社会保险补贴（不包括个人应缴纳部分）。

申领条件：企业与高校毕业生签订 1 年以上劳动合同并缴纳职工社会保险费（国家规定的社会保险免征期间，办理社会保险登记，并由单位代扣代缴职工应缴社会保险费）。

补贴标准：按实际缴纳的社会保险费，给予企业最长不超过 1 年的社会保险补贴（不包括个人应缴纳部分）。

六、选调应届优秀高校毕业生到基层工作

1. 有关政策

①按照有关规定，根据本人填报志愿和工作需要，一般安排到乡镇（街道）工作；通过国家统一司法考试、取得《法律职业资格证书》（A 证）的，可安排到县级法院、检察院工作；博士研究生可安排到设区市市直部门工作。工作单位确定后，办理录用审批手续，录用为选调生。拟录用人选档案需在规定时间内转送到县级党委组织部门，无正当理由不在规定时间内转送的，取消选调资格。

②新录用人员在录用单位暂不分配具体工作岗位，先统一安排到村任职 2 年，优先安排到省、市扶贫工作重点村。是中共党员的，一般安排担任村党组织书记助理职务；是中共预备党员的，一般安排担任村委会主任助理职务。到村任职期间，履行原选调大学生村官有关职责，按照原选调大学生村官管理方式管理，不得借调或交流到上级机关，经市级党委组织部门批准，可以有计划地组织参加县（市、

区）、乡镇（街道）集中性工作，但每年不超过 3 个月。

③新录用人员试用期 1 年。试用期满，由录用机关会同有关部门进行考核，考核合格的，根据公务员法有关规定办理任职定级、公务员登记等手续；不合格的，取消录用资格。到村任职期满，按规定进行考核，考核结果与下一步培养使用挂钩，考核不合格的，不再纳入选调生管理。对表现优秀的选调生，在基层工作满 2 年后，可有计划地交流到上级机关任职挂职。

2. 政策依据

《山东省 2019 年选调应届优秀高校毕业生到基层工作公告》

七、"三支一扶"人员的有关待遇及期满政策

1. 有关政策

①按照当地乡镇机关或事业单位从高校毕业生中新聘用工作人员试用期满后工资收入水平，落实"三支一扶"人员工作生活补贴。对新招募的且在岗服务满 6 个月的"三支一扶"人员给予 3000 元的一次性安家费。

②"三支一扶"人员到岗服务视为参加工作，其参加工作时间按其到基层报到之日起算，其在基层服务年限计算为工龄，其中，服务项目服务期满后，被机关事业单位录（聘）用的，其在农村基层服务的年限按照《关于印发参加农村基层服务项目的高校毕业生被机关事业单位录（聘）用后工资待遇确定办法的通知》（鲁人社发〔2010〕55 号）规定计算为工龄。

③自 2017 年起，新招募"三支一扶"人员服务满 2 年且考核合的，采取考核考察的方式公开招聘为乡镇事业单位工作人员，在聘用合同中约定 5 年的最低服务期限（含"三支一扶"计划服务年限）。

④服务期满考核合格的"三支一扶"人员，3 年内报考硕士研究生的，初试总分加 10 分，同等条件下优先录取。对于已被录取为研究生的应届高校毕业生参加"三支一扶"计划的，学校应为其保留入学资格。

⑤服务期满考核合格且符合《山东省高等学校毕业生学费和国家助学贷款补偿暂行办法》（鲁财教〔2009〕43 号）有关规定要求的，可享受相应的学费补偿和助学贷款代偿等政策。

⑥符合《中华人民共和国执业医师法》及卫生计生委医师资格考试报名有关规

定的支医人员，由服务地相应医疗机构出具试用期考核合格证明，当地县级卫生行政部门帮助办理参加执业医师资格考试的有关手续，确保能顺利参加考试。

2. 政策依据

《中共山东省委组织部 山东省人力资源和社会保障厅等 10 部门关于做好 2019 年高校毕业生"三支一扶"计划实施工作的通知》（鲁人社发〔2019〕12 号）

《关于转发人社部发〔2016〕41 号文件做好我省第三轮高校毕业生"三支一扶"计划实施工作的通知》（鲁人社发〔2016〕23 号）

八、大学生志愿服务西部计划

1. 有关政策

①服务 2 年以上且考核合格的，服务期满后 3 年报考硕士研究生的，初试总分加 10 分，同等条件下优先录取。

②参加西部计划项目前无工作经历的志愿者服务期满且考核合格后 2 年内（研究生支教团志愿者自研究生毕业时开始计算），在参加机关事业单位考录（招聘）、各类企业吸纳就业、自主创业、落户、升学等方面可同等享受应届高校毕业生的相关政策。

③服务期满考核合格的，按规定符合相应条件的，可享受相应的学费补偿和助学贷款代偿政策。

④服务期满考核合格的，依实际服务年限计算服务期及工龄（参加工作时间按其到基层报到之日起算），并在服务证书和服务鉴定表中体现。

⑤服务期满 1 年且考核合格后，可按规定参加职称评定。

⑥出省服务的和在本省服务的志愿者享受同等优惠政策。

2. 政策依据

共青团中央、教育部、财政部、人力资源社会保障部《关于印发〈2019—2020 年度大学生志愿服务西部计划实施方案〉的通知》（中青联发〔2019〕3 号）

九、高校毕业生基层成长计划

1. 有关政策

①乡镇（街道）机关事业单位招录招聘高校毕业生，要采取放宽职位岗位专业限制、单独划定笔试分数线、降低学历要求或开考比例的办法，适当降低进入门

槛。对放宽条件的事业单位人员，用人单位可与工作人员约定 3—5 年的最低服务年限，并明确违约责任和相关要求，在最低服务期限内，其他单位不得以借调、帮助工作等方式将其借出或调走。

②基层高校毕业生参加职业技能培训的，按规定给予职业培训补贴。取得职业资格证书或职业技能等级证书的，按规定给予参保职工技能提升补贴。

③市级以上机关新录用高校毕业生没有基层工作经历的，须安排到县乡机关锻炼 1—2 年。县市区属事业单位面向社会公开招聘时，应根据工作需要，拿出一定数量岗位招聘具有 5 年及以上基层事业单位工作经历的人员。

④鼓励支持高校毕业生到企业就业。发挥中小微企业吸纳高校毕业生就业主渠道作用，进一步开发有利于发挥高校毕业生专业专长的管理型、技术型就业岗位。对择业期内（毕业不超过 3 年）到我市企业就业并签订 3 年以上劳动合同的，自缴纳社会保险之月起，对全日制博士研究生、硕士研究生和重点高校本科生，每月分别给予 3 000 元、2 000 元、1 000 元生活补贴，最长补贴 5 年。

⑤鼓励支持高校毕业生返乡创业，除享受各项创业扶持政策外，在审核发放创业担保贷款时，根据信用情况取消反担保；成功创办小微企业的，可简化程序、手续申请创业担保贷款，对带动就业能力强、创业项目好的小微企业，可继续提供累计次数不超过 3 次的创业担保贷款贴息。

2. 政策依据

中共山东省委组织部、山东省人力资源和社会保障厅等六部门关于印发《山东省高校毕业生基层成长计划实施方案》的通知（鲁人社发〔2019〕13 号）

《德州市人力资源和社会保障局等 6 部门关于组织实施全市青年见习计划的通知》（德人社字〔2019〕47 号）

参考文献

[1] 李莉莉，彭开勤，刘珂. 劳动合同法基础理论与大学生应用实务 [M]. 武汉：武汉大学出版社，2018.

[2] 公丕国，张莉莉，毕洪丽. 大学生创业与就业指导 [M]. 北京：北京理工大学出版社，2019.

[3] 何具海. 大学生职业生涯规划与就业指导 [M]. 长春：吉林人民出版社，2019.

[4] 王丽萍. 大学生职业发展与就业指导 [M]. 上海：上海交通大学出版社，2022.

[5] 施佩刁，宋新辉. 大学生职业生涯规划与就业指导 [M]. 北京：北京邮电大学出版社，2020.

[6] 周清，何独明. 大学生职业生涯规划与就业指导 [M]. 北京：北京理工大学出版社，2019.

[7] 杨必忠. 大学生职业生涯规划与就业创业教育 [M]. 北京：电子科技大学出版社，2019.

[8] 李教社. 大学生职业生涯规划就业指导与创新创业篇 [M]. 北京：北京理工大学出版社，2021.

[9] 李培智. 中国当代劳动法前沿问题探究 [M]. 秦皇岛：燕山大学出版社，2020.